上海三联人文经典书库

103

英格兰的意大利文艺复兴

〔美〕刘易斯·爱因斯坦 著

朱晶进 译

THE ITALIAN RENAISSANCE IN ENGLAND

上海三联书店

"十三五"国家重点图书出版规划项目

国家出版基金资助项目

总　序

陈　恒

　　自百余年前中国学术开始现代转型以来，我国人文社会科学研究历经几代学者不懈努力已取得了可观成就。学术翻译在其中功不可没，严复的开创之功自不必多说，民国时期译介的西方学术著作更大大促进了汉语学术的发展，有助于我国学人开眼看世界，知外域除坚船利器外尚有学问典章可资引进。20世纪80年代以来，中国学术界又开始了一轮至今势头不衰的引介国外学术著作之浪潮，这对中国知识界学术思想的积累和发展乃至对中国社会进步所起到的推动作用，可谓有目共睹。新一轮西学东渐的同时，中国学者在某些领域也进行了开创性研究，出版了不少重要的论著，发表了不少有价值的论文。借此如株苗之嫁接，已生成糅合东西学术精义的果实。我们有充分的理由企盼着，既有着自身深厚的民族传统为根基、呈现出鲜明的本土问题意识，又吸纳了国际学术界多方面成果的学术研究，将会日益滋长繁荣起来。

　　值得注意的是，20世纪80年代以降，西方学术界自身的转型也越来越改变了其传统的学术形态和研究方法，学术史、科学史、考古史、宗教史、性别史、哲学史、艺术史、人类学、语言学、社会学、民俗学等学科的研究日益繁荣。研究方法、手段、内容日新月异，这些领域的变化在很大程度上改变了整个人文社会科学的面貌，也极大地影响了近年来中国学术界的学术取向。不同学科的学者出于深化各自专业研究的需要，对其他学科知识的渴求也越来越迫切，以求能开阔视野，迸发出学术灵感、思想火花。近年来，我们与国外学术界的交往日渐增强，合格的学术翻译队伍也日益扩大，同时我们也深信,学术垃圾的泛滥只是当今学术生产面相之一隅,高质量、原创作的学术著作也在当今的学术中坚和默坐书斋的读书种子中不断产生。然囿于种种原因,人文社会科学各学科的发展并不平衡,学术出版方面也有畸轻畸重的情形(比如国内还鲜有把国人在海外获得博士学位的优秀论文系统地引介到学术界)。

有鉴于此,我们计划组织出版"上海三联人文经典书库",将从译介西学成果、推出原创精品、整理已有典籍三方面展开。译介西学成果拟从西方近现代经典(自文艺复兴以来,但以二战前后的西学著作为主)、西方古代经典(文艺复兴前的西方原典)两方面着手;原创精品取"汉语思想系列"为范畴,不断向学术界推出汉语世界精品力作;整理已有典籍则以民国时期的翻译著作为主。现阶段我们拟从历史、考古、宗教、哲学、艺术等领域着手,在上述三个方面对学术宝库进行挖掘,从而为人文社会科学的发展作出一些贡献,以求为21世纪中国的学术大厦添一砖一瓦。

献给我的父母

图 1 托马斯·怀亚特爵士。霍尔拜因作。温莎古
堡藏。

前　　言

意大利文艺复兴在意大利之外欧洲的历史，仍然是仅被探索了一半的问题。意大利文化跨过阿尔卑斯山的一连串步骤、它的不同跨越方向和影响的广度等等，还没人写过。所以，本研究的目的是：补充这根"链条"中的一环；记述自 15 世纪至伊丽莎白一世去世期间，意大利在英格兰的影响。本问题的个别角度确已得到他人论述。从沃顿（Warton）和诺特（Nott）开始，许多学者已专门考察过英格兰诗歌的意大利起源。虽然近年来此类作品大部分完成于德国，但是斯各特女士（Miss Scott）关于某相似问题的著述，不应该被我们自己国家的学术史所忽略。可没有人严肃地研究过贯穿在意大利对英格兰的影响中的那种共同动力：也就是说，没有人从不同的、甚至相对的角度去考察同一场伟大运动在大学、宫廷和普通人中的后果。

在文艺复兴时期意大利对英格兰影响的历史上，我们可划分出三大阶段。第一个阶段是 15 世纪末之前，牛津大学创设了一个中心。在数次努力之后，它成功地将意大利新的古典与科学的知识引进英格兰，从而为未来所有的英格兰学术奠定了基础。第二和第三个阶段分别是 16 世纪的前半叶和后半叶。意大利文化在宫廷中的成长，是第二阶段的标志；它在王室庇护下繁荣，并帮助创造了"多才多艺的廷臣"（accomplished courtier）和"博学的旅行家"（learned traveller）两类新人物，而他们实际上是不同角度下的同一批人。第三亦即最后一个阶段是意大利影响力的大扩展，后者逐渐从宫廷向普通人蔓延开来。同时，后来被清教主义的发展所培育出来的、人们在道德和民族方面抵制意大利的反应，在很大程度上使意大利的影响终止了。

　　本研究又可划分为两组问题。第一组问题主要是关于在学术、宫廷生活和旅行方面受意大利影响的英格兰人，并且考察随后抵制意大利影响的运动。第二组问题则更多地论述在英格兰的意大利人——商人、艺术家、宗教改革家和旅行家。要提及许多种类的人物，必然会慢慢地写成一部试图覆盖极广大范围的著作。但是，诸如意大利和英格兰之间存在的历史和宗教联系是可以被省略的。16世纪的政治和宗教在每一处都联系紧密，这种性质的英意联系更适于写一部宗教改革史作品。本研究仅提到了上述联系对英格兰生活和文化的影响。

　　因为很多研究涉及过意大利对英格兰文学的影响，所以重复说这一问题似乎没有意义。但是，学者们在这方面的成果以前还没有被综合过。若干新的观点和意见也许能够加上更多的新颖性，而这似乎正是本书的专业性所在。

　　本书的大多数插图是第一次复制自不列颠博物馆的藏品。霍尔拜因（Holbein）所作的怀亚特（Wyatt）和萨里（Surrey）的肖像画来自著名的温莎城堡收藏；托里吉亚诺（Torrigiano）所制的约翰·杨（John Yonge）之墓，曾建于罗尔斯教堂（Rolls Chapel），现藏于伦敦档案局博物馆；汉弗莱公爵（Duke Humphrey）通信的手抄原本现存于慕尼黑的皇家图书馆。

　　在朋友的帮助与建议下，本研究的不善之处得到了尽可能的修补。作者首先希望向他曾工作过的图书馆馆员那始终如一的友好表达感谢，尤其要向不列颠博物馆、伦敦档案局、牛津大学博德利图书馆和佛罗伦萨档案馆的工作人员说声谢谢。最后，作者想要感谢锡耶那的多纳蒂教授（Donati）、佛罗伦萨的帕斯奎尔·维拉里教授（Pasquale Villari）、罗马英吉利学院的盖尔斯阁下（Giles）、罗马的布利斯先生（Bliss）、威尼斯的霍拉肖·F.布朗先生（Horatio F. Brown）、不列颠博物馆的希德尼·科文先生（Sidney Colvin）、剑桥大学国王学院的查尔斯·华尔斯坦教授（Charles Waldstein）、E. H.布拉什菲尔德夫人（E. H. Blashfield）、作者的妹妹艾米·爱因斯坦女士（Amy Einstein）、纽约的亨利·A.阿特哈特先生（Henry A. Uterhart）及布鲁克林的约翰·G.昂德希尔博士（John G. Underhill）。作者特别希望感谢哥伦比亚大学的 J. E.史宾岗（J. E. Spingarn）博士总是体现出价值的帮助，感谢 G. E.伍德伯瑞教授（G. E. Woodberry）数年来始终友好的批评与意见。

1902 年 1 月 2 日于纽约

目 录

插图目录

第一篇

第一章　学者

文艺复兴期间意大利对英格兰学术的影响在若干方面不同于对其他欧洲国家的影响。因此,首先,它在其学术领域的影响力方面总是单一的。而且,意大利自身的影响,被证明是改变当时智识状况的最大因素,它通过起源于自身的新体系,补充了整个中世纪的学术结构。

实际上,大约从 1425 年到 15 世纪末,一种渐进式发展在英格兰学术中发生,当时意大利的智识生活正开始衰落,它的课程已被人们掌握。50 年后,意大利国内的学术已经成为一种传统而非现实。虽然学者数量很多,外国学生经常前往大学,但是导致他们在那里学习的原因不再纯粹是学术性的。在那时,英格兰的智识生活中,此类外国要素起源于数个国家,而其中之一能赢得支配地位。所以,文艺复兴期间意大利对英格兰学术的影响有可能被限定到一个确定的时间段。在这时间段中,它的范围可以被进一步缩小,因为我们知道,在 15 世纪的英格兰,学术几乎完全被限制在大学和教士那里,这些教士大部分在学院中获得教育。最后,智识活动几乎完全集中在牛津大学及其周边。虽然文人墨客也居住在其他地方,但是他们似乎更是孤独的个体,而非正在为接受英格兰新学术作准备的那场伟大运动的群体。因此,在研究那个时间段中大学及其赞助者、庇护者的历史时,它就几乎会被说成是见证了

浓缩和聚焦在一点的整个国家的智识生活。于是,牛津大学本身
提供了一种考察英格兰文艺复兴学术史的视角;这段历史从中世
纪的衰落开始,当时分享由意大利人重新发现的新知识的益处的
需要首次出现了;它结束于人文主义在英格兰以丝毫不比意大利
差的程度稳固建立起来之时。

II

中世纪将学术主要视为神学的"侍女"。另一方面,在文艺复
兴时期,学术被视为生活中行为举止的向导。这种理解上的差异
造成了教育中的新看法——它即将取代教会的百科全书式的教学。
从一个体系向另一个体系转变意味着教学方法的整体革命。中世
纪学术结构的某种衰落到来了;旧的三艺(*trivium*)和四艺
(*quadrivium*)被废除,以前似乎很重要的研究如今不是遭到忽视就
是被全部放弃。

曾经激动人心的那些问题如今让位于一系列新问题。人们越来
越感觉到,与实际情况不相和谐的经院哲学的训练,不再为生活提供
足够的预备。在 15 世纪早期,英格兰智识的迟钝程度已经达到最低
点,一个人的努力将导致一次伟大的变化,并引入新的光芒。

在亨利四世(Henry the Fourth)之子、格洛斯特公爵汉弗莱
(Humphrey, Duke of Gloucester)那里,以及在其有良好教养的朋友
圈之中,关于其国家的智识希望得到了汇聚。他的生平能使文学研
究者产生兴趣,因为他不仅是意大利式的王族赞助人和学术爱好者
群体中第一个引人注意的英格兰典范,而且也是一所伟大大学的捐
助人、古典手稿的收藏家、与意大利学人的通信者及他们的保护者,
后者将自己的著作献给他,其中有不少曾造访过英格兰。

格洛斯特公爵作为文人赞助者的第一个目标是用一个学者圈
把自己环绕起来。其赞助的英格兰学者包括佩考克(Pecock)、卡普
格雷弗(Capgrave)和利德盖特(Lydgate),其中利德盖特翻译了薄
伽丘的著作。格洛斯特公爵也致力于从意大利带来一些年轻人文

主义者,以在古代诗人和演说家的作品方面对他进行教导,①同时,他与那些还不能被吸引翻越阿尔卑斯山的著名人物维持着通信往来。他劝说前来的那些学者,为他自己的好处而翻译古典作品。拉波·达·卡斯蒂里奥尼奇奥(Lapo da Castiglionchio)带来了许多译自希腊文的著作,以作为一份合适的自荐书。曾经是维托里诺·达·菲尔特(Vittorino da Feltre)学生之一的维罗纳的安东尼奥·贝卡里亚(Antonio Beccaria),在后来经常被公爵雇佣为译者,②而弗利的蒂托·列维奥(Tito Livio of Forli)甚至自称为"格洛斯特公爵的诗人与演说家"。虽然这早期的记录偏少,但是几乎没有疑问的是,格洛斯特公爵在满足自己的文雅品味方面,也尝试着在英格兰建立一种人文的复兴,由于意大利当时是欧洲的智识中心,因此他唯一可行的办法是将意大利的学者和学术方法引入英格兰。然而,当赞助者是每一位文人的必需物时,"好人公爵"仿佛扮演着意大利人文主义者的"米西纳斯"(Maecenas)。被教皇派到英格兰征税的皮耶罗·德尔·蒙特(Piero del Monte),将一些哲学性对话题献给了公爵。公爵也注意到了当时最伟大的学者莱奥纳多·布鲁诺(Leonardo Bruno)翻译的亚里士多德的《伦理学》(*Ethics*),这使公爵非常高兴,于是催促布鲁诺开始翻译《政治学》(*Politics*)。《政治学》第一部分完成之后就被寄往伦敦,附有致公爵的题献辞,但是当公爵的赏赐延迟时,这部作品改为题献给教皇尤金四世(Eugene the Fourth)。③ 更为幸运的是,公爵与另一位人文主义者皮耶罗·康迪多·德塞姆布里奥(Pier Candido Decembrio)

5

① 原文:"Huic tanta litterarum est cura ut ex Italia magistros asciverit Poetarum et oratorum interpretes."(意思与正文接近)——Æneas Sylvius, *Epist.* 105. 另参见 *Epist.* 64,1443 年 12 月 5 日,致奥地利西格蒙德公爵的信。
② 原文:"C'est livre est a moy Homfrey Duc de Glocestre, lequel je fis translater de Grec en Latin par un de mes secretaires, Antoyne de Beccaria de Verone."(意指安东尼奥·贝卡里亚为格洛斯特公爵翻译了一本希腊语的著作)——转引自 Ellis, *Letters of Eminent Literary Men*, Camden Society, 1843, p. 357.
③ Vespasiano da Bisticci, *Vite*, p. 437.

有联系,后者翻译了柏拉图的《理想国》(*Republic*)前 5 卷献给公爵,此著原由其父曼纽尔·克里索罗拉斯(Manuel Chrysoloras)翻译,皮耶尔最终完成了翻译工作。关于这件事的文献得到保存,由于其生动地说明了学者与其赞助者之间的协商而十分有意思(图2)。米兰大主教(Archbishop of Milan)先写信给公爵,说自己了解公爵在为学术之利益方面的热情,也曾听说公爵与莱奥纳多·布鲁诺的联系将中断,因而自己愿意告知公爵现在来了一个机会,即由德塞姆布里奥翻译的柏拉图《理想国》,而皮耶尔的希腊文水平不亚于拉丁文。如果公爵看重过去曾被安布罗斯(Ambrose)、哲罗姆(Jerome)和奥古斯丁(Augustine)所赏识的那种智慧或真正的雄辩性,他就能在这部译作中找到。[①] 他的兴趣由这位主教唤起之后,公爵和学者之间的一场通信就开始了,这场通信使前者产生了对意大利文艺复兴的新知识的兴趣。德塞姆布里奥文雅地间接提到那位公爵在意大利所拥有的名声,还提到公爵的努力在文艺的复兴中达到了目的。公爵明显非常自豪于他对学者的赞助,他不仅自称,而且被他人称为"博学者"(*litteratissimus*)。[②] 他开始只收到作品的一部分,当他意识到这点后,他敦促那位人文主义者尽快完成剩余部分,同时又热情地表扬译文表现出的学术性。针对这个鼓励的回信是用人文主义者的真正的文风写的。正如树荫能够满足疲倦的旅者的心意,又如徐缓的微风能够让水手愉快,又如晶莹的泉水对口渴的人那样,他的信甚至像一位伟大的诗人的信那样合人心意。当德塞姆布里奥听说博学的布鲁诺已经将对亚里士多德著作的翻译的题献从格洛斯特公爵转向了教皇时,就立即决定毫不吝惜地称颂公爵,也因此将《理想国》拔高为一部伟大的、对统治者有益的作品。他把格洛斯特公爵比作朱利乌斯·凯撒、屋大维和其他从前那些有教养的王公贵族,这些人物因关照学术而使自己的名声更为响亮。于是,他恳求公爵接受这一含有好意的作品并以一

---

① Ms. Royal Library, Munich. Ms. Lat. 222,f. 113 及以下。
② 前引手稿,f. 246 及以下。

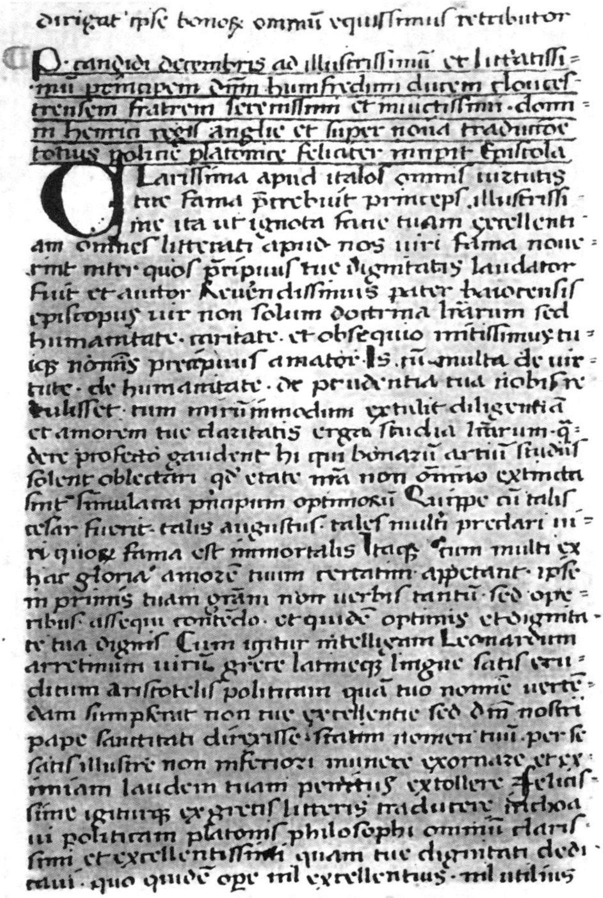

*Letter of Pier Candido Decembrio
to Duke Humphrey of Gloucester.*

图 2　皮耶尔·康迪多·德塞姆布里奥致格洛斯特公爵汉弗莱的信。慕尼黑皇家图书馆所藏抄本。

种参考书目的形式保存在公爵自己的研究之中。

7　　　公爵在其回信中对皮耶尔的译文的优秀表示高兴,称他不知道应该感谢原作者还是译者,译者的工作再一次把这部已经湮没太久的原著呈现于世;通过德塞姆布里奥,公爵终于能够赞美柏拉图;他祝愿译者因为这一工作带来的不朽声名而幸福。[1] 在这些通信中散布着数量极多的各种信息:例如,公爵得知了曼纽尔·克里索罗拉斯,后者的作品因布鲁诺和维罗纳人瓜里诺(Guarino da verona)的翻译而为人所知,还得知其他许多不久前还闻所未闻的著作正在得到翻译。在全部通信的最后一封信里,那位学者向公爵辞别,将其称为"永生的元首"(Immortalis Princeps)——或许因为其题献的缘故。[2]

格洛斯特公爵年轻时就学于牛津大学贝利奥尔学院,后来他所表现的对其母校的慷慨将成为其最高贵的特质。大约在那时,牛津大学的水平已经下降至最低。经院哲学盛行,但即便是这种研究,其声誉仍落后于巴黎大学。与法国的长期战争以及国内纷争严重影响了所有的学术事业。该大学一度陷入极端困乏,教育事业的毁灭似已临近。[3] 勉强还有 1000 名学生留在大学那被毁的厅堂内,据称那些还在研究的人在这种国家的贫穷困苦的时代不会

8　　得到任何回报。[4] 在困境中,他们在多个不同的场合向坎特伯雷大主教托马斯·阿伦德尔、[5]贝德福德公爵(Duke of Bedford)[6]等人求援,将自身的状况告知他们。他们找到的唯一真正慷慨的赞助人是格洛斯特公爵汉弗莱。不仅是他所馈赠的书籍给了他们很大帮助,而且他作为那所大学的特别保护人,主动支持和维护他们所拥有的特殊待遇和权利,这些都帮助他们度过了一段实际上无人管

---

① Ms. Lat. 222, f. 113.

② 前引手稿, f. 248。

③ *Epistolæ Academicæ Oxonienses*, I, 128.

④ *Epist. Acad.*, I, 154.

⑤ Beckynton, *Correspondence*, I, 277.

⑥ *Epist. Acad.*, I, 94.

辖的时期。没有疑问的是,他倡导在那所大学的教育方面应有所
改革。确实他与他们的关系一度有些紧张,这可能是因为他们拒
绝进行他所坚持的某些革新。①

　　格洛斯特公爵在首先于英格兰提倡意大利人文主义的过程中,
证明自己远远领先于时代。虽然对生活的预备毫无价值的经院式
旧教育为人们所普遍不满,但是时机尚未成熟。在当时的英格兰,
人们的确产生了对格洛斯特公爵和他的圈子的某种尊重。这种尊
重,以及他从意大利引入的新人文主义的实践性宗旨,下面这封信
也许最能体现。这是一封后来成为教皇庇护二世(Pius the Second)
的埃涅阿斯·西尔维乌斯·皮科洛米尼(Æneas Sylvius
Piccolomini),致奇彻斯特主教兼掌玺大臣亚当·穆林(Adam
Mulin)的信:

　　　　我怀着热切的心情看了你的来信,对于拉丁风格甚至已渗
　　入英格兰感到惊讶。在那些已经具备西塞罗雄辩风的人群
　　中——可敬的比德(Bede)当然位列其中——上述情况没有疑
　　问。布洛瓦的彼得(Peter of Blois)则远远次之,我认为你的信
　　较之此人更为出色。对于这种进步,所有的感激应归于著名的
　　格洛斯特公爵,其热情地将儒雅的学识接纳到贵国。我听说,
　　他结交诗人,敬重演说家;因此许多英格兰人如今已确实能言
　　善辩。因为王公贵族如何,臣民亦如何;所以仆人通过模仿其
　　主人而进步。所以说,坚持吧,朋友亚当。坚守并增长你已具
　　备的雄辩能力;将之视为能超越你同辈的最高尚的事情,因为
　　语言的雄辩正是人类超越其他世间造物的那一方面。雄辩多
　　么地伟大;没有其他什么能够像它那样主宰着世界。政治行动
　　是说服的结果;一个人的观点之所以能够遍及人群,是因为他
　　极为了解如何去说服他们。②

────────────

① *Epist. Acad.*,I,64。
② *Opera*,*Epist.* LXIV;转引自 Creighton,*Early Renaissance*,p. 19。

在公爵捍卫那所大学的特权的许多年间,他与大学之间有着众多通信往来。他的首批捐助开始于15世纪的早期。而他最后一批捐助则是在约40年之后了。大学里的那些权威人物曾写道,在这段时间里,仅有公爵个人的才智,才能接纳学者并使学者有能力以充沛的精力投入工作。这些权威人物们还称,引导他接纳哲学和"自由之艺"(liberal arts)研究的,几乎是一种神启;他们非常相信,他愿意为这种学术的可持续发展进行赞助;为了能在科学和哲学方面——他们知道这方面的学术正是他所青睐的——进行讲座、急需相关的书本和资金时,为了能建立上述事业的恒久基础,他们请其提供帮助。

有时,公爵给他们所需要的书,并在其他方面也向他们提供协助。许多表示感谢的信是写给他的;信中说,如果优雅的生活、宽宏慷慨能够被授予不朽的名誉,那么这种名誉就将属于他。他们在古代记录中进行查找,但是找不到什么人能在学术和文学的文化方面超越他;他的名誉也未在英格兰得以继续,但是越过了海洋和阿尔卑斯山,在所有的信基督的王公贵族中,没有人能在知晓希腊和意大利作家方面比他更负盛名。他们现在能够夜以继日地投入到其学术事业之中了;不仅是他们自己,甚至是雄辩而博学的意大利人也进行着勤奋的工作。人们乐于见到来自希腊和意大利的文献的数目增加。在公爵的资助下,淹没了几百年的古希腊作品得以复活,古代的哲学家们再次能以其原来所用的语言进行研究。他从意大利和希腊带来、并在英格兰发展的雄辩术,将使他毫无争议地得到人们竭尽全力的感谢。如果拉丁民族应该感谢他,那么英格兰人应该感觉到多得多的感激之情。的确,过去在牛津有一所大学,但是因为没有书,那里的学术付之阙如;然而如今通过他的赠礼,他们也能够明白学术中的秘密。因此牛津大学必然一直是他的荣耀的家园:如果特洛伊人以他们的赫克托尔为荣,马其顿人以他们的亚历山大为荣,罗马人以他们的凯撒为荣,那么对于牛津人而言就该颂扬格洛斯特公爵;假如遥远的光线能够照射到所有气候带的学者,那么可以说,牛津人享受的是直接来自太阳本身的光芒。① 无论上述书信的溢美之辞是多么夸张，它们还是展示了一种明确的对学术的热忱，也体现了文艺复兴时期古史观的起步。就格洛斯特公爵的角度而言，其学术品味是由在不同时期捐赠给牛津大学的 300 至 400 部书所培养的，这些书大部分购自法国和意大利。这些书包括彼特拉克（Petrarch）和薄伽丘的作品、但丁的文本与注释，以及由意大利人文主义者重新发现的古代伟大作家的作品。② 人们说，因为这些礼物，几乎没有书的牛津大学开始具有丰富的藏书。过去曾经拥有庄严地位的古代语言得以复活，所有曾经写下的东西，学者们如今都能得到。③

在格洛斯特公爵身边，还聚集了一些英格兰当时的其他学者，其中一名受资助者是威尔斯主教托马斯·贝金顿（Thomas Beckynton）。他也与许多意大利学者通信，后者包括弗利的弗拉维奥·比昂多（Flavio Biondo of Forli）、安吉洛·伽托拉（Angelo Gattola）和皮耶罗·德尔·蒙特。他的书信展现了一个很小的英格兰学者群体，其中有亚当·穆林、托马斯·钱德勒（Thomas Chandler）、威廉·格雷（William Grey）等等。尼古拉斯·白尔斯通（Nicholas Bildstone）和理查·佩特沃思（Richard Pettworth，红衣主教博福特［Cardinal Beaufort］的秘书）两人也在当时熟谙意大利新学术的少数英格兰学者之列。一些其他住在英格兰的外国人也应在这里提及。教皇征税员西蒙·德·塔拉莫（Simon de Taramo）在 1472 年给格洛斯特公爵写了一封充满着文艺复兴人文主义新精神的信，他意识到公爵在这方面的意识尚显薄弱。④ 然而最重要的是文森特·克莱门特（Vincent Clement），虽然他也许出生于西班牙，但是在意大利受教育。他数次被教皇派到英格兰征税，在罗马时则是格洛斯特公爵的"演说家"，同样在罗马，他可能为牛津大学购

12

---

① *Epist. Acad.*，I，203，240.
② 参见 *Munimenta Academica*，Indentures of 1439，1444 等等。
③ *Epist. Acad.*，I，244.
④ *Beckynton*，I，283.

入了大量书籍。① 他当然被人称为"牛津大学之星"(the star of the university),并很可能曾在那里做过研究工作。不久之后,亨利六世(Henry the Sixth)要求大学授予他神学博士学位,这是有意要加强他作为教皇征税人在英格兰宫廷内的威望。② 各种迹象表明他是一名具有很好教养之人。他与托马斯·贝金顿的通信较多地提及了古典学和人文主义,例如后者因为意大利人庞塔努斯(Pontanus)的一部诗集而感谢他。③ 在上述克莱门特和贝金顿、钱德勒和穆林的早期群体中,由意大利文艺复兴带入的新精神的最初迹象就能够在英格兰找到。学者们以格洛斯特公爵为中心,公爵则扮演着它们的赞助人角色。然而当 1447 年他去世时,英格兰人文主义的第一阶段可以说是结束了。它并不是一个伟大的时代;其大部分学者是朦胧模糊的,他们的名字几乎无一例外地已被今人遗忘。这个时代关于古希腊语的知识,即便居留英国的意大利人文主义者有所了解,但也可能会逐渐消失。然而,这个时代标志着一场新运动的第一阶段,但奠定了后代学者将继续建设的基础,表现了对人文知识的热情,因而理应在英格兰学术史上获得一个位置;而格洛斯特公爵之名因其所建的图书馆及其对新学术的鼓励而不朽。

Ⅲ

严格来说,启动最初以牛津大学和格洛斯特公爵为中心的新学术传统的,既不是某些伟大的英格兰教士展现的学术热情,也不是像波吉奥(Poggio)和埃涅阿斯·西尔维乌斯这样的意大利人文主义者赴英格兰的旅行。在接下来的大约开始于 15 世纪中叶的时代,英格兰人文主义的主要进步是由前往意大利的大学学者的旅

---

① *Beckynton*,I,283.
② *Beckynton*,I,223.
③ 同前引,I,178。

行所支撑的。他们很有可能并未觉察到他们已再度启动的那场运动的重要意义。这对他们来说,似乎只是中世纪式迁移的一种延续,而中世纪式的迁移在以往将学术圈联结在一起,直到对欧洲智识的"血缘情结"在互相竞争的民族国家的战斗中消失殆尽。在中世纪,英格兰学者在意大利一点也不出名。在博洛尼亚(Bologna)大学存在一个英格兰"民族",维琴察(Vicenza)大学和维切利大学(Vercelli)都有英格兰教区,①同时在帕多瓦(Padua)大学的花名册中,英格兰名字出现得很频繁。②

　　意大利人文主义者最初在英格兰人面前显出一副高人一等的派头,这并非没有正当的理由。因此,虽然当时全英格兰最博学的理查·德·贝里(Richard de Bury)曾见过彼特拉克(Petrarch),但是他面对革新整个学术界的古典作品时无法领会彼特拉克的新观点。很久之后,布鲁诺曾提到,1395年一位名叫托马斯(Thomas of England)的英格兰圣奥古斯丁修会(Augustinian)修士前往佛罗伦萨(Florence)购买手稿,并在那里发表演说时说,③他非常热爱意大利的人文主义,其程度等同于一位普通人所能理解它的程度。④ 但是,这些在意大利的英格兰人的早期个案在中世纪学术的整体结构之内,与不久之后即将开始的新时代没有直接联系。虽然还有其他例子,包括:在威尼斯(Venice)住过5年的诗人奥斯本·博肯汉姆(Osbern Bowkenham),甚至是前往阿尔卑斯山另一端的牛津学者(如诺顿大师[Master Norton]和巴尔克利大师[Master Bulkeley]分别在1425和1429年的旅行),⑤但不久以后,我们就能明确地感到,英格兰学者前往意大利是为了寻找新的学术。

15

　　大约在15世纪中叶,一些英格兰人正在意大利进行学习和研

①　Rashdall, *University of Europe*, I, 157; II, 14. 参见 Dallari, *Rotuli di Bologna*。

②　Andrich, *De Natione Anglica ... Universitatis Patavinæ*, p. 129.

③　Gherardi, *Statuti della Università e Studio Fiorentino*, p. 364.

④　原文:"Studiorum nostrorum, quantum illa natio capit, ardentissmus affectator."——Leon. Bruni, II, 18。见 Voigt 所引,*Wiederbelebung*, II, 258。

⑤　*Epist. Acad.*, II, 564.

究。其中之一名叫雷诺德·彻奇利（Reynold Chicheley），因对古典作品的热爱而闻名，其身体中流淌着英格兰王室的血液，后来成为其曾学习研究过的费拉拉（Ferrara）大学的校长。① 安德鲁·奥尔斯（Andrew Ols）②是我们现在了解比较多的第一批英格兰人文主义者之一。就像那个时代的大多数学者一样，奥尔斯担任一个收入较高的神职，尽管他从未追求过职位的晋升。在其一生的大部分时间里，他将自己的精力奉献给学术的培育。但是他作为国王派驻教皇处的特使，得到了在佛罗伦萨停留一段时间的机会，在那里他联系上了洛伦佐·德·美第奇（Lorenzo de Medici）周围的那批学者。他在那里交的朋友包括：马提奥·帕尔米耶里（Matteo Palmieri）、吉安诺佐·马内蒂（Giannozzo Manetti）和其他许多当时的名人。尤其值得注意的是，他放弃了英格兰人在餐桌旁逗留数小时的风俗，转而过上较为朴素而有节制的意大利式生活。③ 他住在佛罗伦萨的主要目的是抄写几本书并带回英格兰。类似于所有的手段有限的学术爱好者，他是一位手稿的大收藏家。据称他的手稿太多以致无法通过陆路运送它们，于是他不得不等待一艘前往英格兰的船出发。当时很少有人了解印刷术，而且公共图书馆仍在其发展的萌芽期，因而手稿的储备是必需的。他回到英格兰后，辞去神职前往乡村居住，在那里过着学者的隐居生活直到去世，之后将其收藏的手稿捐给其教堂的图书馆。他性格温和优雅，但同时有点自私，可能还有点学者式的矜持，这使我们感觉他与学术圈之外的人士并无来往。他对于自己身处书海一直感到满足，并感到自己没有资格或者并不愿意像宣讲福音那样宣传新学术。因此，他在英格兰不如在意大利那样出名，在意大利，他因具有一定学术造诣且生活朴素而被称赞。为他撰写传记的是佛罗伦萨人

---

① *Calendar of State Paper*，*Venetian*，Vol. VI，Pt. III，1581.
② 其姓氏可能是 Ellis 吗？所有关于他的信息来自意大利的材料，且英格兰名字在由意大利人发音时会发生奇怪的扭曲：例如霍克伍德（Hawkwood）就会成为拉库托（*l'Acuto*），南安普顿（Southampton）就会成为安托纳（*Antona*）。
③ Vespasinano，p. 238.

维斯帕香诺·达·比斯蒂奇(Vespasiano da Bisticci),维斯帕香诺本人就认识奥尔斯,认为几乎没有非意大利人能够在人格和教养上比得过他。

那一小群跨越阿尔卑斯山的学者,诸如威廉·格雷、约翰·弗里(John Free)、罗伯特·弗莱明(Robert Flemming)、约翰·甘索普(John Gunthorpe)和约翰·提普托夫特(John Tiptoft),即将成为这场新运动的先驱人物。他们都来自牛津大学,这一点看来当然不仅仅是一个巧合,而且就在那时,英格兰既有的、可获得人文主义入门知识的方法,都只能在牛津大学找到。于是,几乎很自然就能推测,这所大学的中世纪传统已经在部分上被其他晚近生长起来的其他传统所超越;其次,格洛斯特公爵图书馆所提供的便捷性所鼓励的对学识的渴望,造就了这些新传统。

将英格兰学者吸引到意大利的上述原因并不难找到。文艺复兴的新精神,在忽略中世纪而直接回到古典时代的过程中,已经造就了智识世界中的一场革命。意大利进行这场革命之后很长时间,其他欧洲地区才清醒过来。意大利学者曾是第一批见到古代世界"原形"的人,也是第一批研究古典作品的,他们并不是将古典作品当作对基督教的比喻的解释,而是站在文学的角度上研究。那时意大利的大学是最为卓越的;哲学、自然科学、医学、民法和古希腊语,这些学科在其他地方几乎无人了解,但在帕多瓦大学和博洛尼亚大学却欣欣向荣。牛津大学那些较聪明的人见到他们自己有限的视野,意识到意大利的进步,也迫切要加入这场进步的运动中。

除开他们都是牛津大学人的事实之外,这一英格兰早期的、前往意大利寻找新人文主义的群体具有其他共同特征。除了罗伯特·弗莱明,所有人都是贝列尔学院(Balliol)的,这所学院也是格洛斯特公爵的学院。除了伍斯特伯爵(Earl of Worcester)约翰·提普托夫特,其他人都是教士。而且,他们似乎互相都是朋友。最后一个相似点是所有人无论是通过研究还是其他途径,都与著名的维罗纳人瓜里诺发生联系,维罗纳人瓜里诺在长年的漂泊之后常

18

住费拉拉，并由埃斯特家族庇护，在那里经营了他的时代最著名的学校。他的声名那时流传于每一名英格兰学者之口；据称他的名字对所有英格兰人来说都是亲切的。正是这个名字引导着约翰·弗利（人称"弗里斯"［Phreas］）几乎从"另一个世界"越过奇异的土地和未知的海洋，到意大利寻找他。① 类似地，约翰·提普托夫特在从巴勒斯坦返回途中，特别前往费拉拉拜见那位年迈的学者卢多维科·卡博（Ludovico Carbo）。卡博在那位人文主义者葬礼上的演说中，也为学者的数量作证，称这些学者无视艰巨的困难，从英格兰本土前来聆听并从他那里获取一种优雅的精神；② 另外，随后续写其父亲作品的 B. 瓜里诺（B. Guarino）骄傲地写道，学者从不列颠岛本土涌到他那里，③ 而不列颠是位于地球最偏远处的。

威廉·格雷系英格兰王室的亲戚，是巴蒂斯塔最先提及的学者。威廉·格雷的名字已经出现在贝金顿的通信往来中，这样的通信往来将威廉·格雷与格洛斯特公爵联系在一起。卡博在献给维罗纳人瓜里诺的葬礼演说中提到格雷时，认为格雷很好地见证了那位去世的人文主义者的伟大。格雷最初在科隆大学学习逻辑学和神学，但他意识到，新学术只有在意大利才能得到最适当的追求。他随后前往帕多瓦，在那里他听说了维罗纳人瓜里诺的大名，这又促使他前往费拉拉，到费拉拉后他就在这位大师门下学习研究，同时又以贵族的方式生活，并资助一位名叫尼科洛·佩罗托（Niccolo Perotto）的年轻人，后者住在他家中进行学习和研究。亨利六世任命格雷为自己在天主教会堂（Curia）的监视员（proctor），之后，教皇尼古拉斯五世（Nicholas the Fifth）荐选格雷充任剑桥伊利（Ely）的主教。格雷一直是国王委员会（Royal Council）成员，亨利六世死后，他辞去所有公职，此后未再涉足政治，他收藏的手稿后来都捐

---

① Ms. 587 Bodleian, f. 165 及以下各处。

② 原由 Leland 引用，见其 *De Scriptoribus Britannicis*，p. 462。参见 Mattaire, *Annales Typographici*，I，91。

③ 原文："Ex Britanniæ ipsa, quæ extra orbem terrarum posita est."（意思与正文接近）参见 Voigt，II，261，注释。

给了贝列尔学院。①　威廉·格雷是文艺复兴时期最优秀的英格兰神职人员之一，他对于人文主义的兴趣绝非心血来潮。他不仅仅是一名热情的学者，而且他拥有的大量财富使他能够追随意大利的先例，成为一名赞助人，资助其他不那么富裕的人。他如果在意大利，那就是非常典型的一类人，因为在意大利，学术已成为神职人员生活的一个重要组成部分，而且几乎所有神职人员都认为，如果其随行人员中没有学者，那么其家庭就是不完整的；在意大利，像埃涅阿斯·西尔维乌斯最后还成为了教皇。但是所有这些事情，在英格兰几乎无人知晓，而威廉·格雷是将对新学术的热爱和赞助其成长的热情带到故乡的第一批英格兰学者之一员。

约翰·弗里作为一名意大利的英格兰学者，其生涯因其生活方式与英格兰本土不同而十分典型。威廉·格雷是以一名大贵族的身份前往意大利的，无论他到达何地，他都能建立起一种贵族式的家庭生活方式。而约翰·弗里代表的是四处游学的穷学生，其靠纯粹的野心和个人能力带来的力量建立了受用一生的身份和地位。博学好古学者约翰·利兰（John Leland）曾写道，约翰·弗里 21 在其家乡布里斯托尔（Bristol）见到的一些意大利商人，对弗里产生了吸引力，使其翻越了阿尔卑斯山。然而更能推测出来的是，约翰·弗里的庇护人威廉·格雷将弗里说成是一名有前途的学生，推荐其前往意大利，正如格雷自己所说，他还为弗里的旅途提供了一些协助。约翰·弗里写给其庇护人的信讲述了这个故事。②　他只带了自己所有的 10 镑（支票）离开英格兰；当他到达费拉拉的时候，只剩 6 镑，当他购买必要的衣食之后，剩下的钱就非常少了。除此之外，他面临着贫困；他向其庇护人发誓称，他自从离开英格兰之后连一便士都没有收到。他的所有要求，是足以使其继续工作的钱款；他在信中写道，这是因为所有想让自己在人文知识方面

---

① 这些手稿包括下列人文主义者的作品：波吉奥、瓜里诺、布鲁诺、彼特拉克等等。参见 Coxe, *Catalogus Codicum Collegiis Oxoniensibus*, I, Balliol College.

② Ms. 587 Bodleian.

更为完善者，都必须使自己脱离所有精神上的忧虑，尤其是那些与日常必需品联系在一起的忧虑之事。他特别渴望能够进行学习，说这是为了帮助英格兰人，因为当时英格兰精通希腊语和拉丁语的人数不够；他写道，这将增进其庇护人的荣耀。伊利（Ely）主教寄来了所需的款项，在一段时期内，一切都很顺利。然而，约翰·弗里希望将一些希腊语文本翻译成英语，他乞求增加其日常的补助，以购买需要的文本。① 他的抱怨很频繁，其抱怨的不仅是他的贫困，而且还因为思乡而抱怨，表露着离开了朋友和乡村的念头。

　　新的人文主义也对他产生了影响。威廉·格雷之侄，曾被格雷送到意大利学习，可就在意大利去世。约翰·弗里在试着安慰其庇护人的过程中，利用了采自彼特拉克的论点；他请格雷要记得，虽然没有什么能阻止死亡发生，但是在死亡的极限之外，乃是荣耀和永恒的名誉。他的书信明白且无意识地表露了文艺复兴的精神，充满了意大利人文主义式的表达和感受。他谈及"具有古代信仰和道德"之人；他呼唤"不朽的上帝"来见证，但没有呼唤圣母；他以相称的颂词赞扬了瓦拉（Valla）的学术造诣。他在各个方面试着说明，他已经超越了中世纪的经院哲学传统，并期待着文艺复兴的新理想。他不仅是他那个时代最有学识的英格兰人，而且也是尝试实现意大利曾创造的"多才多艺"的目标的第一人。他对学识的爱好表现在他不仅涉足古典作品和哲学，而且还涉足医学和民法学。② 他在古典学方面取得了可观的成就，其纪念维罗纳人瓜里诺的葬礼演说，因其拉丁语的优秀而受到费拉拉的卢多维科·卡博的赞扬。然而，他主要学习和研究的可能是医学，他在多个意大利

---

① Ms. 587 Bodleian, f. 162.

② Ms. CXXIV Ball. Coll. CXXIV（约翰·弗里有关宇宙学的作品），f. 1，该页页边有一则由更晚近的人士写的笔记。该笔记称："这部关于宇宙学的著作是在意大利的帕多瓦写的，作者是布里斯托尔的约翰·弗里，他在帕多瓦和罗马学习，是一位精通医学、民法学和希腊语的博学之士。"弗里还编撰了迪奥多罗斯·西库努斯（Diodorus Siculus）著作的前 6 卷，其根据的可能是波吉奥（Poggio）的译本。——见 Henry Coxe，第 I 卷，p. 35。

城市教授此项学科达数年。大约 1465 年,他前往罗马,在那里他找到了庇护人伍斯特伯爵约翰·提普托夫特,弗里将其拉丁语诗作和几篇翻译自希腊语的作品题献给了这位庇护人。教皇保罗二世(Pope Paul II)因弗里的学术造诣,授予他巴斯(Bath)和威尔斯(Wells)的主教职位,但他在上任前就去世了,不能排除被毒害的嫌疑。

约翰·甘索普和罗伯特·弗莱明也属于这个较早一代的学者群体。前者曾是约翰·弗里在意大利的同伴。他也在那里收藏了许多书,其中大部分后来被分到了牛津的各个学院。① 在他回到英格兰时,他成为了国王的牧师兼威尔斯(Wells)教区的院长,修建了威尔斯的院长官邸建筑,这一建筑展现了其受到的意大利影响。② 他现存的文学作品都是关于修辞学的,③其值得我们注意是,他偶尔会使用希腊语的字母和单词,并且对拉丁语的演讲文本进行了仔细的分析。约翰·利兰也提到了甘索普写的某些拉丁书信和诗歌作品。

罗伯特·弗莱明也许是在他的亲戚理查德·弗莱明(Richard Flemming)劝说下访问意大利的,后者在康斯坦斯宗教大会(Council of Constance)上因猛烈地抨击威克里夫(Wyclif)而引人注目,而此次宗教大会正是意大利人文主义第一次越过阿尔卑斯山的地方。④ 罗伯特·弗莱明对学识的渴求非常强烈,这足以使他离开其担任院长的主教堂,而开始在意大利的旅途。他访问了著名的大学并在费拉拉求学于 B. 瓜里诺之后,又与普拉蒂纳(Platina)结下友谊,后者是教皇的史学家,也是梵蒂冈图书馆工作人员,弗莱明还从教皇西克斯图斯四世(Sixtus IV)那里得到了一个收入较高的职位。他将自己的《提沃利月下作品》(Lucubrationes Tiburtinœ)一

24

---

① John Leland, *Script. Brit.*, p. 463,又参见 John Leland, *Collectanea*, III, p. 16。

② M. Creighton, *Early Renaissance*, p. 29.

③ Ms. 587 Boclleian.

④ Georg Voigt, II, p. 260.

著题献给教皇,此著写于提沃利(Tivoli),在提沃利他度过了热情的夏季时光。这首以英雄体格律(heroic metre)创作的诗歌,也许是由英格兰人写的第一首重要的人文主义诗歌。① 除此之外,他还编写了一部希腊语和拉丁语词典,但该词典未留存至今。他余下的岁月平静安宁。他回到英格兰之后居住在林肯,他去世时,他收集的手稿被赠给以他的主教堂命名的牛津大学林肯学院。

还有一位属于这一早期群体的英格兰学者。伍斯特伯爵约翰·提普托夫特证明他自己是与其他人不同的,他与其他人类似的地方只是他对人文的爱好。他在意大利被尊为"第二位麦锡纳斯"(a second Mæcenas),他因其学术水平以及收集手稿的热情而闻名。像那个时代的其他意大利君主那样,他将对学识的爱好和对艺术的赞助,与专制和压迫手段结合在一起。他常常被视为"意大利化的英格兰人"的第一个例子,这种类型在 100 年之后将非常常见。但至于"意大利化的英格兰人"所代表的伊丽莎白时代廷臣的做作打扮风尚,提普托夫特对之并无涉足。另一方面,他代表了 15 世纪意大利的"铁血",也就是不安束缚、只渴望实现结果并不顾困难的精神。他也代表了那个时代对学识的热情,这种爱也许是真诚的。

提普托夫特曾前往帕多瓦继续其拉丁语学习;之后他在费拉拉访问了年迈的瓜里诺,然后前往佛罗伦萨抄写手稿。他对每件事都感兴趣,他与书商维斯帕香诺结下厚谊,他见到了佛罗伦萨的风景,甚至听取了约翰·阿吉洛普洛斯(John Argyropulos)的讲座。② 据说提普托夫特在罗马使教皇庇护二世(Pius II)喜极而泣,因为后者听到了从英格兰人口中说出了极为雄辩的、滔滔不绝的拉丁

---

① 约翰·利兰引用了该诗的数行,见其 *Script. Brit.*,p. 461。原文:"Sane quisquis in hunc oculos defixerit acreis/In vultu facieque viri cæleste videbit/Elucere aliquid majestatem venerendam."(意译:任何人都可从这座城堡中见到天堂的魅力,那是让我们崇拜的圣尊。)

② Vespasiano,p. 403.

语。[1] 他也在意大利与一些学者会面，同时像弗朗切斯科·达雷佐这样的人文主义者将自己的作品题献给提普托夫特。

他自己不是一个平庸的学者，于是将西塞罗论友谊的文章和凯撒的战纪翻译为了英语。而且，其拥有的大笔财富允许他能够带回如此多的书籍，以至于据说他"抢夺"了意大利的图书馆以丰富英格兰的图书馆。牛津大学分享了他的捐赠的一部分，并对这一捐赠表示诚挚谢意。官方文本称，通过他，这所大学更接近于他的帕多瓦大学，由于他的成就的声名加上大学本身的名誉，已经能为雄辩术大师——意大利人所知晓。[2] 正好像给予格洛斯特公爵的奖励不能再大了一样，没有谁能比提普托夫特更成功地获得官方的爱戴了。官方文本认为，这正是其他人（指英格兰人）比意大利人更适合来享受提普托夫特的声名的时刻。如此慷慨大量的赞美不可能不获得其回报。若干年之后的一封书信提到的事实是，这位伯爵曾留给牛津大学一大批书籍。[3]

卡克斯顿（Caxton）也称赞提普托夫特对文学的喜爱，[4]并且赞美提普托夫特在艺术方面的知识以及对艺术的赞助；类似的赞美之辞也可在坎特伯雷大教堂的讣告（Canterbury Necrology）中见到。[5] 不幸的是，他生活不那么可喜的一面使他得到了"英格兰屠夫"（butcher of England）的外号。他因为引入所谓的帕多瓦法（*Paduan law*）而特别受到怨恨，博洛尼亚和帕多瓦施行这种法律，它试图将罗马法替换普通法。这种改变虽然对训练有素的法学家有利，但似乎侵犯了较贫穷民众的权利，后者一度习惯于自己为自己辩护。提普托夫特因此受到怨恨，因为他引入了被认为是外来

26

27

---

① Georg Voigt，II，p. 258.

② *Epist. Acad.*，II，p. 354.

③ 同前引，II，p. 390。

④ John Leland，*Script. Brit.*，p. 480.

⑤ 原文："Vir undecumque doctissimus, omnium liberalium atrium divinarumque simul ac secularium litterarum scientia peritissimus."（意指此人通晓一切知识，十分博学）引自 Gasquet，*Eve of the Reformation*，p. 23，注释 3。

的、专制的体制，这种体制站在英格兰自由的对立面。而且，他所占有的重要的司法职务对他的残酷无法有效牵制，当内战期间他感到已成为其敌人手中的囚犯时，几乎所有人都要求处决他，因为他曾镇压人民、削减人民应有的权利。他向伴随他前往刑场的牧师为自己的残酷行为作出辩解，其理由是那些行为对于国家的安全曾是必要的——牧师和民众都无法满意于这种解释。他一生工作的范本都是意大利式的。一方面，他在意大利找到了专制政府和君主独裁统治的模范。为了将之实现，他向英格兰引入了一个外国体制，其目的是提高统治者的权力。另一方面，他作为一位有教养的学者、雄辩的演说家、手稿收藏家和学术的赞助人，也一度在意大利找到了能够适应他的品味和爱好的典范。

可被称为英格兰人文主义的第二阶段，随着提普托夫特之死而结束，即便弗莱明（Flemming）和甘索普还继续活了许多年。虽然那些曾是这一阶段主要"演员"的人完成的成就很少，但是他们在英格兰文艺复兴发展史上"铸造了链条的一环"，并向世人展示，牛津大学的新学术远不是突然爆发出来的，而是由一小群学者静静地准备好了的。然而，国内的骚乱和国外的战争对学者们的生活造成了妨害，而且，并没有特别的大人物为这个时代"赋予光泽"。除了他们各自在其他领域较为杰出之外，这一时代的学者都从记忆中消失了。

英格兰对新学术仍然是"未熟"的。其成功的惟一机会在于学术工作的集中化。但是年轻而富有野心的贝列尔学院的学者满怀希望前往意大利，却没有回到牛津大学，而只有在英格兰的牛津大学一地，他们的作品才可能"结出果实"。他们因其早期的热情而联合在一起，当直接目的已经达到，他们就各自分开，于是就在作品的撰写方面失败了。约翰·弗里是所有人中最博学和最有天赋的，可在回国之前就去世了。提普托夫特曾与他们共享对文学的热爱，却从学术事业那里被引向了绞刑架，自己遭到悲惨的毁灭，同时其他人在退休后各自分开地过完了自己的晚年。然而他们的辛劳并非毫无成果。他们所完成的任务是，为以后学者的利用提

28

供了书籍;以及带回了文艺复兴的学术(即便没有太大影响),并且向世人展示他们所涉及的领域涵盖了希腊语、自然科学、哲学和医学。约翰·弗里至少证明,对英格兰人而言成为人文主义者是可能的。但最重要的是,他们指出,新学术的航标必须到意大利自身之中去探求。

29

IV

15世纪正在接近尾声,而英格兰的新学术仍然在其摇篮阶段。其成长虽然缓慢,但在牛津大学开展大规模中世纪研究之前的50年间的发展是持续的。即使困难重重,在前进的方向上依然稳定。第二代"牛津人"现在发现在他们面前的任务,一是为英格兰学术建造基础,二是在他们自己的国家启动人文的研究。而在当时,这种研究在意大利已经繁荣了一个世纪。

万圣学院(All Souls)的威廉·塞林(William Selling)是一位本笃派僧人,或许可以被比作这年轻一代"牛津人"的"学院长"。他和另一位僧人威廉·哈德利(William Hadley)曾于1464年首次前往意大利。此二人一起在帕多瓦大学和博洛尼亚大学学习,并拜见了波利齐亚诺(Politian)、沙尔康迪拉斯(Chalcondyles)等多名学者。塞林在回国时特别关注过希腊,而这一地区当时在英格兰仍鲜为人知。他带回了许多古代手稿,[①]并计划设立一个学术中心,超越坎特伯雷的、他担任副院长的那个修道院。英格兰第一所学习希腊语的真正的机构就将在那里成立。他自己将圣约翰·克里索斯托姆(St. John Chrysostom)的一部作品译为拉丁语,这可能是英格兰本土在那个世纪第一部得到翻译的希腊语书籍。塞林的性格要素,既来自中世纪的托钵游僧,又来自文艺复兴时期的人文主义教师和学者型外交官。作为一名外交官,他曾陪同由亨利七世(Henry the Seventh)派出拜见教皇的特使,去通报国王继承王位一

30

---

① John Leland, *Script. Brit.*, p. 482.

事,并在教皇和红衣主教团众人面前发表了一篇拉丁语演说。而且,作为一名基督教堂学校(Christ Church School)的教师,他将古希腊罗马经典著作首次教授给托马斯·林纳克(Thomas Linacre)。他是在广义的文化范畴下英格兰最早的全能型人才的典型之一,而这种多才多艺的人在文艺复兴时期的意大利较为常见。虽然他在学术和外交两个方面都很著名,既是一名牧师又是一名教师,但是他并未在任何单个能力方面出类拔萃。

有了托马斯·林纳克、威廉·格罗辛(William Grocyn)和威廉·拉蒂莫(William Latimer)这3位牛津校友的著作,近代英格兰学术才真正开始了。他们与其前辈们不同。他们的前辈在意大利学习却几乎无所成就,既因为时代尚不成熟,也因为其努力的方向过于分散而致效果不佳。他们使自己的博学横跨阿尔卑斯山。当新学术一旦停留在位于大学之内的坚实基础之上,这种学术的价值得到英格兰其他地方的认可,就轻而易举了。

威廉·格罗辛是3位好友中最年长者,他曾是牛津大学"新学院"(New College)的研究员(fellow),后来成为林肯主教堂(Lincoln Cathedral)的荣誉受禄牧师(prebendary);罗伯特·弗莱明即在那里担任主任牧师(dean)。格罗辛访问意大利的渴望或许就来自弗莱明。与弗莱明同代的意大利人文主义者大多虽已过世,但新人们依然有资格延续以往的传统。当时最受欢迎的游学城市也已不再是费拉拉,而成了佛罗伦萨。那位年已届四十且小有名气的威廉·格罗辛,本应考虑跨过阿尔卑斯山求学的必要性;这一点表明,意大利在那时所"供给"的,以及英格兰人希望能学到的东西数量很多。

1488年,林纳克启程赴波利齐亚诺门下学习,[①]而波氏系当时意大利学者圈中公认的大师。虽说在波氏之前曾有很多人文主义学者,但波氏将他们所缺乏的鉴赏力和完美的文风与自身的博学统一在一起。只有波氏本人所教授的新方法,吸引欧洲各地的学者前

---

① Erasmus, *Epist.*, CCCI.

来听他讲课，①这些学者就包括格罗辛、拉蒂莫和林纳克。林纳克在坎特伯雷完成学业之后到过牛津大学，接着就陪同他曾经的老师威廉·塞林出使教皇驻地。但是，他被留在了博洛尼亚，由波利齐亚诺管教，随后林氏就随着波氏到了佛罗伦萨。林纳克从波氏那里获得了关于古典的"活知识"以及被人称道的纯粹文风；因为波氏曾自夸说，他的学生熟谙希腊语，就好像古代雅典人居住在佛罗伦萨一般。波氏学校的赞助人洛伦佐·德·美第奇甚至允许林纳克参加波氏对两位年轻贵族皮耶罗·德·美第奇（Piero de Medici）和乔万尼（Giovanni）的家庭辅导，而乔万尼正是后来的列奥十世教皇（Leo the Tenth）。多年之后，这位英格兰学者将自己翻译的盖伦（Galen）著作题献给列奥，他说，这是为了回忆年轻时共同学习的经历。 32

林纳克在佛罗伦萨逗留一年后，还访问了其他意大利的学术中心。他在罗马与阿尔都斯（Aldus）会面，后者从此以后就十分尊敬他，并随后为他出版书籍。当他在梵蒂冈图书馆钻研柏拉图著作时，认识了当时的希腊学家埃尔莫劳斯·巴巴罗斯（Hermolaus Barbarus），后者鼓励他和另两位英格兰同伴将亚里士多德的著作译为拉丁语；据说林纳克自己的确完成了这个任务的一部分。② 对亚里士多德著作的研究使他全身心地转向自然科学尤其是古典时代的医学著作；后来他在帕多瓦大学获得了医学博士学位。为了能在这一方向更加提高自己，他前往维琴查（Vicenza），在知名学者、医师列奥尼赛诺（Leonicenus）门下学习。这位列奥尼赛诺通过观察方法复兴了希波克拉底（Hippocrates）的医疗手段（但当时仅由意大利人实施）。文艺复兴时期医学上的大发展正是来自于意大利人对古代方法的再发现。林纳克在那里勤奋钻研了 6 年来获得上述新科学。当他最后准备离开时，修筑了一座石祭坛献给意大利，并在其上镌刻了"学术之圣母"（*Sancta Mater Studiorum*）的字样。

科奈利奥·维泰里（Cornelio Vitelli），一位流浪的意大利学者，

①　Prezziner，*Studio di Firense*，I，162，及下文各处。

②　*Collectanea Oxford*，II，346.

还被波利多尔·维吉尔(Polydore Vergil)称为牛津大学的第一批教

授人文的教师(*bonas litteras*)之一,甚至有说法称格罗辛和林纳克

33 可能在其门下求学。伊拉斯谟和乔治·百合(George Lily)都曾写

道,格罗辛在旅行之前教希腊语,[①]但是其所受影响却暂时没有证

据。当然,在1490年即格罗辛从意大利回国那年之前,他在牛津

大学教的希腊语是不会开始发挥影响的,且所有迹象指出他回国

之后是第一次教这门语言。学习研究新知识所需的材料,在万事

俱备之前,已经在牛津大学得到积累。格洛斯特公爵和伍斯特伯

爵捐赠的书籍都在大学图书馆之中,类似的还包括格雷和弗里向

贝列尔学院、弗莱明向林肯学院的捐赠。通过这种方法,有关意大

利学术的发现在牛津大学逐步为人所知;以相似的方式,英格兰学

者从意大利回国时还带来了人文主义的研究方法。[②]

　　在格罗辛和林纳克之间存在的亲密友谊使他们刚返回牛津大

学就在一起工作。人文主义在一方面让他们同等地热爱古典著

作,另一方面则以不同的方式影响着每个人。它引导格罗辛从事

圣经评注研究;格罗辛直到相对晚年时才开始其他方面的研究工

34 作。他虽然曾将希腊语介绍进入牛津大学,但总是兼有学校教师

身份;甚至是伊拉斯谟也必须赞赏他在学校教育方面的广博程

度。[③] 然而他并没有让这一点蒙蔽自己对新学术价值的认识。他

怀着对学术事业的罕见献身精神,从意大利收获了其最佳教导的

果实,以向那些尚沉浸在中世纪传统中的人详加解释说明。他面

对着路途上的众多障碍,却成功地在牛津大学建立了希腊语方向

的学术研究。

　　格罗辛的大名,除了基于其作为一名教师的名誉之外,也源于

他关于据说是"雅典大法官狄奥尼修斯"(Dionysius the Areopagite)

---

① Erasmus, *Epist.*, CCCLXIII.

② 费奇诺(Ficino)、瓦拉、费勒尔佛(Filelfo)、佩罗托、彼特拉克和薄伽丘等人的著
　作也在格罗辛自己的书室中,见 Collectanea,II,317 及以下各处。

③ *Epist.*, XIV.

作品的讲座。这些讲座标志了英格兰《圣经》研究的开端,并表明了他自身人文主义研究的结果。他起初强烈地攻击瓦拉,后者曾质疑那部作品的真实性;但是他意识到自己的错误以后,以特有的坦率,公开认错并收回了说过的话。

如今几乎没有什么留存下来以证实格罗辛作为一名人文主义者所享有的非凡声誉。他与同时代其他学者一样反感以印刷的面目将作品公之于世;除了在 1499 年写给他的朋友、威尼斯书商阿尔都斯的书信片段之外,①其作品没有得到保存。在这封信中,他感谢阿尔都斯向他最好的朋友林纳克(那时刚回到英格兰)展现的"非凡的仁慈",并祝贺他第一次完成了出版亚里士多德希腊语作品的任务,这依靠的是"那极为精巧的技能,亦即您所发明的用来传播希腊语文学的印刷术……我的阿尔都斯,继续这项工作吧,祝您圆满成功"。

威廉·格罗辛是双面的;他的个性中混杂了中世纪与文艺复兴两种精神。一方面他是一位不谙世事的教师,他在意大利满足了自己对知识的渴求之后,返回英国牛津,几乎像修道士那样隐居着。另一方面他是人文主义者、神学批评家和希腊文著作的介绍人。正是后者使他能排在英国学术圈的前列,与他的朋友林纳克一起共享着"英国学术界文艺复兴的开启者"的荣誉头衔。他与林纳克不同,他的圈子非常小,一点也不在意外界给予他的掌声,但他的朋友们则称赞他为"所有英国人中极为正直和优秀者"。②

托马斯·林纳克是当时第一位英格兰大人文主义者和最重要的医学家,他是另一种类型的人物。约翰·弗里计划在上一代做的,林纳克都完成了。作为英格兰第一位全能型学者,他像 15 世纪的伟大的意大利人一样,在知识的所有分支上都称得上博学。他是一位不折不扣的人文主义者;虽然他的学识本质上是非宗教的,但他在古代辩证法和修辞学方面很熟练,至少不输于他对古典著作和自然科学的了解。甚至有人无法确定他"更能被称为拉丁

35

36

---

① 在 *Collectanea*,II,351 中被引用。

② Erasmus, *Epist.* , CII.

文法家还是希腊文法家？更是一位文法家还是医学家？"

　　林纳克从意大利返回后，在牛津大学开讲座，并与格罗辛一起教授像托马斯·莫尔爵士（Sir Thomas More）、科利特（John Colet）和伊拉斯谟这样的学生。他在教学的同时还进行写作。他那本论述拉丁语中文法特点的书（尽管一系列的著作已由洛伦佐·瓦拉和尼科洛·佩罗托完成）在英格兰产生了很大影响，因为英格兰之前从未有人尝试过这种类型的著述。[①] 他的声誉渐长，并大约于1500 年时被召至宫廷，做亚瑟王子的导师。不过后者不久之后便去世了。林纳克和格罗辛的名声都未限于英格兰一地，而是传播到了欧洲其他的国家。当15 世纪那些大人文主义者去世时，他俩变得尤其出名，他们没能让任何意大利学者取代已逝者留下的空位。新学术已经跨过阿尔卑斯山，并牢牢地植根在了欧洲各国，而且再一次将学界统一起来，确保学界领袖成为国际性的名人。西班牙人比维斯（Vives）、希腊人拉斯卡里斯（Lascaris）及法国人比代（Budaeus），更不用说林纳克自己的学生伊拉斯谟了，所有这些人都在一起称颂着他。阿尔都斯在出版他翻译的普罗克洛斯（Proclus）的《论球体》（Sphere）时，惋惜地说，林纳克没能寄给他更多的书供印刷出版。阿尔都斯认为新一代英格兰学者尤其做出了引人注目的贡献。这些新学者那时正在超越他们的老师。阿氏赞美他们的雄辩和文风，并希望他们的作品（虽说是一种未经修饰的写作方式）可能会使意大利哲学家们相形见绌，以至于对于学术的真正的推动，如今可能来自于不列颠，也就是那个以往曾发表过野蛮而粗鲁的文学作品、甚至威胁到了意大利这座知识圣殿的国度。[②]

　　林纳克具备培养自身对于医学和自然科学的品味的能力，即便他并没有在意大利获得这些。虽然还存在其他研究古典的英格兰学者，但他是英格兰第一位知名的自然科学家与医学家。他回到

---

① Hallam, *Literature of Europe*, I, 344.

② 在 *Collectanea*, II, 347 中被引用。参见 E. Legrand, *Bigliographie Hellénique*, II, 396。

牛津大学后,被人们期望开设医学和其他学科的讲座;伊拉斯谟则认为他是将医学引进英格兰之人。[①] 他翻译的盖伦著作在牛津开启了相关的古典研究;这也是在英格兰印刷的第一部由希腊作者撰述的作品。阿尔都斯希望通过他出版其他自然科学书籍;但是林纳克和其他人一样不喜以印刷的方式为人所知。他后来通过其医疗实践在伦敦出名,并继任意大利人巴蒂斯塔·德·波里亚(Battista de Boeria)成为宫廷医师,与费尔南多·德·维多利亚(Fernando de Vittoria)、约翰·钱伯(John Chamber,该人也曾在帕多瓦学医)等其他医师一起照料国王。[②]

　　林纳克感到,英格兰需要足够的科学研究机构,否则这项事业只能在意大利进行。在他之前,英格兰的医疗实践主要是由近乎骗子的江湖郎中从事的。为了在这一方面有所改进,他将自己的积蓄专门留作在牛津、剑桥大学设立医学讲席;并且为了让该专业的地位上升,[③]他以意大利一些类似的机构为榜样成立了内科医学院(College of Physicians)。但是他所捐助的讲席后来有所变动,并没有囊括他所筹划的内容。不过,他有关科学的公益精神和深谋远虑则使他成为整个民族的"恩人"。他被很多人视为第一位多才多艺的英格兰籍人文主义者。他与其他地方的外国学者通信;他真正的作品是为将他在意大利所学的东西教给自己的同胞而准备的。他所代表的学者群体所掌握的知识应基于广泛的世俗性,并且这种知识包括广泛的人文与科学范围。正是这样的学者,跨过阿尔卑斯山为英格兰带来转变。伊拉斯谟在写给拉蒂莫的信中说,要是自己拥有林纳克、滕斯托尔(Tunstall)这样的老师,就不会再去意大利寻找其他老师了。[④] 学者们不再有必要前往意大利;新学术已确定无疑地在英格兰扎根;新型的学者如今也在英格兰繁

38

---

① *Epist.*，CCVII.

② J. N. Johnson，*Linacre*，pp. 170，179；*Marini Transcripts*，Brit. Mus.，XXXVII，826.

③ Caius，*De Antiquitate Cantabrigiensis Academiæ*，II，126.

④ *Epist.*，CCCLXIII.

图 3　托马斯·林纳克。位于不列颠博物馆印刷室。

荣兴旺起来。

　　威廉·拉蒂莫是三位一同到佛罗伦萨学习的朋友中的最后一位。他主要为其朋友所知的是,他对印刷出版自己作品的厌恶程度更甚;伊拉斯谟因此将他比作秘藏其金子的一名守财奴。① 然而,他的学术水平得到很多赞扬,尤其是来自伊拉斯谟的称赞。费希尔主教(Bishop Fisher)尽管年事已高却还是渴望学习希腊语,于是希望拉蒂莫成为他的老师;但是拉氏建议最好从意大利请一位老师前来。②

　　几乎没有必要去列一张在意大利学习过、或者把意大利的学术影响力"泄漏"出去的英格兰学者的清单。英格兰的人文主义运动正顺利进行,每年都有带着期盼的学生赶往帕多瓦大学和博洛尼亚大学。甚至在锡耶那的地方大学(provincial university)哲学院的大约 300 名学生中,二分之一是外国人,其中包括英格兰人、德意志人、葡萄牙人甚至瑞典人。③ 他们大部分回到家乡,静悄悄地建立起新的人文主义,并散播他们在意大利获得的学识。但是,少数人留在了他们所移居的国家。在 15 世纪快结束时,一名叫作托马斯·彭科斯(Thomas Penketh)的人"因为他对学识和雄辩术的赞美",据说甚至从牛津大学被召至帕多瓦大学授课。④

　　前往意大利寻找新知识的牛津大学学者,可分为两个群体,两者之间有不同处,也有相似处。第一个群体只是献身于个人的学术研究。但是其学术,与其后辈(既是教师也是学生)相比,既不是很深奥也不是很广博。当第一个群体尝试仅仅通过以自身为榜样时,他们失败了。第二个群体成功了,因为他们建立起了一个更可靠的基础。在两个群体中都存在一个情况,即与那场运动有关的人全是教职人员;但是世俗倾向也在逐渐增长,而且,当林纳克在

39

40

①　*Epist.* , CCCLXIII.

②　Mullinger, *History of Cambridge*, I, 519,注释。

③　Zdekauer, *Studio di Siena*, p. 96.

④　S. Lewkenor, *Discourse of Foreign Cities*, 1600.

晚年接受圣职时,与其说是别的原因,不如说他看中的是收入。两个群体都完全由牛津大学校友构成,但是第一个群体(除约翰·提普托夫特之外)只是通过馈赠书籍等物来与大学保持联系,而第二个群体则是通过他们毕生的工作以及对学术更深的献身精神。他们的任务不仅仅是"拿来主义",而实际上是教会他们的同胞进行希腊语、科学、医学和《圣经》文本批评的研究,也就是意大利人文主义向世界开放的那些硕果。通过他们的引进和介绍以及他们个人的榜样,他们创造了新类型的英格兰学者,这种学者能比得上其意大利的学术模范,同时在生活的纯洁性上超越意大利。这一小批学者的努力最后成功地在牛津大学建立了新学术和新知识系统。在他们之前,这种新学术几乎没有稳固的基础。英格兰人曾经如此长久地缺乏对人文主义的兴趣,这是国内的无政府状态、岛国的孤僻性格以及缺少法律共同促成的,也就是说,之前没有学术事业所必要的安宁环境。那时的英格兰人所能够期望的,是从先辈那里保存好残存的极少的知识,这一点当时已经实现。然而,当都铎王室君主的强力臂膀触及整个英格兰时,这一天到来了,人们意识到内战的时代结束了,如今能够在和平之中追求人文事业。在安宁祥和的新鲜感之中,新学术发展壮大。正如在意大利,学者们在贵族的庇护赞助下生活,这些贵族授予学者以进行学术事业的足够奖酬,因而,被新引入英格兰的人文主义,得到了英格兰新王朝的第一位国王——亨利七世的培养与鼓励。

41

V

我们已经可以在英格兰人文主义的早期,确切地辨认出一种成长过程,这种成长是以若干发展的独立阶段所标志出来的。这种成长一度与意大利影响的扩张巧合,并在某种程度上是这种扩张的结果。就在15世纪末甚至更晚些时候,意大利仍然是新知识和新学术的源头。而英格兰作为一个整体,当时仍然令人疑惑地对意大利学术无甚察觉,而只是在牛津大学一隅独自兴盛。然而在

16 世纪，一场伟大的变化发生了。一方面，上个世纪默默无闻的预备工作将要扩展到大学的狭窄限制之外。另一方面，意大利的单独性、支配性影响——尽管到那时为止仍然可称是新知识的"活着的呼吸"(the living breath)——却在很大程度上减弱了，同时其他国家在部分程度上取代了前者的地位。这种改变既不是如一般人所想象的那样突然或出人意料。新知识扩散到大学厅堂之外的过程，很大程度上是在意大利学术的方法下被教育出来的"牛津学人"的功劳。同时意大利学术的衰落导致了格罗辛和林纳克被意大利本地人视作伟大人文主义者的继承人。曾在佛罗伦萨、博洛尼亚和帕多瓦受教育的外国学者，如今将开始已在意大利停止的工作，并在他们自己的国家传播意大利知识和学术。

42

我们可从林纳克身上观察到一种从牛津大学的狭窄世界移动到一个更广阔的领域的期望。但是，连接宫廷和大学之间的那一环伟大的链条，则将是托马斯·莫尔。他的任务是，在到目前为止还不知晓新学术的圈子中培养兴趣爱好。他所受的教育和性格使他自己与这份事业相符合。他年少时就被默顿大主教(Archbishop Morton)送到牛津大学，在那里从格罗辛和林纳克处学习希腊语，[①]并与这两人结下了持久的友谊。他在写给科利特的信中说："你不在时，格罗辛是我终生的老师；林纳克是我学习研究的指南针。"[②]除了亲密的关系以外，还有其他的原因促使他的老师们把他与意大利"捆"在一起。与他关系密切的、在意大利学习研究的人包括科利特和乔治·百合，此外他还将皮科·德拉·米兰多拉(Pico della Mirandola)视为英雄，并将后者的传记译成了英语。他最好的朋友还包括卢卡(Lucca)的商人安东尼奥·彭维希(Antonio Bonvisi)，他在成为后者遗嘱执行人之前，曾用深情的言语写道，宁可说自己是安东尼奥家中的一位客人，还不如说是他的儿子。

43

使莫尔证明自己是新知识的"朋友"的机会很快就出现了。正

① Erasmus, *Epist.*, DXI.
② T. Stapleton, *Tres Thomæ*, p. 23.

是上述学术成功在牛津大学本地激起了强烈的反对。斗争主要涉及希腊语，也就是从意大利引进的那些新学术中最重要的一门。在许多认为希腊语文学是"非正统"的人的思想中，通晓希腊语和异端没什么两样。[1] 其他熟谙辩证法理论的人则表现出敌意，因为他们不愿意从事一项使他们之前的工作变得没有价值的新学问。还有一些人将所有的革新视为危险之物。于是"希腊人"的反对者在"特洛伊人"的名号下联合在一起，并公开嘲笑那些追求新知识的人。[2] 一名本要发布一篇四旬斋布道文的牧师，最终决定以一篇反对希腊语和其他优雅文学的檄文取而代之。[3] 要数年后才发表作品的威廉·廷代尔（William Tyndale）回忆了一个典故说，邓斯·司各脱（John Duns Scotus）"在所有反对希腊语、拉丁语和希伯来语的讲道中发怒"，[4]并宣称，即便只剩下泰伦斯（Terence）或维吉尔（Virgil）著作的唯一一份手稿，他们也会焚毁之，付出生命也在所不惜。

在这一点上，莫尔写了一封信给牛津大学的高层，反对中世纪经院哲学，并激烈地批评那些想要复辟它的人。在表达了支持新知识的口气强硬的论点之后，他警告他们说，如果再进一步反对新知识，那么他们将疏远财政大臣兼坎特伯雷大主教乌尔罕（Archbishop Warham）及其赞助人红衣主教沃尔西（Cardinal Wolsey），甚至是疏远对文学的进步非常感兴趣的当朝国王陛下。[5] 因为莫尔除了"唤醒"宫廷使之意识到新知识之外，同样也深受王室之宠，国王常常召见他探讨深奥的命题。也正是通过莫尔和佩斯（Pace）的影响，国王开始以此为兴趣，并最终使"特洛伊人"安静了下去。

伊拉斯谟和科利特属于格罗辛和林纳克最著名的学生之列。伊拉斯谟前去牛津大学，是因为他认为到意大利寻找古典知识不

① Jebb, *Erasmus*, p. 41.
② Maxwell-Lyte, *History of Oxford*, p. 435 及以下各处。
③ Jortin, *Eramsus*, III, 359.
④ Tyndale, *Works*, III, 75.
⑤ Erasmus, *Epist.*, CCCCXIII.

再有必要,英格兰比其他任何地方都能使人更好地获得这种知识。他写道,与拉蒂莫年轻时候相比,意大利的优秀学者比较少。在他自己的判断中,即便出生在蛮族之中,只要有真才实学,无论谁都可被称为"意大利人"。① 伊拉斯谟直到晚些时候才前往意大利,与他同行的是英格兰国王的首席医师巴蒂斯塔·德·波里亚的儿子们。然而,伊拉斯谟过于欧洲化了,以至于他不能完全属于英格兰学术的范畴。科利特情况则不同,伊拉斯谟把科利特视为"博学之士中的领袖"。② 科利特在牛津大学学习之后,希望追随他老师们的足迹,于是也造访了意大利,相比学习希腊语,对他更具吸引力的是整个意大利文化。他在那里逗留 3 年的细节我们并不十分清楚,尽管据说,他可能曾与萨沃那罗拉(Savonarola)会面。可是,他性格中的清教徒式的拘谨似乎是从意大利带出来的。教会的腐败和"具备真正智慧和信仰的某些修士"的生活之间的反差,让他留下深刻的印象。③ 意大利学者的新柏拉图主义和圣经批评学对他后期的生活产生了较大影响。他回到牛津大学后讲授《圣经》中的"保罗书信"(*Epistles*)部分,其中,他放弃了中世纪的寓意性解释,而是进行了整体性的、自由的阐述。他将圣保罗(St. Paul)与罗马社会状况进行了比较,因而在很大程度上放弃了"逐字默示"的教条,并采用了自意大利带来的历史研究新方法。在他的讲座中,正如他论述"雅典大法官狄奥尼修斯"的著作那样,他没有征引任何经院哲学家的作品,而是多次参考费奇诺(Ficino)和皮科·德拉·米兰多拉的著作,大量引用前者的柏拉图主义神学,同时常常借用后者的神学教义。④ 科利特与格罗辛是第一批批评《圣经》文本的英格兰人,就像意大利人洛伦佐·瓦拉所做的那样。在另一个方

45

46

---

① 原文:"Mihi Italus est quisque probe doctus est etiamsi fit apud Juvernos natus."(意译:我是意大利人,可这里的人都有真才实学,即便他来自爱尔兰)同上引。

② *Epist.*，XLI.

③ *Epist.*，CCCCXXXV.

④ 参见 Seebohm, *Oxford Reformers*，pp. 39,151 及以下各处。Lupton, *Life of Colet*，p. 51 及以下各处。

向,他的著作在开启公共学校的新知识学习方面的功绩,可与托马斯·莫尔在宫廷的贡献相媲美。他从其父亲那里继承得来的财富,被他用于在圣保罗教堂的庭院中建立了一所学校。曾在意大利苏尔皮提乌斯(Sulpitius)和彭波尼·莱杜斯(Pomponius Lætus)门下求学的语法学家威廉·百合(William Lily)是第一任校长。在那里,科利特和威廉·百合将新的教育原理投入实践,并在不久后为其他学校树立了榜样。

意大利对英格兰学术的直接影响,可以说是在格罗辛和林纳克的继承者手中结束了。同时,那时欧洲大陆的影响,作为一种混合体,也出现在英格兰文化之中,鉴于这种情况,如果认为意大利思想和学术训练强大的"发酵作用"没有在历史论述中获得合适的重要地位,那就是不公平的。在除意大利之外的欧洲其他部分仍然处在中世纪的黑暗中时,意大利所建立的体系是无法在一天之内坍塌的。其在思想领域的影响力不可能很快被摆脱掉。西欧其他国家的杰出学者那时刚刚崭露头角,他们全都受过意大利人文主义训练,或者直接由自己学习,或者通过不知名的老师,从而将人文主义移植到自己的家乡。而且,意大利文艺复兴对知识有一种广泛的推动力,可在中世纪,这种推动力只存在于大学和高级教士阶层中。如今,欧洲的各个宫廷张开双臂欢迎它,在每一个地方,人们努力收获它最好的果实,可收获者的前辈却曾嘲笑它"只配得上穷酸的文员",或者完全忽视它。很大程度上,由于上述那些改变,再加上其他方向的进步,那些学者虽然以前不是学者型就是宗教型,但现在可以被划分为许多不同的阶层。学者们寻找的那少数几条大道,下文将进行简略概述。

到处游学的学者(wandering scholars)是中世纪最常见的学者类型之一。这种学者一般是没有固定国籍的人,他们把大学当作庇护所,或者依靠学术赞助而生活。在文艺复兴时代,声称有4个国籍的伊拉斯谟,是游学学者中最伟大的例子。还有一位名叫"佛罗伦萨·沃鲁塞努斯"(Florence Volusenus)的英格兰人也属这一类,但其名声没有伊拉斯谟那么响亮。沃鲁塞努斯先是在洛林的红衣主教（Cardinal of Loraine）、后来在贝莱的红衣主教（Cardinal du Bellay）的赞助下生活，同时又为托马斯·克伦威尔（Thomas Cromwell）提供政治情报。他一生中真正的兴趣却是由学术驱动的。他曾经试过到意大利的某所大学里教书谋生；[①]但没成功，于是又通过萨多莱特（Sadolet）的关系，到法国卡庞特拉（Carpentras）任人文学教授，这期间，除了访问了若干次意大利之外，他就在卡庞特拉这个小镇度过了余生。剑桥大学圣安德鲁学院毕业的彼得·比塞特（Peter Bisset）也有相似的"流放"经历，他去世时正担任博洛尼亚大学的教会法教授。上述两人都可被视为那个时代若干典型，就是把知识置于一切之上，并寻找一个可以满足他智识品位的地方作为自己的第二故乡。

　　博学好古（antiquarianism）是文艺复兴运动为知识带来的新发展方向之一，如果不算上威廉·伍斯特（William Worcester）的话，那么约翰·利兰就是英格兰第一位伟大的博学好古学者（antiquarian）。与那时刚刚兴起的教育风气一样，利兰曾经进行了"大游学"（grand tour）；他在国外见到了一些杰出的人文主义者，回国后则具备了一位意大利学者所应该有的良好知识储备。他模仿皮埃特罗·本波（Pietro Bembo）及其学派，在自己所写的介绍本国学术史的作品中展示出自己不亚于拉丁诗歌的学术品味。他还是诺福克公爵（Duke of Norfolk）之子的教师，而当时有很多知名学者都在贵族家庭中任教。像这类大师的影响力，与其他因素一样，在上层阶级中培养了求知的热情。另一方面，通过像托马斯·莫尔这类少数人的努力，学术得以进入宫廷，并获得了来自王室的赞助。比利兰更重要的是约翰·切克爵士（Sir John Cheke），后者是爱德华六世国王的内阁大臣兼教师。切克也许是被任命那么高的教职的学者中最好的例子。他也在意大利特别是帕多瓦大学待过很长时间，在那所大学中，他不仅教课，而且似乎担任着管理所有

48

49

---

① *Letters and Papers of Henry VIII*，IX，573.

住在那里的英格兰人的类似于总管的职务。① 他回国时已经是英格兰最重要的希腊语倡导者之一。但是切克对爱德华六世的真实影响并不明确,因为这位国王统治时间短,切克几乎没有个人文化方面发展的机会。不过,爱德华六世那座藏有许多意大利书籍的图书馆,②也许在切克的影响下对国王有一种鞭策作用。

格罗辛和林纳克在牛津创建希腊语研究之后,这类研究不久就传播到了剑桥,并且归功于费希尔主教的影响,希腊语在剑桥大学获得了一个和平的发展氛围。那时担任神学教授的伊拉斯谟曾非正式地教授过希腊语,③但是第一位真正的希腊语教师是理查德·克罗克(Richard Croke),后者像许多意大利人一样,把知识与外交谋略结合在一起。克罗克以这种双重的能力,在克兰默(Cranmer)的推荐下被派往意大利,搜集与亨利八世离婚案有关的各方立场,当然同时也在那里造访了若干学术中心。

约翰·弗利和林纳克早期在科学领域的撰述事业,由牛津大学玛德琳学院的托马斯·斯塔基(Thomas Starkey)所继承,后者曾在帕多瓦大学学习,之后到牛津授课。著名的凯斯医生(Dr. Caius)也曾求学于帕多瓦大学;他在后半生中于剑桥大学比照意大利的榜样创建了医学院,并以自己的名字命名;在医学院的总规章中有一条写道:在帕多瓦、博洛尼亚、蒙彼利埃(Montpellier)或巴黎的学习经历,是享受旅行医学奖学金(traveling medical scholarships)的条件。④

意大利文艺复兴首先是在学术圈为人所知。直到文艺复兴渗透进各智识阶层后,其在艺术、社会生活等许多方面的进步才发生。开始于 15 世纪第二个 25 年的、可被称作意大利影响英格兰的"第一阶段"的时期,延续了约 100 年,其本质上是一种学术研究

---

① T. Wilson, *The Three Orations of Demosthenes*,前言。

② Nichols, *Literary Remains of Edward VI*, I, cccxxxv.

③ Jebb, p. 27 及以下各处。

④ Mullinger, II, 163.

方面的影响,而且其源头位于大学之中。所以,对英格兰新知识的最初推动力,是由意大利施加的。意大利通过将自己立为榜样,从而造就了英格兰的世俗型学者,并为这类学者指明了智识兴趣的方向。然而,这种在学术研究方面的影响是一种奠定下来的"基础",而非一种在原有基础上的"发展"。它在"基础"的形成过程中起到了最重要的促进作用;而在"发展"过程中,意大利的学术影响减弱了。到继承格罗辛和林纳克的那一代,这种影响实际已经结束,这时,英格兰的学术正在按照自己的路线发展,其受到的外国影响是比较小的。在 16 世纪初,"意大利影响"的目的已经实现。意大利文艺复兴的新知识已被移植到英格兰,在那里,新型的人文主义也建立起来。最初由"牛津学人"所感受到的意大利影响,从那时起就传到了剑桥大学、王宫、贵族家庭、公立学校,并逐渐传遍全英格兰。

51

Ⅵ

对学术的赞助一直是天主教会最引以为傲的事情之一,这种类型的赞助在文艺复兴时期尤其突出,就教士们对学术的热爱而言,这种赞助也许是弥补许多其他短处的一种途径。而且高级教士大多有大学教育经历,他们的学术兴趣在年轻时就被唤醒了,后来则正好得到一个能够进行学术回报的职位。因此,关于意大利对英格兰新知识的回顾,必须简要地或者至少提到曾经协助发动这场运动的那些伟大的教士们。

将全欧洲与罗马"绑"在一起的许多宗教关系,也在长时间内使英格兰教士熟悉了意大利。早在中世纪早期,一位叫作尼古拉·布雷斯比亚(Nicholas Breakspear)的英格兰人,登上了教皇的宝座并被称为阿德里安四世(Adrian IV)。在长期的十字军东征时代中,以及在宗教狂热仍然能够煽动人类的时代中,前往巴勒斯坦的英格兰朝圣者们,意大利是其必经路线。博洛尼亚大学和牛津大学一样,其经院哲学和教会法的研究传统是如此之长,以至于英格兰人回国时几乎没有引进什么新知识。然而,当文艺复兴的浪潮席卷一个国家、而同时另一个国家仍然未受影响时,一个新时代就出现了。

那些宗教大会尤其使各个国家的高级教士及其数量众多的随行人员,彼此建立起了亲近的关系。坎特伯雷大主教亨利·彻奇利(Henry Chichele)从锡耶那的宗教大会回国以后,为牛津大学带来了价值很高的"礼物",并创建了万圣学院(All Souls College)。在康斯坦斯宗教大会上,新人文主义的闪光第一次越过了阿尔卑斯山,红衣主教博福特(Henry Beaufort)和英格兰国王亨利五世的一个叔叔,也在那里见到了波吉奥·布拉乔利尼(Poggio Bracciolini)并邀请后者去英格兰。

波吉奥于 1420 至 1422 年①居留英格兰期间,虽然没有实现什么成就,但是这位佛罗伦萨大学者却发现,坎特伯雷大主教约翰·斯塔福(John Stafford)、温彻斯特会吏长尼古拉斯·白尔斯通、尤其是红衣主教博福特的秘书理查·佩特沃思,都是具有很高文化修养的人。② 在这一早期阶段,还有一位学识很高的高级教士是托马斯·阿伦德尔(即坎特伯雷大主教),他曾与当时的佛罗伦萨首相(chancellor)科卢乔·萨卢塔蒂(Coluccio de' Salutati)有书信来往。

然而,英格兰学术将在牛津大学而非宗教机构取得进步。甚至像威廉·格雷、罗伯特·弗莱明和约翰·甘索普这样的教士,书籍捐赠较多,而个人学术代表作较少。因而在人们发展新知识的过程中,最初在学者和教会的高官们之间有一个基本的不同。两者都有大学经历,前者的大部分也有圣职;只是他们的职位一般说来较小。他们真正成功的工作在于牛津大学的教学;而另一方面,大教士们的贡献则是保护学者们的兴趣以及手稿捐赠。

但是,许多高级教士树立了个人博学的榜样,包括温彻斯特主

---

① 参见本书边码第 180 页(原书页码)。
② Poggio, *Epistolae*, II,12,18,20,22,35; V,22,等等。

教温福莱特(Bishop Waynflete)和曾在帕多瓦大学学习的埃克塞特主教彼得·科特尼(Peter Courtenay)。温彻斯特主教托马斯·朗顿(Thomas Langton)年轻时也去过意大利,后来被英格兰国王理查三世派到罗马担任大使。他回到英格兰后,在温彻斯特自己的住宅里为青少年建立了一所学校,这一举动也许是想模仿维托里诺·达·菲尔特。他与牛津大学之间的联系,以及他将佩斯送到意大利学习的举动,都表明他对新知识有着更深入的兴趣。显示出类似的兴趣、或者在某种程度上与意大利有联系的教士数量太多,此处不再赘述。但我们可以举出几位学问确实出众的教士的例子,这类人在文艺复兴时期是非常引人注目的。其中最著名的是坎特伯雷大主教乌尔罕。他先在牛津大学待过,后来访问了意大利,并在意大利强化了自己对文学的兴趣。在他对学术的赞助方面,也许是意大利的一些重要的红衣主教们对他起了促动作用。他的智慧、和蔼、慷慨,和他的个人教养一样,使他成为那些正在英格兰鼓吹新知识的学者们的朋友兼保护人。对伊拉斯谟而言,乌尔罕就好像是"我那特别的米西纳斯"(my special Maecenas):①乌尔罕的宽宏大量使伊拉斯谟不用求诸去罗马的丰富藏书和文人圈子。②

54

　　就高级教士而言,对学术的热情和对学者的赞助,几乎成为他们的特性之一。一些像佩斯和滕斯托尔那样的教士,曾在帕多瓦大学学习,其中佩斯甚至在威尼斯出版过普鲁塔克(Plutarch)作品的一部分翻译,他把这份译作题献给了红衣主教坎佩齐奥(Cardinal Campeggio),后者也对人文主义在宫廷中的成功有兴趣。③ 还有斯蒂芬·加德纳(Stephen Gardiner,是伊拉斯谟的朋友)和理查德·福克斯(Richard Foxe)都曾出任过驻罗马大使。爱德华·邦纳(Edward Bonner)也希望学习意大利语。教会所有的阶层都表现出

① *Epist.*，CXLIV.
② 同前，CLXVIII。
③ 同前，CCCCXXXVII。

对新知识的兴趣,甚至还包括即将脱离罗马天主教信仰者,但他们在对文学的热情中却延续了以往的传统。在奠定学术基础过程中,最有益的就是对学术的大量赞助。这种情况在剑桥大学尤为突出,尽管剑桥的新知识比牛津要晚来得多。在整个 15 世纪里,我们几乎无法在剑桥大学找到意大利学术的踪迹。事实是,剑桥大学彼得学院(Peterhouse)图书馆收藏彼特拉克诗歌的某本复制品的时间的确比较早——1426 年。[①] 少数类似这样的书籍是逐渐得到收藏的;约翰·甘索普也把自己收藏的部分手稿留给了剑桥大学耶稣学院。然而,我们只能发现极少的新知识的迹象,尽管一名叫做凯斯·奥贝里努斯(Caius Auberinus)的意大利人在 15 世纪末担任了那里的拉丁语文书,除此之外他还偶尔地做有关泰伦斯的讲座。[②]

推动力是由费希尔主教带来的,这位主教在玛格丽特·博福特夫人(Lady Margaret)的鼓励之下,决定将剑桥大学提升到其姊妹大学(牛津大学)同一水平上。1511 年,费希尔主教召来了伊拉斯谟,后者一度非正式地教授希腊语。当时剑桥大学的智识状况,可以从他的抱怨中判断出来,他称剑桥的大师正在试图把辩证法(dialectics)带回来。[③] 他说,他自己正在把新一代从无知中解放出来,并以更优秀的学术研究的品味来引导他们。然而 10 年之后,他所写的观点又不同了,他宣称剑桥大学当时已经可以与同时代的其他主要大学相竞争了。费希尔主教在带来这场发展的过程中起着很大程度的协助作用;他不仅在剑桥大学建立圣约翰学院,而且还在希腊语及希伯来语两个方面设立了讲席。并且,他的慷慨还使理查德·科克(Richard Coke)能够成为剑桥大学的第一位希腊语教授(而没有任教于牛津),因为科克在牛津与林纳克和托马斯·莫尔的交情本会自然地把他引过去。

---

① Mullinger, I, 433.

② Cooper, *Athenæ*, I, 9.

③ *Cal. St. Pap.*, *Henry VIII*, I, No. 1404.

类似的学术基础在牛津大学也得到了奠定,奠定人首先是理查德·福克斯,他就是在 1516 年捐助建立牛津基督圣体学院的温彻斯特主教。这是一所建立在人文主义兴趣上的学院,也因此吸引了大量的注意力;因为到那时,打个比方说,新植物嫁接到旧植物上常常是不成功的。不过,在基督圣体学院的规定中,所有过去的障碍都被扫到一边。其主要行政人员中应有一名希腊语讲师,且这一职位将优先考虑希腊人或意大利人。它的毕业生需要完成完整的人文主义教育;在漫长的假期中,特别建议学生阅研洛伦佐·瓦拉和安吉洛·波利齐亚诺的作品;申请奖学金者还要彻底地了解古典时代的作家,且必须自己能够创作拉丁语诗歌,尽管在学院的日常谈话中,希腊语也可被接受为拉丁语的替代者。通过上述措施,学院有意让"一切蛮族性"受到禁止。①

迎接理查德·福克斯大胆改革的是连续不断的反对声,但后者最后被托马斯·莫尔在宫廷的影响力所终结,同样起噤声作用的是红衣主教托马斯·沃尔西对牛津大学基督教会的类似奠基性贡献,他把解散修道院的收益捐赠给了这所学院。福克斯还获得了沃尔西在罗马的代理人吉努奇(Ghinucci)的赞成,后者也被指示寻找书籍,并购买来自意大利各图书馆中希腊语手稿的复制品。② 沃尔西还向威尼斯驻英代表奥利奥(Orio)发出了类似的请求,请求后者帮一个大忙,即为了学院的图书馆向威尼斯执政团要一些希腊手稿的抄写本,而这些手稿曾是两位红衣主教格里曼尼(Grimani)和贝萨里翁(Bessarion)的藏书。③ 学院自身充满了新知识的精神;古典时代的那些伟大作家每天都会得到讲解,且所有的谈话都使用拉丁语或希腊语。类似的其他机构的成立因而就标志着文艺复兴新知识最终对经院哲学的颠覆。其在牛津大学和剑桥大学的进一步发展将更加沿着纯粹的英格兰路线前进。

56

57

---

① Maxwell-Lyte, p. 412.
② Creighton, p. 35.
③ *Cal. St. Pap.*, *Ven.*, III, 515.

　　在新知识的早期阶段,英格兰学者的依靠对象和榜样几乎全部来自意大利。甚至在很久之后,虽然说像比维斯和伊拉斯谟这样的对英格兰学术发展帮助如此之大的外国大学者自己都不是意大利人,但是,比维斯长期在意大利学习,而伊拉斯谟在向南跨过阿尔卑斯山之前,曾在牛津大学从那些已经在意大利学习过的人那里寻找指引。意大利在16世纪的影响力是如此深远广泛,以至于乍一看是法国或西班牙的事物实际上来自意大利,但这种意大利的因素已经隔了一代。

　　因此在意大利,英格兰学者一开始都接受新人文主义的教育,而英格兰的教士则在新人文主义那里找到了他们赞助文学的目标。把知识和学术的文艺复兴带到英格兰的正是这种共同的努力,其中,赞助人和学者以同等的程度作出了贡献。

第二章　廷臣

I

在 15 世纪的最后 25 年中,西欧各国在从中世纪到文艺复兴的转变中开始经历一些相似的阶段。这一时代的主要政治特点,是国家的最高权力集中于至尊的君主个人身上。在意大利,小独裁者把贵族和市民的权力聚拢在他们的手中,还通过其宫廷的魅力和光彩,让贵族和市民们甘心于政治自由的丧失。类似地,在阿尔卑斯山以北,最高权力集中于国王的过程中,一方面导致了大贵族影响力的降低,同时在另一方面培育了宫廷。所以可见,这一时代的政治特征也成为当时社会发展的标志,而且封建地主的后代逐渐变为了廷臣。

文艺复兴期间的宫廷生活突然比以前任何时候都更为重要。越来越多的国家活动以它为中心,并以它为源头。在中世纪时,每座城堡都是一座微型的宫廷,自给自足,而如今国家的生活被聚焦了,也就是说,围绕在一个统治者周围以及在他周围聚集着那片土地上最优秀的人和物品。这宫廷变得几乎是担任国家公职的惟一途径,而能否任职在那时是如此依靠着王室的恩宠和宠幸。对于军事、外交和行政管理等方面的伟大职业生涯来说,宫廷就好像是一块踏脚石。无论是谁,只要在君主眼中获得宠幸,就很有希望被任命为军队指挥官、大使或分管某一省份的长官。

接近 15 世纪末时,意大利的影响开始在英格兰宫廷显现。新的人文主义通过学者,已经从牛津大学扩散到这一更大的范围,而在宫廷中,人们能够更容易地感受到人文主义;而且,一种显著的发展已经在与意大利的直接交往中起步。费拉拉公爵和乌尔比诺公爵(Duke of Urbino)与亨利七世有着非常友好的关系,[①]而亨利七世自己起用了许多意大利人为其个人服务:尤其值得提及的有他的仪式、礼节教师希尔维斯特罗·德吉利(Silvestro de'Gigli),他的好友、史学家兼顾问波利多尔·维吉尔(Polydore Vergil),以及他的诗人皮埃特罗·卡尔梅里亚诺(Pietro Carmeliano)。16 世纪的英格兰宫廷对意大利人的衷心欢迎程度,仅次于法国和西班牙。君主们的确能够在这些外国人中找到十分谦卑的追随者,这些追随者与他们的故国没有紧密联系的纽带,是天生的廷臣和外交官。而且,另一个因素加强了他们的成功。一种新型的廷臣已经在意大利兴起。在乌尔比诺、曼图亚(Mantua)和费拉拉的宫廷,人们已经形成了一种更高级的观念,这是关于君主的伙伴应该是谁的观念;君主的举止和成就成为文艺复兴新生活的一种外在反映,这种新生活将其精神注入了宫廷之中。这些观念逐渐形成一个体系,并即将成为廷臣教育的一部分。因此一种确定而独特的类型逐渐在意大利被创造出来,从而接受这种训练的廷臣将比其他人都更为优秀。在整个 16 世纪,英格兰与西欧其他国家一样获得了对这种新类型的大量认知,这通过的是对国内外意大利人的观察,以及对意大利的、尤其是与礼节举止有关的书籍的翻译;人们从这些就能得出廷臣的新式理论,而这种理论正是由文艺复兴的意大利人所亲自实践的。

尤其对意大利而言,对本民族精神的探求,得出了决定着社会交往各层面的行为准则;因此人们在那里写出了大量的礼仪手册和社交指南。社交和礼仪那时几乎被视为艺术,两个方面都能够通过教育和实践来获得。宣称能够提供这种教育的书籍,指导人

---

① *Cal. St. Pap. Ven.*, VI, Pt. III, p. 1603 及以下各处;Dennistoun, *Memoirs of the Dukes of Urbino*, II, p. 443 及以下各处。

们的整个社会事务,甚至在人们最小的生活细节上给出建议。在 当时的文学界,这样的礼仪书籍可以分为两种类型:首先是以所有人为读者,在行为的优雅方面给出忠告;另一种则正相反,其视角局限于廷臣阶层,基本上不考虑普通的个人。德拉·卡萨(Della Casa)的《论礼仪》(Galateo)和卡斯提里奥尼(Castiglione)的《廷臣论》(Cortegiano)分别是上述两种类型的代表作。这两本书虽然都用意大利语写作,但是它们实际上影响了欧洲,而且它们的各种译本在整个西欧非常著名。任何对 16 世纪英格兰宫廷生活的记叙,如果不注意这类书籍,那就会不完美,因为这类书籍清楚地表现了"廷臣艺术"(the courtier's art)的基本原则,而且还提倡了社会风气方面一种新的理想观念。在英格兰那个时代的文学作品中,我们可以发现大量提及上述二书的文字,尤其是《廷臣论》一书,它几乎可以为都铎王朝时期受意大利影响的模糊人群发声,而且也为英格兰新型廷臣的形成作出了贡献。

II

关于一名绅士由哪些要素构成的问题,是 16 世纪的最常见问题之一,也许其热度比如今更甚。这一重大问题的核心是天生或世袭的(by birth)贵族与依靠美德评判或非世袭的(by virtue)贵族之间,其各自的优点在何处。① 虽然有关这一问题的观点表达的时 候常常是相异甚至相反的,但是这些观点倾向于自行分成两个阵营。一方是所谓的流行观点,即认为只有天生的才是贵族,而且这种贵族常常展现出奢侈和闲适的格调,并有着傲慢的举止和暴躁的脾气。② 另一方则是所谓的"哲学家们"的观点,认为既然所有人都平等地由上帝创造,而上帝又是至尊高贵的中心,那么每个人无论出身,只要过着一种有德的生活就是高贵的;但是如果他堕落腐

---

① 参见 *Nennio, or a Treatise of Nobility*。
② Humphrey, *The Nobles or of Nobility*.

化了,那他就是卑贱的,无论他从何人那里追溯他的祖先。① 大部分观点介于上述两个极端之间。特别受争议的一点是成为一名廷臣的先决条件——由于那时绅士们发现能在宫廷中成就事业,因而这个问题就显得极为重要。首先,一些人认为,廷臣应该是一名有着优秀家庭出身的绅士;但他的高贵性并不能作为其失德的借口,因为绅士比出身低贱之人在这类缺点方面更应受到谴责。其次,另一些人则认为,智慧与美貌应该取代高贵血统的原有地位。还有第三种非常现实的观点。这种观点承认,虽然高尚的品德常常在家族世系的祖先可以见到,但是因为"偏见"在各种人类事务中扮演了重要的角色,而且人们天生偏向于更尊重贵族(尽管其品德并不一定更好),所以廷臣就应该是出身高贵之人。② 上述第一种观点最为流行,尤其是在 16 世纪的上半叶。有大量忿忿不平的观点认为:"全世界一般都认为世袭的贵族才是合法的,认为品德高贵的绅士则是假冒的或比前者要低一等……与其说自己的祖先中有人是罗马元老院成员或者总督,还不如生来就是除了剑和斗篷以外其他什么也不带来的绅士。"③但是,所有人都认为美德是贵族的第一基本要素,最好的情况据有人说就是把著名的祖先与高尚的品德统一在一起。④ 如果某人血统高贵却没有道德,或者品德高尚却出身不好,那么无论如何也不能正正当当地被称为一名绅士。⑤ 对于再晚近一些的作家而言,即便他们心中充满着更为"民主"的精神,但是仍然赞同高贵的血统有其优势之处。一种经常见到的意见是,一个人不应该吹嘘自己的古代谱系,而是要证明他自己的出身高贵是名副其实的。有说法称,高贵血统的重要优势在于,能使人在逊于其祖先的美德和英勇时感到羞耻。⑥ 劳伦斯·汉

63

---

① Romei, *Courtier's Academy*, p. 187 及以下各处。
② Castiglione, *The Courtier*, p. 44 及以下各处。
③ Guazao, *Civil Conversations*, f. 83 及以下各处。
④ Humphrey,前引书。
⑤ Romei, p. 225 及以下各处。
⑥ Guazzo, f. 86.

弗莱(Laurence Humphrey)如此回应卡斯提里奥尼:出身卑贱之人的错误远比出身高贵之人可得到容忍和原谅。关于这一问题及同类问题的意大利人的观点也常常在英格兰被重复提及,一般还要加上某种与道德有关的观点。论及上述话题的英格兰作者,包括托马斯·艾略特爵士(Sir Thomas Elyot)、劳伦斯·汉弗莱、《绅士教程》(*The Institution of a Gentleman*)的匿名作者以及稍晚近的威廉·塞加(William Segar),都很熟悉意大利人的作品,他们多次在没有注明的情况下引用后者的作品。然而,有关绅士的理论在意大利比在英格兰更为流行,英格兰人的观点大多是对意大利人意见的回应,很少提出原创性的看法。

　　一个常常得到讨论的问题是做生意与高贵性两者的相容性。一些人主张,世界上首先自学成为绅士的威尼斯人和热那亚人,并不把成为商人视做耻辱。① 另一个赞同做生意的论点是现实性的,即认为贵族在没有财富的情况下既不能达到完美,也不能长期保留这种完美状态。甚至在16世纪,就绅士而言,财富在其中扮演的角色比我们通常想的要重要得多。但是,钱财本身并不足以让一个人高贵起来,尽管三代人所积累的财富已经足够办成这件事。② 在另一方面,贫穷常常会迫使一个人娶一位出身较低的妇女为妻,并因此贬低自己的血统。③ 如果在财富所扮演角色这一问题上最后要得出什么结论的话,那就可以说,虽然财富不能够提高"绅士身份"的等级,但是它还是能让附属于"绅士身份"的某些"美德"得到实践,而贫穷并没有这种能力。不过,对于财富的一种庸俗的展示会受到强烈的唾弃,同时那些自诩为绅士的人,只是因为他们有钱能够过悠闲的生活这一点,就受到强烈的批评。④

　　尤其是在16世纪后半叶,我们能够观察到一股潜在却又强大

64

65

---

① Segar, *Honor*, *Military and Civil*, ch. 18.
② Romei, p. 187.
③ Guazzo, f. 89.
④ Romei, p. 226 及以下各处。

的"民主化"(democratic)趋势,这种趋势主要是逐渐认为,个人的品德和能力比单看出生更为重要。低贱的出身已经不再是在英格兰成功的一种障碍,在英格兰,真实能力总是能为个人打通前进的道路,这种情况在 16 世纪,也就是许多平民被授予贵族头衔时尤其明显。人们常常赞同的是,优秀之人的孩子就是绅士,而不看他们父母的出身。① 正在渗透英格兰的那种关于绅士气质的意大利新观点,更是在理论上将过去不能被视为贵族的群体包括在内。不管一个人是本国法律的研究者,还是身处大学,或是以教授人文科学为业,只要能不依靠体力劳动生活,并能够具有一位绅士所拥有的尊严和容貌,能够承担相应的费用,就可以被视作一位真正的绅士。② 自然随之而来的反应是:人们抱怨说以往的理想绅士所应该有的属性已经腐坏,而且许多只不过是手工工匠的人已占据了头衔,拥有了纹章,而这些本应是属于过去的"绅士"的。"所谓绅士,他们在英格兰已经变得相当廉价",托马斯·史密斯爵士(Sir Thomas Smith)写道,③他毫无掩饰地对这种新的"民主化"运动表示厌恶。

66

　　然而,越来越多的对学识、礼仪和道德的考察被用于对绅士的认定。甚至有人主张,只有在某门艺术或技艺上有杰出的表现,才能以之获得一种真正的高贵性,这种高贵性远超过血统的高贵。④这种高贵性应该来自内在的美德,而不是仅仅由外在的形式构成。⑤ 得到尊重的人,不仅因为其祖先,而且也因为其内心所充满的那种美德。非世袭的绅士具有比仅有高贵血统的世袭绅士两大优势:其一是美德,其二是礼貌,它们是"绅士的真正饰物;他因为有礼貌和文雅而可被称作一位绅士"。⑥ 有些人甚至认为,如果除

---

① *Institution of a Gentleman.*

② Sir Thomas Smith, *Commonwealth of England*, p. 37.

③ *Commonwealth of England*, p. 37.

④ *V. Saviolo, his Practise*,前言。

⑤ Humphrey,同前引。

⑥ Guazzo, ff. 85*b*, 88.

了出身之外没有其他条件,那他就不可能成为绅士。"如果他们没有礼貌,那他们如何成为绅士? 如果他们是绅士,那他们如何能没有礼貌? ……绅士的身份及随之而来的声望,不是依靠我们的出身获得,而是依靠我们的生活获得,并且,有时要看我们是如何死的。"①

67

关于完美绅士应该是什么样子的一种更为高尚也更为"民主"的理想,已在意大利出现,并传播到了英格兰。追随杰出祖先的脚步已不再足够:"无论是谁,只要吹嘘他的祖先,看来他自己就是一无是处的。"②当时已出现的由个人努力所决定的绅士特性的概念,相对外在因素而言,更多注意个人的品行(virtù)。一位当时的作家很好地表达了这种感受:"对某个人而言,如果他知道他的宅子里(就像从特洛伊木马中出来那样)时不时地涌现出指挥官、上校和骑士,并且如果这是一桩很值得高兴的事,……那么,下面的情况一定能使他的喜悦程度大得多,正如格言'翅膀总是比鸟巢宽阔'(wings broader than the nest)说的那样,他通过自己的卓越功绩,以及渊博的学识和显赫的战斗功勋,而超越了他祖先们的功德、高贵与头衔,那么我们仅凭这一点就可以说,他赢得了[最终的]奖赏。"③

这种新的文艺复兴时期的"民主主义"延伸到了阿尔卑斯山以北。即便在实践方面,直到数个世纪之后,我们才能在文学和社会生活中频繁见到此类表述。就在伊丽莎白一世的宫廷中,它的回响来自威廉·塞加,几乎可以说,塞加的功劳就是预示了未来的个人自由与解放。文艺复兴意大利人所赞成的那种精神,随后在说英语的人群中得到了认同。"我要说,人的真正高贵性在于美德,无论出身高贵或低贱,有德之人才是真正高贵的;人的出身越高贵,但如果他不能延续其祖先留给他的荣耀的话,他得到的声望就

68

---

① Guazzo, ff. 85b, 92.

② Segar, *Book of Honor*, p. 34.

③ Guazzo, f. 87.

会越少。"①

Ⅲ

　　文艺复兴时期比近现代历史上的任何时期都更尽量多地发展一个人不同方面的才能。大学的理想,一旦被设定为一种目标,就被那个时代最优秀的精英所追求并实现了。这种情况在意大利尤其如此,文艺复兴时期意大利的"完美之人"努力在人类活动的所有方向上都做到出色,这既是思想上也是物质上的,也就是说,同时要成为政治家和运动健将,同时成为诗人和科学家,或同时成为哲学家和廷臣。然而,廷臣的杰出之处完全不受到他头脑品性的限制。他将具有所有的优雅风度和功勋成绩,但是却从不会去追求因做得出色或赢得过分的名声;他甚至也不会表现出花过多的时间或精力在那些方面,因为这将弄糟旁观者眼中的唯美效果。②所以,每一件事将以优雅的方式做到,好像在成功之时不花费任何力气一样。他敏锐、伶俐而明智,永远保持胆识和勇气;擅长所有的游戏或运动项目,并在各种比赛中名列前茅,例如狩猎、游泳、跳跃、跑步、投掷;得到推崇的项目甚至包括网球和撑竿跳高。另一方面,翻滚、攀绳和变戏法则永远不应该是廷臣参与的项目,因为他需要在所有的举止行为中保证高贵性。而最重要的,则是他在日常生活中的上等身份必须是真正、确实的,而不能仅仅是一种习惯;因此,如果他跟庄稼汉比摔跤或跑步,那么就只需要表现出礼貌就可以了,而不一定要获胜;但是他必须自信;"因为见到绅士被赶车人打败了的场景,尤其在摔跤这类项目上……那真是太令人不悦了。"③但值得注意的是,这种对下等人的嘲笑,一点儿也不普遍。尤其是在随后的时期中,人们常常用更为友善和更为"民主"

69

---

① Segar, p. 34.
② Castiglione, p. 115.
③ 同前引。

的观点来看待存在于不同阶层之间的关系。绅士被要求不可轻视等级低于他们的阶层，这样可使后者反过来爱戴和尊敬绅士。"就像由完全相同的泥土制造的两块砖，一块在塔顶，另一块在井底那样，绅士和仆人之间也没有太多的不同之处。"①

令人感到好奇的是，从那时到现在一直宣称自己在休闲消遣项目上高人一等的英格兰，在16世纪本应在有关的方式和导向上听命于意大利人。然而，宫廷生活的成就和乐趣最初是在意大利实现制度化的，在休闲项目上也如此，意大利的导向作用是最为重要的。甚至在马术方面，爱德华在宫中配有自己的教练；另一名叫做"亚历山大"的曾受教于著名的格里森（Grisone）的意大利人，后来也在英格兰执教，而英格兰马术教师水平提高的部分原因就要归之于他。在其他地方的情况是相同的；菲利普·西德尼（Philip Sidney）曾提到，皮埃特罗·普哥里亚诺（Pietro Pugliano）曾在皇帝的宫中知道有关马术的实践与理论知识，甚至后来的罗伯特·达灵顿建议自己游记的读者到弗洛伦撒按照《乡绅》（*Il Signor Rustico*）一书的指导学习马术。② 第一部关于马术的英格兰图书，是托马斯·布伦德维尔（Thomas Blundevile）在大约1560年翻译的费德里克·格里森的著作。"亚历山大"所未竟的，由这本书来实现；托马斯·贝丁菲尔德（Thomas Bedingfield）说，在它出版之后，以前"孤陋寡闻"的马术教练如今进步很大。类似的书籍非常流行。贝丁菲尔德只是这许多翻译者之一。③ 甚至约翰·弗洛里奥（John Florio）认为他编纂意大利语词典的原因之一，即要是没有他的词典，英格兰绅士就无法读懂格里佛尼奥（Grifonio）有关马术的著作。

就训鹰术和狩猎而言，乔治·特布维尔（George Turbervile）的著作属于当时最精心写作的书籍之一，他在书中公开承认，在这一

①　Guazzo, f. 90*b*.

②　*Method of Travel*.

③　*Art of Riding*，Thomas Bedingfield 译。

主题上他参考了许多意大利作者的论点。① 但是，作为那时绅士教育最基本的项目之一的剑术，意大利人则表明他们的水平是最优秀的。甚至意大利语的剑术术语也在英格兰得到使用。英格兰的旅行者被建议，当在外国时，应该在帕多瓦以《蒙面者》(Il Sordo)一书为准或者在罗马以其他书籍为准学习剑术。② 然而，这几乎是没有必要的，因为许多意大利的剑术大师在英格兰执教。乔治·西尔弗(George Silver)就提及在伦敦有 3 所这样的学校。③ 一名叫作西格诺·罗科(Signor Rocco)的在沃里克巷(Warwick Lane)有自己的剑术学校，并自称为剑术"学院"，"他在晚间上课的收费是 20 镑、40 镑、50 镑至 100 镑不等"。根据西尔弗的同时期描述，在西格诺·罗科学校的墙上，挂着他那些贵族及绅士学生的各种纹章，纹章下面则是他们的双刃长剑(rapiers)、短剑(daggers)和护手(gauntlets)。他甚至有一间称作"私塾"的屋子，"里面有许多兵器，他在那里向那些已经完全掌握之前教的规则的门徒们传授秘学。"④这所学校除了一般的教学用途之外，它还用作年轻的宫廷"侠客"的俱乐部，那里有"墨水、密封针(pin-dust)和封蜡，还有若干刀烫金装饰的上好纸张，以备贵族和绅士们书写信件的不时之需"。⑤

然而，英格兰最著名的意大利剑术大师是维琴佐·萨维奥洛(Vincenzo Saviolo)，其赞助人是埃塞克斯伯爵(Earl of Essex)。萨维奥洛曾被弗洛里奥描述为"完美的剑术家"，这种描述语言的用词，莎士比亚很有可能是比较熟悉的——"他能够击中任何人，或以轻刺、也叫作'斯托卡塔'(stoccata)，或以重击、也叫作'因布罗卡塔'(imbroccada)，或从正面出手，或从背面出手，或以剑刃，或以剑

---

① *The Book of Falconry of Hawking.*
② Dallington, *Method of Travel.*
③ *Paradoxes of Defense.*
④ 同前引，p. 65。
⑤ 同前引，p. 64。

背，或以剑身，随心所欲。"①

　　意大利剑术学校在伦敦获得很大的成功。它们的教学方法，就像它们的器械一样，对英格兰人来说都是新鲜的。在那个新事物因为"新"本身而受到推崇的时代里，剑术教学和相关器械迅速普及。它们的学生甚至训练时要在鞋里放铅制垫子，以使其在实战中有更敏捷的步伐。一名当时的英格兰剑术教师曾严重抱怨说，他所教的技术就像服饰的时尚，每天都在变化；还说，英格兰人已经用刀剑背弃了他们祖先的美德，并贪求意大利剑客及其模仿者的奇技淫巧："啊！你们这些意大利的剑术大师们，哪里才有你们的'斯托卡塔''因布罗卡达''曼德里塔''旁塔''旁塔雷弗萨''斯特拉米松''帕萨塔''卡里卡塔''亚玛扎'和'因卡塔塔'？②……你们那些猴子一般的手法呢？还有我来不及说的你们那些斜眼似的把戏呢？"③

　　这种新型的意大利学校却以不同方式产生了影响。其中最主要的是行为礼仪的进步。即便是将意大利人视为危险的敌手的乔治·西尔弗，也不得不承认："人们普遍认为，因为意大利人教我们用双刃长剑来格斗，而使用这种武器又是危险的，所以它就在我们英吉利民族中产生了优雅的礼貌，它们不会用谎言、也不会用如此愚蠢的演说来毁谤自己；因此在这些时代中吵架甚至动手也就很少，而不是像过去习惯发生的那样。我们不能否认的是这样的情况，那就是和我们曾经的样子相比，到目前为止我们在言语中更为小心慎重了。"④

　　关于剑术的意大利专题论著，也在英格兰大受欢迎；吉亚科莫·迪·格拉西（Giacomo di Grassi）的《剑术真谛》（*True Art of Defence*）详细地阐述了剑术的理论，该书带有插图和图表，描述了

---

①　*Second Fruits*, p. 119.

②　这些剑术术语的原文为：*stoccatas*, *imbroccatas*, *mandritas*, *puntas*, *punta reversas*, *stramisons*, *passatas*, *carricadas*, *amazzas*, *incartatas*。——译注

③　Silver, p. 55. 参见 Marston, *Works*, III, 373。

④　前引书，p. 56。

剑术中使用的不同类型的武器，如双刃长剑（rapier）和长柄战斧（halberd）、长戟（partesan）和标枪（javelin）以及击打与戳刺混合运用（falsing）的技巧。萨维奥洛所著的《习剑》（*Practise*），则是题献给其吹捧为"英格兰的阿喀琉斯"的埃塞克斯伯爵罗伯特，此著较前著获得了大得多的知名度，而且由于伊丽莎白一世统治时期的剧作者们将此著视作获得决斗知识的重要素材，因此它就一直保持着人们对它的兴趣。

萨维奥洛将实践和理论结合在一起的这部著作，阐述了在此类事务中意大利人能获得成功的诸多原因之一。不仅是实践方面得到了详细探讨，而且从著名史家那里精选而来的例子也包含其中。这部书的很大一部分是用讨论的形式来表现的；其中，有关"荣誉的核心是什么"，以及需要受到考察的、处于紧张氛围下人们之间的关系等，都得到了讨论。从他的警告中，我们能够发现在此类事务中"不义"（treachery）的出现频率很高；例如，要求看一眼另一人的长剑会被认为是不明智的，因为这会可能杀死一个没有疑心的对手。他还提到雇佣亡命之徒（*bravos*）来帮助谋杀对手的懦弱行为，而这种行为在当时决非罕见。甚至牛津伯爵（Earl of Oxford）在旅行后归国时，曾被多方劝阻以此种意大利风俗向西德尼（Sidney）复仇。其他风险也需要提防警惕；例如，在决斗中如果有好友突然出现，或许他是想劝架，但实际上可能失手误伤一方。他也提及在两三人间的那种争吵，会蔓延直到全家都加入其中，通常是不到流血不罢休。① 萨维奥洛，像卡斯提里奥尼一样，建议绅士们始终看好自己的舌根，既不要中伤他人也不要搬弄是非，并总是在身份较低之人面前举止得当。为了举例说明他的论点，他讲了一场摔跤比赛的故事，莎士比亚后来在《皆大欢喜》（*As You Like It*）中也予以使用。萨维奥洛讲的是一名傲慢的摩尔人被曼图亚公爵的兄弟罗多蒙特（Rodomont）击败，后者虽然自身也属于蛮横类

---

① 类似这样的描述，或许第一次被《罗密欧与朱丽叶》的剧情所采用，并且使伊丽莎白时代的剧作家们对意大利城市之间的世仇产生某种认识。

型,但还是无法"忍受如此野兽般的东西败坏意大利绅士的荣耀"。"试金石"(Touchstone,《皆大欢喜》中的角色)对于各种类型谎言的描述①当然也取材自萨维奥洛,后者讨论了"有条件的"(conditional)谎言和"愚蠢的"(foolish)谎言,以及"特殊的"(in particular)谎言和"一般的"(in general)的谎言。②萨维奥洛提到,说谎是大多数决斗的根本原因,他为此还引用了意大利用在此类场合下的决斗规则。

　　甚至在那个时代,决斗的道德标准仍存争议。人们辩论私人格斗的不道德,③且卢多维克·布里斯科特(Lodowick Bryskett)在他对吉拉尔迪·辛提欧(Giraldi Cinthio)的描写中,将决斗谴责为"处于所有美德的反面,对于所有的法律、所有的优秀文官以及上帝而言都是令人厌恶的",④还说,摆脱伤口烦恼的办法就是无视它。⑤萨维奥洛并未讨论决斗的道德一面,而是描写了需要注意的恰当的规矩,例如决斗书(cartels)和挑战书(letters of defiance)的形式及其被送出的方式;他也讨论决斗场上的具体行为,例如如何对待战败者,如何看待对手的不公做法;他建议,被开除教籍的人、放高利贷者和所有不如绅士或士兵那样谋生的人,都应该拒绝以充满荣誉的格斗来实现"雪耻"的目的。

　　萨维奥洛的书可能是由意大利人用英语写的第一本书。它公开阐述了意大利关于"纹章和知识""武器和书本"的理想,它们可说是伟大品质的两种渊源。通过前者,小个子可以击败大个子,弱者可以击败强者;通过后者,人们可以在没有外来帮助的情况下依靠自身的成绩或优势来把自己提升到任意高度。整个文艺复兴对于个人高贵性的概念,就蕴含于上面的词汇之中,这些词汇的精神

75

①　*As You Like It*, V, iv, 70 及以下各处。
②　我们在 Segar 的 *Book of Honor and Arms*(1590 年)一书中可以见到类似的叙述。
③　Romei, p. 129.
④　*Discourse of Civil Life*, p. 70.
⑤　同前引,p. 77。

为意大利人在其阿尔卑斯山以北的职业生涯中提供了自觉的信念，从而造就了苏格兰宰相里奇奥（Rizzio），还有那些佛罗伦萨银行家的后代——法国的诸位皇后。

76

比武大会（tourney）的复兴也是英格兰在很大程度上复制自意大利的宫廷实践之一。作为宫廷消遣之一的骑马比武（jousting）在伊丽莎白一世时代再一次流行起来。作为文人的赞助者而闻名的克里斯托弗·哈顿爵士（Sir Christopher Hatton），也是意大利的一名"学生"，他在那些想复兴比武大会的人中表现尤其突出。纹章院嘉特院长（garter king）威廉·塞加则在其《荣耀、军功与教养》（*Honor，Military and Civil*）一书中频繁地提到意大利的实践，描述了意大利人进行比武大会的方式方法。① 在意大利的乌尔比诺和费拉拉，骑马比武长期以来被视为宫廷的一项消遣活动；甚至卡斯提里奥尼曾建议他的廷臣读者如何在比武大会中表现得当；如永远不要让自己成为名单中的最后一位，因为尤其对于妇女而言，她们会把注意力主要放在第一个而不是最后出场的人那里。②

在许多其他的宫廷实践中，也可以感到意大利的其他影响。霍尔主教（Bishop Hall）在其《编年史》（*Chronicle*）一书中描述了于1512至1513年在宫廷举行的首次假面剧，而且是意大利的那种风格。"在主显节的晚上，国王和其他11人按意大利风格化装，这叫做'假面剧'（Mask），一种以往在英格兰未见的事物。"而见于《盛宴档案》（*Records of the Revels*）中的名字"马斯克林"（*Maskelyn*）和"马斯库勒斯"（*Masculers*）则相当于意大利名字"面具"（*Maschera*）

77 和"戴面具的"（*Mascherati*）。③ 这一时期最杰出的那些艺术家则为这些假面剧的成功作出了贡献；《盛宴档案》中还可发现两人，即文森特·瓦尔普（Vincent Vulpe）和艾利斯·卡米安（Ellis Carmyan），

———————

① Ch. 50.
② Castiglione, p. 114.
③ Symonds, *Shakespeare's Predecessors*, p. 320.

他们曾在亨利八世（Henry the Eighth）时期参与了假面剧的舞美工作。[1] 甚至连霍尔拜因（Holbein）也类似地得到聘请，而相当一段时间之后，伊尼戈·琼斯（Inigo Jones）也认为，设计并引进他从意大利学来的新的舞台机械装置，并不会让自己的高贵性有所降低。

威尼斯人托马斯·斯皮内利爵士（Sir Thomas Spinelli）留下了一段关于一场早期假面剧的记叙，这场假面剧在 1527 年的宫廷中举行，也许可被视为舞台艺术初期发展的一个例证，我们也可从中推测出英格兰早期的类似情况。简要描写如下：进入舞剧举办的场地，要穿过一座高耸的凯旋门，这座门按照古典风格做成，它下方是拱形的入口，拱道上则写有希腊语字词。它所蕴含的文艺复兴精神在其装饰的新古典主义风格中也表现出来，这让人想起曼坦涅阿（Mantegna）的寓意画（allegories）或是费拉拉画派的作品。假面剧的演员首先出现在舞台上然后又离开，只留下一名装扮成墨丘利神（Mercury）的年轻人，他出演朱庇特神（Jupiter）派到国王那里的信使，传达一篇博学的赞美陛下的拉丁语演说。当他离开后，8 名由"丘比特神"（Cupid）和"普洛托斯神"（Plutus）引领的少男入场，他们穿着金色的衣服。随后，差不多数目的少女入场，她们装扮成仙女，衣服也是金色，头发上还饰有镶满珠宝的花冠。少女先跳舞，之后再轮到少男跳，并且手挽着手。[2]

这种形式的演出非常流行，而且这些演出长期成为宫廷中受人欢迎的消遣项目之一；例如马洛（Marlowe）曾让他剧本中的角色、一名宫中的宠臣加弗斯顿（Gaveston）说道：

> 我会在晚上观看意大利假面剧，
> 它有着美妙的台词、滑稽而令人愉悦的表演。

意大利的男女演员，后来都到英格兰表演假面剧，如 1574 年

78

---

① Brewer, *Henry VIII*, II, 150.
② Brewer, II, 152 及以下各处。

分别在温莎(Windsor)与雷丁(Reading)进行的演出。而且,宫廷中的假面剧通常是由意大利人表演的,而英格兰演员常起到的是辅助作用。一次为伊丽莎白女王和法国大使演出的假面剧中,英格兰宫务大臣(Lord Chamberlain)为英语台词译成意大利语提供了指导。[①]

后来,在本·琼森(Ben Jonson)、托马斯·坎皮恩(Thomas Campion)和约翰·海伍德(John Heywood)那里的假面剧发展,则属于英格兰诗歌史的范畴了。但音乐家主要是意大利人,例如费拉博斯科(Ferrabosco)为后期宫廷假面剧作了很多的曲子。而且,设计舞台机械装置及布景的伊尼戈·琼斯,从他学习建筑技艺的意大利带回了新的机械设备。在演出、典礼和国家级别的活动的道具中,像金色衣物这类物品也主要是从意大利进口的。国王亨利七世多次派人赴佛罗伦萨购买金色衣物和其他丝绸类物品。[②]许多其他的意大利物品在英格兰也有很大需求,因为文艺复兴同时带来了追求新事物的极大热情,这种热情对引进外国流行时尚都持欢迎态度。在意大利不得不提供的那些奢侈品方面,上述观点也得到印证。其绣花手套、装饰精美的包、熏过香的皮革短上衣以及贵重的化妆用品(washes),据说都由牛津伯爵在外国旅行回国时引入家乡。甚至在稍早的 1559 年,我们已经可发现一则来自国会的意见,这一意见提及国会成员正在尽最大可能追求意大利式熏过香的手套,[③]同时,斯托(Stowe)也曾说过,妇女的面具、胸衣、手笼、扇子、假发和发夹,都是最先由意大利的高级妓女(courtesans)所使用的,后来这些物品都被引入英格兰。[④]

在时装方面,外国流行的影响力尤其能让人感受得到。意大利、法国和西班牙的服装用品在各个时期都在英格兰有所流行。

---

① F. G. Fleay, *History of the Stage*, pp. 22, 26.

② Archives, Florence, *Atti Publici*, 1502, July 6.

③ Historical Manuscript Commission, Hatfield House, I, 163.

④ Harrison, *England*, II, 34.

可怜的英格兰人感到眼花缭乱，好像不再知道走哪条道路。一位同时代的医生安德鲁·博德（Andrew Borde）曾经描述了他赤身裸体站立的样子，无法决定穿什么：

> 我是一个英格兰人站在此，
> 苦思冥想该穿什么衣服；
> 一会儿我要穿这件，一会儿我要穿那件
> 最后我说不出该穿什么。①

在被引入的那些外国时尚中，来自意大利的时尚长期占据支配地位。在"金色衣物方面"，曼图亚大使曾说到，亨利国王（此处未指明是哪位亨利国王）及其廷臣"穿着米兰式的长袍，用金纱或金缎制成的斗篷交错闪烁"②。后来，威尼斯大使索兰佐（Soranzo）提到一个事实，即英格兰人的服装很大程度上复制自意大利。前胸加长的（long-breasted）短上衣和所谓的"威尼斯式马裤"（Venetian breeches）都一度流行。③ 有关服饰的意大利语词汇，如"珠饰手袋"（bragetto）和"斗篷"（capuccio），④那时成了普通英语词汇。伊利莎白时代廷臣的浮华之风被当时许多作家尖锐评论和讽刺。⑤ 甚至有说法称，每天改变衣服款式的人，不再会认为在绅士穿着打扮方面花费 100 镑是一笔大开销。有人感叹，如今与旧时光是多么不同啊，在过去，一名英格兰乡绅同一件衣服要穿"20 年"；那时在这片土地上还存在质朴，那时英格兰人还是"征服者"，而不是试着在服装方面模仿每一样琐碎新鲜事物的"学者"！⑥

---

① Early English Text Society, Extra Ser. , 1870.

② *Cal. St. Pap.* , *Ven.* , III, 72.

③ Fairholt, *Costume in England* , I, 213, 252.

④ *Faerie Queene* , Bk. III, Canto XII, 10.

⑤ G. Harvey, *Letter-Book* , p. 97 及以下各处；G. Puttenham, *Art of English Poesie* , p. 305；R. Greene, *Quips for an Upstart Courtier* , etc.

⑥ *Institution of a Gentleman*.

IV

如果只选一本书讨论,而且这本书在说明文艺复兴时期意大利将欧洲礼仪举止变优美方面产生的影响方面有典型意义的话,那这本书或许就应该是德拉·卡萨的《论礼仪》。卡斯提里奥尼的伟大著作虽然在很多方面也很出色,但因为它只对一个有限的宫廷圈子有吸引力,所以视野比较狭窄。但是,《论礼仪》则打算面对更广泛的读者。它与《廷臣论》类似,1596 年出现在英格兰之前,已经被翻译为法语和西班牙语。以这种形式,它得到了大多数英格兰人的青睐,因为英格兰的读者很多完全不懂意大利语,也从未曾出国。这本书达到的效果就是帮助首先发生在意大利的礼仪改革运动传播开来。乍一看,这一"传播"任务是当时社会亟需的。中世纪时期的欧洲,社会交往曾粗鲁而没有教养。在我们留意像德拉·卡萨之类的作者有关礼仪方面的谴责之语后,就没有其他书比《论礼仪》能得到更好的赞扬了。他的许多建议在今天可能显得荒唐滑稽:他嘱咐读者,既不要当众打呵欠,也不要磨牙(grind his teeth)或打太夸张的喷嚏;不要像一个贪吃者那样用餐,不要用自己的餐巾擦拭额头。同样地,生活与社会行为规范之间的一般性联系,也得到非常详细的规定。但是除了今天看来是陈词滥调的东西之外,很多建议还是合理而有益的:任何对于想象而言不舒适的东西,都应该被避免,"因为我们不仅无法忍受那些被视为肮脏、可恶、下流之物,"而且我们无法说出这样的词来;做这些事不仅仅是一个过错,而且与那些好的行为习惯相反,任何(表面上不相关的)行为或姿态,都会让人联想起它们"。类似地,不应该"在其他人面前洗漱,因为那与污秽有关。"这类更多的个人细节都得到提及,无需在此处进一步详细论述了。反对粗野行为的第一波声音正是来自意大利,而这种粗野行为几乎作为社会生活的传统之一从中世纪被传了下来,不仅在英格兰,而且也在法国,如佛罗伦萨人郎布耶女侯爵(Marquise de Rambouillet)在稍晚一些时期将是意大利文雅举止的个人楷模。这种在社会交往事务方面的意大利新影响，我们可通过考察同时代关于谈话和书信写作的书籍，展现它积极一面。在谈话和书信两个方面，意大利的模范和榜样都得到了频繁的运用。罗伯特·希奇考克（Robert Hitchcock）的《智慧精髓》（*Quintessence of Wit*）是一部箴言、警句集，它为英格兰读者收集意大利作家的这类文字；而威廉·法伍德（William Fulwood）那知名的《闲暇之敌》（*Enemy of Idleness*）则提供了意大利人文主义者书信的范例。波利齐亚诺、费奇诺、洛伦佐·德·美第奇和皮科·德拉·米兰多拉，为使那些急于获得书信写作技艺的英格兰人受益，也都受到引用。甚至那些为自己的情人而憔悴的恋爱人士，也能够在这本书里学到如何写出的合适的彼特拉克风格的情书。

意大利在交谈、对话方面的影响，很大程度上在柏拉图主义中可得到感受，因为文艺复兴时期的柏拉图思想从意大利来到英格兰不仅仅通过彼特拉克诗歌，也通过数以百计不同的途径，但是这些途径中几乎没有是从柏拉图他自己那里来的。不能阅读意大利语的那些人，能够在卡斯提里奥尼的《廷臣论》和阿尼贝尔·罗梅（Annibale Romei）的《廷臣学园》（*Courtier's Academy*）中找到相关表述。菲利普·西德尼与艾德蒙·斯宾塞（Edmund Spenser）的好友卢多维克·布里斯科特在其《论宫廷生活》（*Discourse of Civil Life*）中，将吉拉尔迪·辛提欧的柏拉图主义学说翻译了过来。在这一对柏拉图主义的文学性表述（在文艺复兴期间很常见）中，对话形式尤其得到运用。在意大利，皮埃特罗·本波的《阿索洛人》（*Gli Asolani*）也许比原型（柏拉图原著）在这个时代的文化上留下了更为深刻的印记。其他作家追随本波，同样为他们的对话布景选择了一个花园或另外某个合适地点供宫廷的骑士和夫人们会面。卡斯提里奥尼以乌尔比诺为题材，阿尼贝尔·罗梅以费拉拉为题材。通常的步骤，是先从到场的夫人们之中选出一名出类拔萃的女士。之后她指派此团体中不同的成员来讨论一个话题。以这种方式，谈话的各个重要主题被轮流提及，包括那个时代有关爱

83

情与荣誉、美丽与富有等等方面的思想和观点都得到表述。爱情特别是一个受人喜爱的主题,数不胜数的论著阐述它,其中有许多对英格兰读者是熟悉的作品。于是,列昂·巴蒂斯塔·阿尔伯蒂(Leon Battista Alberti)的《爱的艺术》(*Art of Love*)被翻译为英语。卡斯提里奥尼关于这一主题也有许多话要讲。他将他的廷臣视为一名爱人,并以这种名义给他实用的建议。在他关于爱情的伟大论述中,他通过本波之口,阐述了文艺复兴时期最高贵的一些思想,认为爱情与色欲没有任何关系,视爱情为享受美的需要,当这种需要与尘世的束缚分开之时就是最为完美的。① 类似的严肃讨论这一主题的论述,包括在不那么著名的《廷臣学园》中,此书由约翰·凯珀斯(John Kepers)译为英语。在此书中,"斯坎迪亚诺女伯爵"(Countess of Scandiano)以抽签方式被选为主持人,并以一个桂冠得到"加冕"。她要求"非常博学、尤其精通柏拉图哲学的弗兰切斯科·帕特里齐先生(Francesco Patritio)"来讨论"美"这一主题,探究它的本质,它是否实际存在,或仅仅是一种想像的造物。他的演讲在其他人关于同一话题的论述中是典型的。他宣称,只有天堂才能被真正地称作"美丽的";人类肉体之美来自对那种反射在灵魂之美中的神圣之光的凝视;② 正是美德,使灵魂能够接近这种神圣的美;按照次序,接下来的则是被人们认知为"自然"的"世俗灵魂"(world-soul)之美。颜色只是被灌注到这一灵魂中的神圣思想;有形体的图案(pattern of form)由神圣之印章印在它上面,这将美赋予了畸形体,而有形体的图案应是符合比例而均衡的。灵魂在凝视神圣体时发出光芒;当它被肉体的愉悦掺杂时,它的美就会被遮蔽。他继续说道,上帝是"所有美的创造者和赋予者,因为他本就是绝对的完美,他有完美的智慧和不可理解的美。"天使的领悟力能够面对面地凝视上帝之美;可是,人类的智慧,由于目前只是形成物质肉体的一部分,因而看不到上帝之美。美出自有形体,畸

---

① Castiglioe, p. 342 及以下各处。
② Romei, p. 11 及以下各处。

形体出自物质，因为物质抗拒"理想的动因"（ideal reason）。用一句话归纳他的观点就是，"这种世俗框架（worldly frame）的美，以及它的所有组成部分，都依赖于可领悟神圣的心中那理想的有形体"。

正如人类之美是神圣的映像，"美"也是"爱"之母。爱曾经以不同的方式得到定义。柏拉图在《斐德罗篇》（Phaedrus）中，称它为一种将美好之物联合在一起的需要；在《会饮篇》（Banquet）中，称它为将引起美好之物的东西。前一个定义虽然无误，但看起来过于限制；后一个定义只适用于人类情感之一，且完全不是一个普适的定义。对意大利的柏拉图主义者而言，爱则是一种灵魂的强烈骚动，也是被某种已知之美激发的心绪。它有若干种类型：一种是神圣之爱，由柏拉图定义为神圣的狂热；另一种存在于与心爱的人谈论和会谈之中。"对于这一爱而言，吻被准许成为一个奖赏，在上述情况下，一个吻应是灵魂而不是肉体的一种结合。"[1]然而，神圣之爱据说是与美丽之物的一种联合，这种美丽之物是神圣体的真实映像，神圣之爱将人心向美提升，并以对造物者之爱点燃它。

在所有有关人类情感的事物方面，彼特拉克被视为"爱情大师"。[2] 很多问题源自他的著述，如爱情中双眼的使用，恋爱中男女双方的举止，男人对女人的爱更伟大还是女人对男人的爱更伟大的问题等都得到讨论；但是彼特拉克的权威被大部分作者视为最终裁决标准。

这些优雅的谈话手册，向英格兰公众送去了文艺复兴时期意大利的新柏拉图主义。而且，他们还具有其他引发兴趣的要素。据称，"谈话是所有知识的起点和终点。"[3]它应被当作一种艺术技巧，因其自身的缘故就值得人们实践；因此，乔治·惠斯通（George Whetstone）在其《雅事七日谈》（Heptameron of Civil Discourses）中

86

---

① Romei，p. 40.
② Guazzo，f. 210.
③ 同前，f. 14。

重申了一些"谈话的愉悦性"（这是他在意大利听说的），并指出"英格兰人可能会从意大利人的例子中受益"。其他类似书籍（其中不少被译为英语）表明，除"思想问题得到讨论"之外，谈话还有更重要的结果。以平等为基础举办的男女混合的聚会证明，女性的地位已经得到提高。女性不再是像中世纪时期那样处在一个虚构或想像的位置上，那时，传统习惯上把女性抬升到一个不真实的高度，而在现实中的地位常常是较低的。文艺复兴期间，女性将成为男性的对等物。甚至在那时，谈话的公认目的是促进男女之间的友好交往。人们给出有关如何最好地完成谈话的行为举止的建议；过于艰深或难以理解的问题不得被讨论，不得体的事情也是如此。男性被警告，要克制自己不去向优雅的女士背诵"托钵僧那冗长的布道，比如当女士们正怀着开心的心情消遣之时"；[①]博学人士同样要提防表现出故弄玄虚和高人一等的态度。

文艺复兴时期的女性决不可称作是一种低等的上帝造物。虽然在以往的时代，她可能只知道如何缝纫和编织，而如今，"我能确定，我已见到多于 1000 名女性，能够在神学、哲学、医学、音乐、绘画等各门学科中扮演优秀的角色"[②]。在人们提出女性教育方面的观点中，有人主张，她们将有能力管好她们的家庭账目，在不雇佣秘书的情况下给她们的丈夫写信。然而，有些人却认为，能够读和写的女性"刚好颠覆了薄伽丘的女性观，她们会书写挑动人情欲的情书"[③]。甚至在 16 世纪，爱好男子运动的"新女性"并非完全无人知晓。"在我的时代，我见到了打网球、操练兵器、骑马、打猎以及一切绅士能够做的所有运动的女性。"[④]但是如果她走得太远，就会招致非难。有许多人反对女性从事男子运动，希望她们保留女子的优雅和美丽。[⑤] 有些人甚至认为，"见到一名年轻女孩在其姿态、

---

① Della Casa，p. 30.
② Guazzo，f. 158.
③ 同前，f. 158*b*。
④ Castiglione，p. 220.
⑤ Castiglione，p. 220.

样貌和言谈中使用如此的过分亲昵和大胆（这本是适合男性的），那就是一件怪异而极为不妥的事情"[1]。

关于完美女性的描写，从文艺复兴时期的不止一名作者的笔下流传下来给我们。作为一名善于谈话者，她应该具备话语的甜美，表达的吸引力，表意的纯正；尽管她很了解某个话题，却只应该怀着谦逊谈到它。[2] 但是，她必须拥有非常多其他的成就，因为在16世纪，男性是很难被取悦的（hard to please）。"我希望，这种女性应该对文学、音乐、绘画都有所了解，在舞蹈、运动和其他消遣项目上表现熟练，还要具备那些同样教给男性廷臣们的行为准则。这样，她在谈话、欢笑、运动、讲笑话等等所有方面，都将大受尊重……像稳重、英勇、高贵、节制、有头脑、明智等一名男性都不一定具备的美德，她却仿佛全都与生俱来。"[3]

V

"廷臣"，到目前为止，是在这个词更为现代的意义的精神中得到关照的，其文艺复兴时期的含义需要进一步强调。在此之前，我们只是单独讨论了廷臣的消遣和休闲及其生活中不那么重要的一面。其更为严肃的方面也需要关注。目前人们下意识地就会把对与廷臣有关的思想观念的潜在贬低之意与廷臣这个词联系在一起，这种情况在民主制的社会中尤为常见。在16世纪的社会中，对绅士阶层开放的受人尊重的职业并不多。在廷臣面前就是光荣而能获得声名的前途；努力去获得这些早就为他准备好的"成功"，就是他的职业目标。

在中世纪，教士几乎独占了全国的智识资源，因而精通武艺就是绅士阶层必须具备而且是唯一的本领。但是，随着文艺复兴时

89

---

[1]　Guazzo, f. 158.

[2]　同前, f. 115*b*。

[3]　Castiglione, p. 221.

代新的集权化趋势显现,世俗社会得到了很大发展。可以说,宫廷成为全国的核心;这一核心向所有方向都伸出了不计其数的线,不仅连接了国内的所有活动,而且还使宫廷通过外交关系与其他国家绑在了一起。为了让廷臣在新的民族国家生活中适应这种发展,就需要一种不同的教育,在这方面,新生的人文主义在一定程度上贡献了力量。但是,人文主义的一些共性对当时人们产生的作用却各有千秋;有些人在外交和治国中发展事业,有些人在文学方面大放光彩,还有一批人追求在战场建功立业,因为战争在那时也成了一门"科学"。严格来讲,故此就能在所有上述方面中找到廷臣身影,或者是他主子的外交官和谏士,或者是文学家和学者,要不就做一名士兵。

90

　　将 16 世纪派往罗马的英格兰使节与以往的使节比较,我们可以发现一个明显的不同之处。在早年,与梵蒂冈之间的外交关系几乎全是由教士负责办理的。阿德里安・德・卡斯泰罗(Adrian de Castello)、吉努奇・乔瓦尼・德吉利(Giovanni de'Gigli)和希尔维斯特罗・德吉利等人都是从事英格兰国王外交事务的较为知名的意大利高级教士,他们中大多数领取的是英格兰的薪俸。但是,由于王室的离婚案及其带来的后果,一种变化就逐渐出现了。虽然在 16 世纪的前 25 年结束之前,教士还一直受到雇佣,但是廷臣们逐渐充填了前者的职缺。贝德福德伯爵(Earl of Bedford)、威尔特郡公爵(Earl of Wiltshire)、弗朗西斯・布莱恩爵士(Sir Francis Bryan)、托马斯・怀亚特爵士(Sir Thomas Wyatt)和菲利普・霍比爵士(Sir Philip Hoby)等人都正在为英格兰展现着文艺复兴时期特有的外交手腕。他们在出使他国时通常都有意大利人陪同;托马斯・斯皮内利爵士、格列高利・德・卡萨尔爵士(Sir Gregory de Casale)、约翰・达・卡萨尔(John da Casale)、彼得・瓦纳斯(Peter Vannes)等人都是这类为英格兰人服务的意大利人,不过他们大多并非职业教士,托马斯・克伦威尔及稍晚些时候的威廉・塞西尔(Cecil)所雇佣的意大利代理人也大多不再身兼神职。

　　英格兰宗教改革的结果之一,即是从罗马天主教教士那里收回了所有外交职权,同时,这次改革也中断了与罗马的直接交往。因此,廷臣们就越来越多地被委以外交重任。而这种情况在意大利已经出现了一段时间,尽管其真实的原因应该是:教皇被认为是一位意大利地区的"君主",于是对教皇的效忠在很大程度上意味着不能担任其他国家的公职。

91

廷臣任外交官的情形,意大利比欧洲其他地区更早开始。但是,除此之外,廷臣的主要职能被认为是其所效忠君主的顾问,即告知君主所有事情的真相,并在君主将要做错事的时候警告之。[①]就像音乐、运动和娱乐消遣项目一直被认为是宫廷气质的"花朵",其"果实"则在于对一名君主的恰当建议,防止君主向坏的一面转变。[②] 正是廷臣这一地位,他应该留意君主不被骗子和奉承者所蒙蔽;为实现这个目的,他应该向君主谏言,并鞭策君主铸就进一步的伟业。就廷臣与君主的私人关系而言,他既不应该奉承君主,也不应该反复说难听的话或进行无意义的闲谈;永远不应该表现得进取心太重,也不应该向君主要求赐予自己好处;对君主的这种服侍既不能使其蒙受羞辱,甚至也不能在"不忠的事情"上完全服从君主。如果他服侍的是一个昏君,那么他就应该辞职。[③]

为了让廷臣有能力向他的君主提供合适的建议,他应该具备"敏捷的理智、生动的智慧并通晓文学"。[④] 此处的最后一个方面,文艺复兴影响之下的巨大变化,这使得廷臣愿意在他过去所轻视的那些技艺或学科分支方面使自己表现出众。在意大利,像卡斯提里奥尼和纳瓦吉罗(Navagero)这样的人,他们同时是廷臣、外交家和诗人,从而亲身向后人树立了榜样。卡斯提里奥尼不仅要求他的廷臣读者能够优雅地谈话,也就是说在遣词造句上谨慎小心,同时还要让自己的文字优美精炼,既能写诗歌又能写散文。[⑤] 除此

92

---

① Castiglione,p. 297.
② 同前,p. 298。
③ 同前,pp. 130,339。
④ 同前,p. 297。
⑤ Castiglione,pp. 69 及以下各处,p. 85。

而外,卡氏还要求廷臣应该能演奏若干种乐器,并知道如何创作素描和油画。[①] 最重要的一点,廷臣需要增进自己的学识;如果他能通晓历史,他就能使自己知道许多有意义的事情。

在学习伟大人物生平事迹的过程中,他会自发产生对伟大性的需要,因为他能够读到凯撒、亚历山大、西庇奥、汉尼拔等人的非凡事迹,但不会产生另一种需要,即像这些人物那样,放弃普通生活而追求不朽的、甚至是要用死亡来换取的荣耀;"但是如果他不对文学的美妙产生喜爱之情,就无法知道那些荣誉的伟大性究竟有多少"[②]。廷臣还应该精通其他人文学科,对诗人著作的阅读不应少于对演说家和历史家著作的学习。

将学习知识作为绅士教育的必要部分这一新观念,起源于意大利。在法国的情形不同,在那里文学长期受到轻视,人们把文学看作"一件大丑事,而他们中的每一个人都被称作教士"。[③] 卡斯提里奥尼曾期盼法国国王弗朗西斯一世(Francis the First)的登基能够带来改观,但后来,据说"知识如此不受重视,以至于绅士虽然很难为自己的主张作有力辩护,却对专心学习法律或医学百般轻视"。[④] 在中世纪,操练兵器的技能的确是绅士教育中唯一的必学内容,这种古老的理想并没有在文艺复兴时期完全消失。虽然廷臣可能仍然有士兵的身份,但是他必须同时具备学识。有关廷臣的意大利观点,也通过威廉·塞加的书在英格兰有所反映,此人强有力地在这一问题上表达了自己的想法。"几乎没有人在完全对优秀文学无知的情况下在军事战功方面出众。……我要说的只是,绅士的努力方向应该不是武的就是文的,或者文武双全。愚以为,如果某人不能至少在其中一个方面获得快乐,那他就不配拥有任何荣誉头衔。"[⑤]

93

---

① 同前,p. 89 及以下各处。

② 同前,p. 84。

③ 同前,p. 82。

④ Guazzo, f. 84.

⑤ *Honor, Military and Civil*, p. 220 及以下各处。参见 Spenser, *Farie Queene*, II, iii, 40。

人们几乎不能期望，那些在旧体系中成长起来的人能带着喜悦的感情，看待如今已获得重要意义的知识。那个时代最受欢迎的问题之一，讨论的是文、武两个对立的职业，这掀起了一场争论。但是，由于相关书籍主要是由学者写的，所以得出的论点主要站在了他们的立场上。他们认为，知识是增长绅士气质的首要因素。文学所受的尊敬程度并不亚于军功，因此，"文"的绅士气质也就不会少于"武"。[①] 但是知识比兵器更高级，这是因为知识本身就能实现不朽，而兵器在没有知识辅助的情况下无法实现不朽。于是就可以说，"著名的将军和杰出的士兵的功绩随着他们的去世而消逝，如果他们没有让某人用文字进行表彰的话"；除非他们将精湛的武艺与优雅的文学修养结合在一起，而这种事不常发生。[②] 在意大利，关于这个话题的一场激烈讨论蔓延了开来；像穆齐奥（Muzio）这样的认为"学者更高贵"的作者，被那些认为"职业军人更高贵"的人攻击，后者所提出的理由，一是军人职业更古老，二是在许多国家文学尚处湮没无闻的状态。[③] 维琴佐·萨维奥洛对这场争论给出了代表英格兰的反应，他认为"武"处于优先地位，因为君主只能通过"武"方面的优秀品质来赢得头衔和统治权，只有在那之后，他们才能培育学术知识。

94

　　然而，廷臣除了要成为一名学者之外，还应该成为一名战士。他在战争中的应有举止以下面的方式描画了出来。例如，在战场上，他应该让自己远离人群，独自建功立业，或者带尽可能少的战友同行。如果他因为在完成类似于抓一群羊的任务中暴露自己，或第一个登上早已被击溃的城镇城墙，就会被认为是一个傻瓜。他应该在上级军官面前、或者可能的话在国王的面前展现自己的英勇事迹——因为即便寻求不该受的赞扬是错误的，可这种赞美在

[①]　Guazzo，f. 86*b*.

[②]　Guazzo，f. 104.

[③]　参见 Muzio，*Il Gentiluomo* 及 Mora，*Il Cavaliere*。

该得的时候还是应该去争取。①

在意大利对英格兰军事方面的影响上,却还有一个相当不同的侧面。文艺复兴时期的意大利人未曾被普遍视为属于一个尚武的民族。他们在其他方向的成就遮掩了他们在军事、武器方面的功勋:在一方面,他们的军事热情可以通过在外国任军职而得到发挥,而另一方面,他们在自己内部战争中所达到的结果的相对次要性,已使这些结果主要留存在历史家的记忆之中。然而在 16 世纪,在全欧洲范围内几乎没有一支军队中不包括意大利籍军官和士兵。在指挥官中,帕尔马公爵(Duke of Parma)被认为是那个时代最伟大的将领之一,而特里弗尔齐(Trivulzi)、卡拉齐奥利(Caraccioli)、圣塞弗里(San Severini)等等身在法军中的著名雇佣兵队长都是意大利人。甚至在英格兰,我们还是可以找到幸运地获得成功的意大利军人:佩特鲁齐奥·乌巴尔蒂尼(Petruccio Ubaldini)在亨利八世和爱德华六世时期的军事行动中提供服务;1548 年,雇佣兵队长提贝里奥(Tiberio)带着一支意大利人组成的军队,为格雷·德·威尔顿勋爵(Lord Grey de Wilton)镇守哈丁顿(Haddington)。② 再晚些时候,一位名叫萨塞蒂(Sassetti)的雇佣兵队长据说是在爱尔兰供职的意大利军人;③同时,英格兰"无敌舰队"时期的霍雷肖·帕拉维奇诺爵士(Sir Horatio Pallavicino)则在自学相关技能之后为某艘战舰提供了志愿的军事服务。

意大利在文艺复兴时期战争领域的特殊意义是通过军事科学和军事工程的发展而得到体现的。正是首先在意大利,战争被看作一门艺术,而且,战争更成为雇佣那些思维极敏锐的有才之人的合适时机。因此第一个在战术方面进行某种改变的建议,我们可在马基雅维利(Machiavelli)的《战争的艺术》(Art of War)中见到;同时,莱昂纳多·达芬奇(Leonardo da Vinci)也开始了对近代火炮

---

① Castiglione, p. 113.

② M. Hume, *Chronicle of Henry VIII*, p. 220.

③ Hist. Ms. Com., Hatfield House, II, 169.

的研究。① 所以说,意大利工程师们在一个相对早的时期出现在英格兰,就不那么令人惊讶了。特雷维西的哲罗姆(Jerome of Trevisi)就是一位为亨利八世战斗的工程师兼画家(这种情况并非罕见,因为在那个时代,米开朗基罗也设计了佛罗伦萨的防御工事),他死在亨利八世时期的对法战争中。马可·萨沃涅阿诺(Marco Savorgnano)则是当时最杰出的军事工程师之一,他在马可·拉菲尔(Marco Rafael,一位改信基督教的威尼斯籍犹太人,当时得宠于英格兰国王)的引荐下于1531年拜访了英格兰宫廷。还有一位工程师,他的名字"约翰·波尔蒂纳里爵士"(Sir John Portinari)频繁出现在英格兰防御工事设计建造事务之中,他为英格兰王室服务了多年。

　　这一时期数量并不多的英语军事书籍,也在很大程度上是从意大利原始文献汇编过来的,②但是也有不少意大利语书籍是直接翻译成英语的。这些书籍中一部年代较早的,是怀特霍恩(Whitehorne)翻译的马基雅维利《战争的艺术》,怀特霍恩还将此译本题献给伊丽莎白女王,作为"一名卑微的士兵所作研究的最初成果"。怀特霍恩更希望为军人而不是为学者翻译这部书,他还说,他的目的是希望自己的那些目前已在战争实践上战无不胜的同胞们在战争的知识方面也能有同样的水平。

　　像卡塔尼奥(Cataneo)的《军事策略》(*Military Tactics*)和吉亚科莫·波西亚伯爵(Count Giacomo Porcia)的《战争的规律》(*Precepts of War*)也被译为英语。某些意大利人不满其他人撰写关于防御工事的书籍,认为要是那些外国人没有受过这种教育的话,那他们就必须得聘请意大利工程师了。③ 不过,塔尔塔里(Tartaglia)写了一部关于枪炮射击学的伟大著作(他将此书题献给亨利八世),此书将实践与理论相结合,深入探讨了轨迹和弹道的

① M. J. D. Cockle, *Bibliography of Military Books*, p. xix 及以下各处。
② Cockle, p. viii.
③ Cockle, p. xvi.

问题。紧随此书之后的则是塞浦路斯人卢卡尔（Cyprian Lucar）在同一主题上对最权威著作的一部汇编；从他的参考文献就可以看出，英格兰在军事科学的所有方面，其所受意大利影响的程度非常之深。

VI

英格兰人所拥有的意大利语知识，是在16世纪获得的，人们对学习这门语言充满着急切的心情，类似于满足这种心理的各种方法或手段，值得在这里进行一番论述。

亨利八世的宫廷中，国王喜欢外国人，尤其喜欢意大利人，[①]他自己就在理解他们的语言方面作出了示范。他的许多廷臣都懂得这门语言，其中有：罗奇福德勋爵（Lord Rochford）、莫利勋爵（Lord Morley，他是彼特拉克著作的英译者）和萨里伯爵（Earl of Surrey，尽管托马斯·纳什（Thomas Nash）和迈克尔·德雷顿（Michael Drayton）讲过关于亨利八世的精彩故事，自己实际上从未踏上意大利的土地，可据说他仍然喜欢穿戴意大利服饰，并在自己家中雇佣了一位意大利小丑演员）。其他人，例如威尔特郡公爵和托马斯·怀亚特爵士，也曾到意大利旅行，而贝德福德伯爵在参加过1525年的帕维亚战役之后，就以意大利文的"该来的总会来"（*Che sarà sarà*）作为自己住宅的座右铭。同样地，亨利八世的两位公主——玛丽和伊丽莎白——也都懂意大利语。有关这门语言的知识在上层社会中迅速传播，并在伊丽莎白统治时期得到进一步发展；用一些意大利语词汇向自己的君主说话，的确被视为一种优秀的标志[②]。伊丽莎白从小就学了这门语言，罗杰·阿斯克姆（Roger

① *Cal. State Pap.*, *Ven.*, IV, 287. "Il Remedesimo ha molti Italiani … al suc servitio, di ogni professione."（意指这些意大利人都是各行各业的佼佼者）— Ubaldini, Add. Mss. Brit. Mus. 10169, f. 116*b*.

② L. Humphrey, *op. cit.*

Ascham)说，她 16 岁时就能完美地讲意大利语。她有若干封意大利语书信仍得到保留，其中一封是 1544 年写给凯瑟琳·帕尔（Catharine Parr,亨利八世的第六个妻子）的，还有一封是 20 多年后写给神圣罗马帝国皇帝的。意大利作者进一步见证了她在这门语言上的熟练：乔瓦尼·安东尼奥·费里斯（Giovanni Antonio Ferrice）在一首献给她的诗中，称赞她对"婉转的托斯卡纳话"的掌握。① 历史家皮埃特罗·比萨里（Pietro Bizari）也以赞同口吻提及她作为一名语言专家的技艺，尤其是她对意大利语的掌握,他说她从巴蒂斯塔·卡斯提里奥尼（Battista Castiglione,极受她宠幸的一名枢密院贵族）那里学习意大利语。② 对意大利语的掌握那时在宫廷中是普遍的，一点也不会说的人是例外。约翰·弗洛里奥评论这种情况说，"最优秀者讲得极好，女王陛下的水平则无人可及"；③因为她"以讲意大利语为乐"。④ 有关意大利语普及的进一步例证如下：伯雷勋爵（Lord Burleigh）和弗朗西斯·沃尔辛汉姆（Francis Walsingham）在他们的外交通信中频繁利用意大利语。威尼斯使团的一名成员注意到一个事实，在威廉·塞西尔为他举办的正餐期间，当时枢密院全员到席，其谈话主要用意大利语进行，"他们几乎所有人都清楚地讲意大利语，或至少所有人都听得懂意大利语"。⑤ 罗伯特·塞西尔（Robert Cecil）曾到意大利旅行，熟练掌握意大利语；拉特兰伯爵（Earl of Rutland）和贝德福德伯爵夫人（Countess of Bedford）也是如此；莱斯特伯爵（Earl of Leicester）曾在年轻时学过意大利语，甚至曾雇佣过意大利音乐家。⑥ 其他许多人雇佣意大利人为提供个人服务；因而，一名叫做维吉尼奥·奥西尼（Virginio Orsini）的罗马城的男爵曾恳求埃塞克斯伯爵，允许他成

99

---

① Ms. Bodleian.
② *Historia*，1569，p. 206.
③ *Second Fruits*，前言。
④ *First Fruits*，ff. 11*b*，and 18.
⑤ *Cal. State Pap. Ven.*，VII，524 及以下各处。
⑥ Cotton Ms. Titus，B. VII，Brit. Mus.

为后者的仆从之一。① 南安普顿伯爵（Earl of Southampton）亨利·赖奥斯利（Henry Wriothesley）则出资赞助约翰·弗洛里奥，并在后者帮助下迅速掌握了意大利语。各处都能见到同样强烈的有关学习这门语言的渴望的证据。休伯特·朗盖（Hubert Languet）在给菲利普·西德尼的一封信中，开玩笑地提到了这种热情："对我来说，你的同胞们如此重视讲好意大利语这一点是非常好笑的。……也许，要是你不能流利地讲意大利语的话，恐怕你都无法说服他们白拿你的钱呢。"②

100　　《意大利史》（*History of Italy*）的作者威廉·托马斯（William Thomas）还编写了第一本意大利语的英语手册，它在 1550 年面世。这本手册的形式是语法加词典，其中语法部分用的是常见分类法，词典部分则主要从早期意大利语著作摘编而成。该书的目的是使读者更好地理解意大利人的著作。作者认为，意大利语正在逐渐被人们视为与拉丁语和希腊语处在同一平面之上。他说，要是在意大利，他们本会在未来 10 年中继续过去 10 年已经完成的同样类型的工作，"他们的语言当然将和其他所有语言一样丰富"。为了支持这一论点，他提到了科学、历史、修辞学、诗学所具有的纷繁分支，这些例子也能适用于意大利语。

　　威廉·托马斯这部《语法》（*Grammar*）的手稿，被英格兰财政大臣华尔特·迈尔德梅爵士（Sir Walter Mildmay）获得，后者可能非常渴望掌握意大利语，因而设法将此书出版付印。人们还写了类似的手册，其中有一些从未出版；例如迈克·安吉罗·弗洛里奥（Michel Angelo Florio）编写的《托斯卡纳语语法》③（*Regole della Lingua Toscana*）就是如此，这位迈克·安吉罗·弗洛里奥就是后来成为英格兰的意大利文化伟大倡导人的约翰·弗洛里奥的父亲，但当时还是一位以教授意大利语为生的佛罗伦萨城难民。新

---

① Hist. Ms. Com., Hatfield House, VI, 534.

② Letter of Jan. 28,1574.

③ Ms. Cambridge University Library.

的介绍意大利语的手段层出不穷：例如兰图洛（Lentulo）的《语法》（*Grammar*）就是"在我看来，对勤于学习意大利语的所有读者的一部非常必要的书"。① 此书在 1575 年由亨利·格兰森（Henry Granthan）翻译为英语，题献给伯克利勋爵（Lord Berkeley）的女儿们，因为她们非常渴望学习意大利语。关于意大利语被掌握的广泛性的更进一步证据，是大卫·罗兰（David Rowland）在 1578 年翻译的一本书；译者将意大利语原文译为拉丁语，这种拉丁语的意大利语教材值得注意。罗兰在序言中说，"一度所有人都懂拉丁语，并从拉丁语学习意大利语，而如今意大利语也得到广泛的传播"。

　　1575 年，一名叫做"德桑列昂"（Desainliens）的在伦敦的法国人——其更为人熟知的名字是克劳迪亚斯·霍利班德（Claudius Hollyband）——出版了一本意大利语教材，扩写后还以《意大利语教师》（*Italian Schoolmaster*）为题得到重印。这本书被题献给"约翰·史密斯大师"（可能就是那位后来成为乔尔丹诺·布鲁诺［Giordano Bruno］朋友的史密斯），以感谢史密斯从伦敦的许多人中选出他来担任其意大利语老师。此书既包括语法和会话规则，也包括一系列对话形式的范文，这些对话提到了大多数生活中的惯用语，并主要提供给在意大利的英格兰旅行者使用。其中的对话偶尔会无意识地接近于一种幽默。因而，一位热情的处于恋爱中的男子在书中就会同时用意大利语和英语讲这样的话："噢，美丽的少女，您能把我视作您合法的配偶和丈夫吗？我愿意忠实地爱你和服侍您。说您同意吧；不要再踌躇。"在此书的后续版本中，在对话之后，还附有"选自最好的意大利作家"的演讲和警句。这本教材逐渐地使《阿尔诺和露辛达的故事》（*Novelle of Arnalt and Lucenda*）一书的主要特色成了学习意大利语的一种吸引或奖赏。霍利班德还撰写了《四种语言之花田》（*Campo di Fior, or else the Flowery Field of Four Languages*）一书，其中所包含的句子和会话，是以用拉丁语、法语、意大利语和英语写成的或多或少不那么

101

102

---

① 格兰森所撰之前言。

连贯的对话写成的。但是,此书主要供初学者使用,而且完全不如约翰·弗洛里奥编写的系列对话那么优秀。

约翰·弗洛里奥是一名来自意大利的新教徒难民的儿子,他是蒙田(Montaigne)著作的译者,到当时为止是英格兰的意大利语教士中最著名的。他可能先在欧洲大陆受教育,之后就读于牛津大学。他自称为“一位讲意大利语的英格兰人”,[①]表现出已结合了英—意双语训练。他年轻时生活在语言教学的氛围中。同样在年轻时,他在受雇于南安普顿伯爵家庭教师之前,曾是罗伯特·巴恩斯(Robert Barnes,达勒姆主教[Bishop of Durham]之子)的外语导师。之后,在詹姆斯一世(James the First)统治时期,他成为王后的意大利语“朗诵官”(reader)。但是,他的名望,除了他对蒙田著作的翻译之外,还起于他在宫廷年轻男子中普及若干本意大利语图书。

弗洛里奥利用他的意大利语教材,在许多议题上发表自己的观点;他因此把外国语言教学与个人观点表达结合在一起。

他使用对话的方式,并将意大利语和英语分两栏并列印刷,这对他个人观点的表达也有所助益。而且,他能够在不害怕批评的情况下说出他喜欢的是什么。这种言论自由性的例子之一,可在他关于英格兰国民的观点中见到:“一名工匠将成为一名商人,一名商人将成为一名乡绅,一名乡绅将成为一名男爵,男爵将成为公爵,公爵将成为国王;就这样,每一个人都试图在优越感上战胜对方。”[②]他还作出了其他的评论:例如,他发现贵族是很有礼貌的,但是他们在面对普通人尤其是面对他乡异客时表现得就不一样了。[③] 他向英格兰民众给出的建议是,他们应该教给自己的孩子若干种语言,但不能像数量众多的一般学习语言人士,后者“在学会了西班牙语的 2 个单词、法语的 3 个单词、意大利语的 4 个单词之

① *Second Fruits*,前言。
② *First Fruits*,f. 16*b*.
③ 同前,f. 9*b*。

图 4　约翰·弗洛里奥。威廉·霍尔所作版画。

后，就觉得已经够了，便不再继续学习"。① 在另一个例子中，一名在英格兰的意大利人被人要求给出他关于意大利语的观点，这位意大利人回答说，意大利语在其自己的国家中是足够有用的，但是在英格兰多佛（Dover）以北的地区就没有用处了。"所以，要是一名英格兰人在一群外国人之中因无法与后者交谈，于是选择沉默，还讥笑、鄙视这些外国人，那这种情形就太丢脸了。……他的父母将以他为耻；他自己也多么失败啊。"②

104学习语言的读者能够发现，其他的对话范例中包含了一般会话使用的日常意大利语；于是，对话中的"伙伴"谈论要到布尔剧院（the Bull）看一场喜剧，而不管布道文是如何反对剧院的。语法方面一堂应用课的例子，是一位年轻男子与一位女孩调情，前者用遍了所有与动词"爱"有关的用法；对话因女孩同意一起去看戏的邀请而结束；或者，年轻男子用中提琴和鲁特琴向爱人演奏小夜曲；宫廷八卦、日常消遣项目甚至是衬衫和袜子的价格，都被引入了这些对话之中。

弗洛里奥的第一本书问世于 1578 年，其第二本书《第二度的果实》（Second Fruits）问世于 1591 年。在他的新书中，他自夸道，他已经"掠夺过全意大利的所有名誉之花园"，以装饰英格兰人的果园，他在这本书中，把"最好的意大利水果的美味"赠给了读者。

此书的目的是完善读者对意大利语的掌握，尤其是如何合理恰当地运用格言。据称，这些格言既能表现"一种良好的自豪感"（a good conceit），又能防备意大利人卖弄学问，而意大利人在与陌生人谈话时总是倾向于这么做，欺负这些陌生人并非是从瓜佐（Guazzo）和卡斯提里奥尼的著作中学习意大利语。《第二度的果实》一书同样是为宫廷年轻男子准备的，据作者说，他们具有文学抱负，"（本书）对那些信奉缪斯神语言的人们不可能不合适"。

弗洛里奥的这第二本书与第一本书一样，是用对话形式编写

① *First Fruits*，f. 51*b*.
② 同前，f. 62*b*。

的。对话人的一些名字可能是为了增加趣味而选用的，例如"诺拉诺"（*Nolano*）和"托尔夸托"（*Torquato*），曾在英格兰逗留的（即在作者出书之前不久）乔尔丹诺·布鲁诺，常常以"诺拉诺"为人所知，而且布鲁诺也在自己撰写的对话集中用"托尔夸托"作为参与人的名字。不过，弗洛里奥的那些对话内容大多是极为平常之事，尽管其最终目的是为了扩展读者的词汇量。全书到处可见俏皮话和双关语的例子。书中描写了一次去意大利的假想旅行，并引用了形容各个城市的押韵打油诗，这些打油诗可能是弗洛里奥自己译为英语的。关于罗马的打油诗如下：

> 罗马的宫中羊儿不住：
> 可羊毛却数也数不清；
> 有谁满揣大量便士去罗马，
> 大概很快就会交给那里的牧师和主教。[①]

弗洛里奥曾在《第二度果实》的序言中称，他想不久之后出版一部完美的意英词典，这部词典既不只为学者准备的，也不是为初学人士准备的，甚至不是面向那些匆匆浏览过瓜里尼（Guarini）、阿里奥斯托（Ariosto）、托尔夸托·塔索（T. Tasso）和薄伽丘著作的高阶学生的。它将对"最为博学的"大师有用，尽管他并没有忘记斯卡利杰（Scaliger）的存在。"精通意大利语是极其优雅之事"；但是如果没有彻底掌握这门语言，那么就不可能阅读阿雷蒂诺（Aretino）和多尼（Doni）的著作，甚至不能理解雅各布·卡斯特尔维特罗（J. Castelvetro）和卡罗（Caro）等人用各种意大利方言撰写的作品。达到上述所有目的的这样一部词典是一种迫切的需求。他把自己的作品与托马斯·艾略特爵士、库珀主教（Bishop Cooper）在拉丁语方面，以及与艾斯蒂安家族（The Estiennes）在希腊语方面的成就进行比较；并担心有人可能认为，他从阿鲁诺（Alunno）或维

105

106

---

① *Second Fruits*，p. 109.

努托(Venuto)的作品那里"受益"过多,因此他要求自己读者记住的是,他词典中一个单独的字母相当于他们词典中 20 多个字母(意指比后者更为精炼实用)。

对于这部词典本身,则不需要说得太多。这是一部超过 500 页的谨慎作品,每一个意大利语单词都被赋予了若干个英语同义词或相同意义的表达方式。但是,弗洛里奥的这几本书形成了一个整体,它们对英格兰的意大利语学习者而言或多或少是不可缺少的。这些意大利语学习者的数量表明了意大利语学习的普及性,并且,像他的词典那样一部重要的作品在那个时代被编纂出来这一事实本身,就表明了对类似作品的一种需要。

意大利语格言(proverbs)在伊丽莎白时期的英格兰同样流行。就在《第二度果实》问世后不久,《休憩的花园》(*Garden of Recreation*)一书出版了,它收集了大约 6000 条格言,同样以英格兰的意大利语学习人群为目标读者。有时,一些附有意大利语格言的书籍,其本身内容与格言基本没有关系。例如查尔斯·墨伯里(Charles Merbury)在其 1581 年出版的《论君主制》(*Discourse of Royal Monarchy*)一书中,附上了自己收集的意大利语格言,"有助于那些勤勉学习那门语言的读者,这些格言还有一篇意大利语前言,写给所有掌握意大利语的廷臣和其他绅士们"。他认为,掌握格言将大大帮助他们的会话,教给他们外国的习俗;如果他的读者只是学了这些格言中的一小部分,那么他们好像就突然被送到了意大利又很快从那里返回,尽管实际上他们既没有渡海也没有翻山。

Ⅶ

有关"廷臣"的理论层面的主要表达形式,前文已进行关注。廷臣的行为和成就,其品位和举止,由文艺复兴时期的许多作者所记录,这些方面都已经得到我的论述。本章汇聚在一起的那些事实,是从当时意大利语书籍的英语译本中摘选出来的。因此很正当地就可以提出这样的问题：这些书籍造成的后果是什么？它们是否带给了英格兰有关行为举止和教育的新理想？

有关礼貌和会话的大量意大利手册的翻译和出版，表明 16 世纪的英格兰对此类书籍有所需求，这种需求比随后印刷术传播更广的时代更为旺盛。但是，并没有什么必要仍然对上述情况持满意的态度。研究者不得不注意到在当时英格兰的文学著作中，大量对此类译本的引用，也不得不寻找它们对英格兰书籍自身产生的影响。最后，这种影响能够在许多英格兰男女中见到，这些男女在其文化中发现了一种将为之奋斗的新理想。

把伊丽莎白时期文学作品中与礼仪举止有关的意大利书籍提出来，应该可以满足对礼仪手册类著作研究的需要。《廷臣论》、《论礼仪》和瓜佐的《谈话的修养》（*The Civil Conversations*），都是特别地被频繁提到的 3 本书；加布里埃尔·哈维（Gabriel Harvey）曾说到，它们在剑桥大学十分流行，在那里所有人都读过这 3 本书。① 英格兰人在知悉《廷臣论》作者的名字"巴尔达萨尔·卡斯提里奥尼"之后，"卡斯提里奥"（*Castilio*）和"巴尔达萨尔"（*Balthasar*）就成为了"完美的礼仪举止"的代名词；约翰·马斯顿（John Marston）、吉尔平（Guilpin）和本·琼森都在这种意义上使用过上述二词。托马斯·勒普顿（Thomas Lupton）则把《廷臣论》称为一本有关真正绅士气质的指南；② 罗杰·阿斯克姆，作为意大利影响力的清教徒式的"对手"，也推荐这本书并说道："为了把学识与得体的行为实践结合在一起，巴尔达萨尔·卡斯提里奥尼在其《廷臣论》中真正地提供了完整的教导；我认为，对于一名年轻绅士而言，与其出国到意大利待 3 年，不如在英格兰本土用一年的时间审慎地阅读此书，并按其所述勤勉而为。"③ 即便晚至 18 世纪，约翰逊博士（Dr.

108

---

① *Letter-Book*，p. 79.

② T. Lupton, *Civil and Uncivil Life*.

③ *Scholemaster*，p. 66.

Johnson)仍视此书为有史以来写得最好的有关良好教养的著作。[①]

在英格兰的都铎王朝时期,用英语写的礼仪手册数量并不太多。甚至在早期作品中,即托马斯·艾略特爵士的《论官员》(*Governour*)、劳伦斯·汉弗莱的《论贵族》(*The Nobles*)和《绅士教程》,某些意大利作者的影响是显而易见的,尽管这些影响并不总是被这些英语手册的作者承认。这些英格兰作者所参考的薄伽丘和弗兰切斯科·帕特里齐的著作,与礼仪手册的真正意大利作者著作相比,属于不同的类型,但意大利礼仪手册作者们的影响在随后的英格兰却是如此之引人注目。例如,在威廉·塞加的书中,这些意大利礼仪手册作者的影响和范例就很明显。《荣耀与纹章手册》(*Book of Honor and Arms*)通过引用像乌尔比诺公爵这样的权威作者,解决了一个有关礼节的问题;他随后的著作则大量提及意大利骑士品质的具体实践,甚至直接使用意大利人的表述。他有关"德行对于贵族是必不可少的"这一论点,紧紧追随的是意大利作者的榜样;虽然他自己是英格兰纹章院长,但是他通过表达"对学术的追求决不低贱于军人生涯"的观点,而进一步模仿了意大利人;确实没有什么国家政权能够得到良好治理,"除非其统治者学过哲学"。[②]

乔治·佩蒂(George Pettie)在其翻译的瓜佐《谈话的修养》序言中,甚至更为强调这一主题。他说,一名士兵自己不应该因为在写作上花费时间而受责难,因为学识对军人而言是必要的。"那些厌恶绅士学习或知识的士兵是没有经验的,他们认为,战场上只有肉体才需要承担所有的重击,却不知道肉体是由心灵支配的,在所有令人感到忧虑和危险的事情上,只有心灵才使你成为真正的男子汉。……因此,(绅士们)永远不会因你成为学者而否定你,永远不会因你展示学识而觉得你丢脸……这只会让你变得像绅士,并且你会明白,赢得不朽的唯一路径,既是做值得写下来的事情,又是

---

① Boswell, *Life of Johnson*, ed. G. B. Hill, V, 314.

② *Honor, Military and Civil*, p. 200 及以下各处。

写下值得读的事情。"

如果有一种思想可以被选出来作为意大利礼仪手册中的支配性思想,那么它就是人的外部优雅应该全都经由教育来培养得到。但是,这种教育将是超越一本薄薄的手册学习的某种东西,而且将依赖于广阔的生活基础。乔治·佩蒂说,廷臣应该是博学的,因为他也许要有能力恰当地在治理国家事务中向他的君主提供建议。[①]这还出于下述原因,即卡斯提里奥尼希望他的廷臣读者能够在如此之多的事情上达到精通的水平。但是,廷臣也将是一名士兵,因而新的教育就被嫁接到军人理想那里。许多英格兰人将成为这一理想的模范:菲利普·西德尼和沃尔特·拉雷(Walter Raleigh)都既是学者又是军人;乔治·加斯科因(George Gascoigne)、乔治·特伯维尔(George Turberville)、乔治·佩蒂、怀特霍恩、托马斯·贝丁菲尔德、罗伯特·希奇考克也都是如此,而这只是英格兰诗人和翻译家群体的一部分而已,他们将证明,有关"军人应是一位有修养人士"的意大利观念,也已经在英格兰扎下了根。

在文艺复兴时期,当"鼓励学者"几乎是一项国家政策层面的事务时,大量的小型意大利宫廷构成了赞助、庇护贫困学者和诗人的多个中心。另一方面,在英格兰,类似的"中心"并不存在,王室并没有完全代替意大利宫廷的那种地位,于是,这类赞助不如说是由贵族所完成的,这些贵族于16世纪开始将自己视为学术和艺术的保护人。

他们在国外的旅行,既使他们熟悉意大利人做出的榜样,又破除了他们对外国人的偏见,而这种偏见存在于英格兰的其他阶层之中。此处可以暂不提莎士比亚时代大量文人生活在大贵族的友好的保护之下,单说在英格兰的那些意大利人中,皮埃特罗·比萨里将他的《历史》(*History*)题献给了贝德福德伯爵,维琴佐·萨维奥洛将他的《习剑》题献给了埃塞克斯伯爵,埃塞克斯伯爵"对文学的鼓励为他赢得了'学者们的米西纳斯'(*the Students' Mæcenas*)称

---

① Guazzo,前言。

85

图 5　莱斯特伯爵。祖卡洛作。位于不列颠博物馆印刷室。

号"。同样地，在约翰·弗洛里奥的赞助人中，有拉特兰伯爵、南安普顿伯爵、贝德福德伯爵夫人露西·拉塞尔，而弗洛里奥在对他的第一位庇护人莱斯特伯爵的颂词中，称后者极为幸运，因为他拥有爱德蒙·斯宾塞这样的"美德纹章官"。"谦恭的（莱斯特伯爵）大人和气质出众的斯宾塞，我不知道哪位可以得到更多的名声，斯宾塞值得被称为一名赫赫有名的学者，或者说他作为如此著名的学者，却需要感激自己不必向如此闻名遐迩的这位大人偿还恩情。"①

意大利人作出的榜样也在其他方面在英格兰受到追随。在 16 世纪，英格兰的廷臣像他的意大利兄长那样，渴望在赞助、庇护文人方面显出自身的才干。只需要略微看一眼那些在那时候写作韵文诗句者的名字就行了，这些人事实上在当时被称作"宫廷诗人"（courtly makers）。萨里伯爵、托马斯·怀亚特爵士、罗奇福德勋爵、莫利勋爵、牛津勋爵（Lord Oxford）、萨克维尔（Sackville）、菲利普·西德尼爵士、沃尔特·拉雷爵士……这些只是知名度较高的一些宫廷诗人。需要特别注意的，与其说是诗人这一职业本身（模仿意大利榜样者所拥有的名号），不如说是相关的教育在那些之前看不起它的阶层之中快速传播的情况。一种文学的品位通过对外国榜样的学习，而在他们之中被唤醒，他们如今努力在英格兰实现已经在意大利达成的事业。

文艺复兴时期教育的快速传播，并不亚于它的变化，这种快速传播情况值得被列为那一时代最明显的特征之一。尤其是在意大利，所拥有知识的广博性已成为 16 世纪大思想家或大学者的特点。后来在英格兰，这种同样宽广的修养方面的理想，也能够在像克莱顿（Crichton）和沃尔特·拉雷这样的人那里见到了。新的人文主义在极广的范畴上，不再限于什么学者的小圈子，并在意大利女性的教育中留下了自己的印迹。同样在英格兰，女性不再满足于总是维持她们之前的身份，迫切希望追随她们的意大利姐妹，在文学事业上崭露头角。简·格雷夫人（Lady Jane Grey）被认为是一

112

---

① *Second Fruits*，前言。

个博学的奇迹,而伊丽莎白女王则据称会 8 门语言。像贝德福德伯爵夫人、彭布罗克伯爵夫人(Countess of Pembroke)这样的女性,则是文人们的朋友和赞助人。文艺复兴时期女性身份和地位方面的巨大变化,从很多角度看来都非常明显。举一个简单的例子:1550 年,后来成为弗朗西斯·培根母亲的安妮·库克(Anne Cooke),将著名的锡耶纳传教士贝纳迪诺·奥基诺(Bernardino Ochino,那时是在英格兰的意大利难民)的若干布道文译成了英语。安妮·库克的母亲似乎经常批评她的这一意大利语爱好,认为这是一种渎神的学习或研究,因此也是浪费时间的。安妮·库克的译作则想要证明相反的观点,即表达意大利语天性中灵修的一面。不过,它还展示出另一面——对下述观念的一种些许自觉的自豪感:它是一部由女性完成的翻译著述。她写道,虽然"神学博士"比少女更适于从事这类事务,但如今,"通过一名出身良好的贵族女性兼道德高尚的少女的诚挚而艰苦的工作,这些文章开口说了英语。……如果在翻译中有错误,那么记住它是一名女性的作品,而且是一名贵族女性,她一般被人认为习惯于悠闲生活,而且她是在从未跨出她父亲住宅范围的情况下学了那门语言"。

在伊丽莎白时期,随着意大利人文主义传遍欧洲,男性和女性都从中受益。上层阶级再也不能够忍受生活在往昔的无知,他们已然位于一个新时代,在新时代里,从儿童就开始受到知识教育了。甚至在 16 世纪,与一般人所认为的观点不同,优秀的能力比高贵的出身意味着更多东西。红衣主教沃尔西、托马斯·克伦威尔和伯雷勋爵都不具备高贵的血统。但是,在将那些低贱血统者抬高到这片土地上最高地位的过程中,教育常常取代天赋的作用。曾经,甚至国王也抱怨说,具有重大责任的职位不得不被托付给那些出身低贱者,只有他们才适合这类职位,因为贵族缺乏教育。贵族们想要补救这种情况,维持他们能够从中寻求利益的以往优势;而对获得某种教育的平民而言,他们在移除阶级差异、拉平等级区分以及使自己与地位高于他的那些人平起平坐方面,已取得很大成果。在英格兰,就像在意大利,人们开始认识到,做学问是一个高贵的职业,而且学问中的美德使学者成为绅士。[1] 每个人如今都对知识感兴趣。理查·威利斯(Richard Willes)写道,曾经有一个时代,逻辑学和占星学使学者的心灵感到如此疲倦,以至于真正的哲学几乎被遗忘,雄辩的文字被损害,各种语言被"流放";但这个时代已经过去。就在不久之前,一个人如果掌握一点希腊语就会感到快乐;而如果他能写一首希腊语诗歌,那就会被视为一名大学者。"如今谁不宁可去学希伯来语呢?"[2]所有的等级和阶层都在为这种对教育的新热情作证,这种热情已经风靡整个英格兰,并将一种有关知识的新荣誉感并排摆放在封建社会等级区分的一旁。

---

[1]　Segar, *Honor and Arms*, p. 36.
[2]　Anglerius, *History of Travel*, 1577,前言。

89

第三章　旅行者

I

由英格兰人撰写的首个有关意大利的记叙，是在理查·吉尔福特爵士（Sir Richard Guylforde）1506 年的日记之中。[①] 其文字完全是以中世纪的精神来写的，并没有提到新的文艺复兴文化。它的作者在去巴勒斯坦的途中经过了维罗纳和曼图亚，几乎没有对他所见到的东西作出评论。在威尼斯，他印象最深的是存放在兵工厂中的军火。他继续游览，来到威尼斯以北的慕拉诺岛（Murano），他说玻璃是在那里制造出来的，还看见了"许多矗立在海中的教堂建筑"。而且，他到了威尼斯总督与亚得里亚海结婚仪式的现场，但他对此的描述十分简要。"于是他们在其主教的协助下，并排走向大海，在那里用一枚戒指与大海结婚。……总督让戒指落入海中，这个过程和有关仪式过于冗长，无法写下来。"他确实对威尼斯的建筑表达了某种惊讶，但是完全没有观察出意大利生活和英格兰生活之间的任何差异，那时英格兰仍然半处在中世纪。

一种十分类似的叙述，是大约 10 年后由理查·托金顿爵士（Sir Richard Torkington）写下的，[②]他去圣地的途中也经过了意大利。他见到了米兰和帕多瓦，随后访问了那不勒斯和罗马，但几乎

---

① *Camden Society*，1851.

② *Oldest Diary of English Travel.*

唯一使他印象深刻的,是在威尼斯的一场大型宴会,那包括音乐和舞蹈,以及供宾客洗漱的水盆与水壶。意大利的魅力因此既没有被托金顿也没有被吉尔福特感受到。对于下一代的旅行者来说,这种感受将是不同的,因为到下一代时,通过文艺复兴引入的新思想已经有了发展。

关于英格兰人为什么愿意访问意大利,有若干原因。在较早的时期,大量教士和外交官以及有钱的朝圣者和军人,在英格兰和意大利之间往来,带回了关于他们旅行的赞美性回忆。学者们在返回时能够生动地叙述意大利的各所大学,当时这些大学的水平远超英格兰自己的大学。而且,文艺复兴在英格兰的成长,发展了有关旅行的新品位。这种新品位引发了见一见意大利的强烈愿望,在这个国度,不仅因其光彩夺目的当代生活、而且因其所拥有的往昔岁月的财宝而享有盛名。关于意大利的知识一旦从大学传播到宫廷,分享其文化的愿望就越过阿尔卑斯山吸引了全欧洲的有教养阶层。虔诚的天主教徒继续前往那里,热心的学者和研究者则被它的学术机构所吸引。但是,越来越多的前往意大利的新型旅行者,既非外交官,也非学者,更非朝圣者。

117

托马斯·霍比爵士(Sir Thomas Hoby)和威廉·托马斯(William Thomas)是两名16世纪中期不久前到过意大利的英格兰人,他们在这场运动中都很典型,其之所以能够从如此之多的旅行记录中被挑选出来,是因为他们是从以下新角度来写作的:意大利本身就是他们的目标,意大利的风景就是他们访问的对象。他们是带着目的的旅行者,期待一种他们应该得到的教育或经历,这样的教育或经历可能会在他们未来的生涯中提供帮助。不同于他们的英格兰前辈,他们对自己见到的每件事物都产生兴趣,小心地注意着这个陌生国家的景色和风俗。威廉·托马斯的观察几乎一点也不逊色于同时代的意大利旅行者,而他正是从这些意大利旅行者那里受益的。他眼光的敏锐性和一种对外国文化的迅速共鸣,使他尤其适合这项工作。他在那里居住5年后,写了《意大利史》(*History of Italy*,首次出版于1549年),这部著作的公开目的是:

通过从意大利历史中选择的一些事例,使英格兰人能够见到,一个民族如何通过和平共处而致富,又如何因为内部不和而变穷。但是,这部作品的历史部分是最不重要的。它真正的重要性和优点在于它成了访问意大利的一本手册,它充满了博学好古和政治性的信息,而且包含那个时代最有教养阶层所产生的印象和经历。它毫无疑问是 17 世纪之前最好的英格兰人对外国的记叙;仅从它所经历的多个版本来看,它的流行和普及已经表明,它是意大利知识渗入英格兰的一条重要通道。

托马斯·霍比爵士到意大利之前曾就读于剑桥大学,他去意大利既是为了完成他的教育,也是为自己的职业生涯做准备,因为"如今意大利在文明程度上看来是最为繁荣发达的",①既为以政治为理想、又为专攻文化的人士提供了最多的机会。霍比在一本日记中记录下了他的国外旅行,但只是为私人用途,从未公开出版。②这本日记从观察的精明程度上而言,并无法与威廉·托马斯的作品相比。但是,它不经文学雕琢而呈现出一名文化素养较高的英格兰绅士在 16 世纪中叶的意大利经历,引发了我们的大量兴趣。霍比的旅行目的是要尽自己所能见到意大利的所有东西。在这一前提下,他一个接一个地描述了不同的意大利城市,但重复居多,变化较少。吸引他好奇心的主要是古代世界的废墟和遗物;他不像威廉·托马斯,他从不对这类景色作出价值判断,几乎不关注仅仅具有历史意义的事物。我们几乎可以从他的记录中判断认为,比起事物的内在性质,他对外在样貌更为满意。霍比日记中的一些引发我们兴趣的主要因素,可在他自己的个人经历中找到,我们可从这些经历中一瞥文艺复兴时期的意大利生活。著名的锡耶纳的西班牙统治者赫塔多·德·门多萨(Hurtado de Mendoza),向当时在那里的霍比展示了极好的文明礼仪,在另一个场合下,年轻的卡皮斯特拉诺侯爵(Marquis of Capistrano)在阿玛尔菲镇(Amalfi)

---

① Thomas,*History of Italy*,前言。
② British Museum,Egerton Mss.,2148.

也如此行事。意大利对霍比的重要影响因此是他从其宫廷生活中得来的印象,这种印象引领他从事自己对《廷臣论》的翻译工作。另一方面,就意大利对威廉·托马斯的影响而言,这种影响主要是政治性的;威廉·托马斯某种程度上是严肃旅行者的典型,而霍比则是某种程度上走马观花的旅行者的典型,其之所以旅行是因为这是一种时尚。

　　前往意大利的海外旅行之潮开始于亨利八世统治时期。托马斯·霍比提到他在每一个意大利城市中遇到的英格兰人数量,同时威廉·托马斯则写到世界上可能没有什么地区"像在意大利那样有这么多陌生来客,尤其是绅士,意大利是他们常去的胜地,而他们前去的理由,常常声称是学习"。[①] 但在这一时期,英格兰旅行者几乎只来自于绅士和宫廷的圈子。对他们所属阶级的共同印象可能已经可以生动地描绘出他们的样子;所有人似乎都是从一个模子里刻出来的。甚至威廉·托马斯——无视当时大多数人的偏见——将意大利大学与英格兰大学进行对比,认为意大利大学中的学生几乎都是贵族,而英格兰大学中"普通人的孩子也上学,希望能靠学来的知识谋生"。[②]

　　但是,旅行的需求还没有在英格兰渗透得非常深,其传播范围局限在一个狭窄圈子周围,这个圈子是当时惟一意识到意大利吸引力的人群。因此,这个时期的英格兰旅行者代表一种单一的类型,但这种单一性后来再也未能实现。而且,他们应该不仅被视为旅行者:"旅行者"和"廷臣"常常是同一人所呈现的不同侧面而已,他们将旅行视为使优雅典范完美化过程中的一个必要因素。于是,旅行只为精英阶层准备,这一阶层的人们旅行后回国时带回了异域的新文化。旅行比其他任何因素都更能使英格兰熟悉文艺复兴运动的成果。

　　随着 16 世纪下半叶意大利影响的广泛传播,在有关旅行的思

120

----

① 　同 Thomas 前引书,p. 2。
② 　同 Thomas 前引书,p. 3。

想中发生了一场渐进的演化。由于威廉·托马斯和托马斯·霍比的著作,旅行者的类型已经开始分化,分化出来的不同点后来继续扩大。其中一个类型是业余的"寻找快乐者"(dilettante pleasure-seeker),他们旅行是因为旅行这件事很时髦,他们回到英格兰时只知炫耀,而且带回了外国的恶习。另一个类型完全从一种教育的视角看待旅行,他们展现出清教徒式的性格特点,其著作中有一种专业化的倾向。在英格兰曾经有许多连"意大利所有的塞壬之歌"都无法使之转身的绅士,①但如今有关意大利的书籍(译作或其他)已出现在英格兰,这些书籍多为对意大利不同地区的详细描述,只是整体性叙述的书籍较少。这类书籍包括哲罗姆·特尔勒(Jerome Turler)的《那不勒斯》(Naples),刘易斯·琉可纳(Lewes Lewkenor)的《威尼斯》(Venice),马里安努斯(Marlianus)的《罗马》(Rome)以及罗伯特·达灵顿的《托斯卡纳》(Tuscany)。② 我们在阅读上述较晚近作品过程中,能够意识到意大利"堕落"的程度。在"堕落"和"屈服"之中,只有威尼斯保持了相对的"纯粹"。罗伯特·达灵顿专门从上述视角进行描述,他认为意大利人几乎没有什么新东西可以教给英格兰人。甚至他们的学识也是"过去的事物",且在他们的大学中,"你们应该几乎找不到两个擅长希腊语的人"。③

　　一度说服人们越过阿尔卑斯山的同样理由,如今不再有效了。只有艺术继续吸引着外国学生和研究者。建筑和音乐当时处于全盛时期,严肃的思想家如伊尼戈·琼斯和约翰·道兰(John Dowland),仍然能够在意大利学习新课程。对于普通旅行者来说,情况却相当不同。虽然旅行的纯粹教育价值已经逐渐受人轻视,但是正在成长中的对艺术的欣赏(不逊色于对古典时代遗迹的欣

---

① Ascham, *Scholemaster*, p. 74 以下。

② 托斯卡纳大公(Grand Duke of Tuscany)曾向英格兰詹姆斯国王抱怨此书,后者下令在圣保罗大教堂公墓公开焚毁此书,并在托斯卡纳大公的心意下将作者囚禁起来。(Archivio Mediceo, Florence, 4185)

③ Dallingtong, *Tuscany*, p. 62。

赏)如今对普通旅行者产生了影响。然而,普通旅行者的观点和视角已经改变。对往昔岁月的无保留赞美被取而代之,尤其是在政治事务中,英格兰人中已经升起一种自觉的优越感,这种优越常常支配着英格兰人的判断和评价。

另一方面,业余旅行者从某种不同的角度看待旅行这件事,但他将很快因为对外国时尚的炫耀而给自己带来嘲笑,这种炫耀作风本身也是他从意大利带回英格兰的。菲利普·西德尼给他兄弟的信中写道,"我们中有很多人从未自省过我们为什么继续旅行,而只是跟着别人已经做过的去做,这真是一种有趣的幽默感。……我认为,在这很久之前,就像来自意大利的江湖骗子一样,我们旅行者应该从喜剧中获得乐趣"。也有许多人责备道,"漂亮的旅行者带着如此消化不良的胃回国了,以至于除了法语、意大利语或西班牙语之外,也没有什么东西能难得住他们吧"。[①] 尤其受到批评的是,"已经有了一种在讲话中矫揉造作措辞的嗜好,或者在穿衣打扮上自吹自擂,而他们却会被视为大旅行家"。[②] 在外国的业余旅行者,到了国内成了"意大利化的英格兰人",对于把旅行的观念贬低至令人反感的地步,并因此造成对意大利的负面反应,他们是有责任的。这一类人值得我们关注,不仅是因为他自己是旅行者类型之一,而且因为他是 16 世纪英格兰旅行发展演变过程中的最后产物。

123

II

关于"旅行的艺术"的英语书籍,某种程度上是 16 世纪文学中的一种晚期发展。就像在其他许多方面一样,在这个方面,实践已走在理论之前。当人们最终接受"旅行作为某种教育的画龙点睛之笔是必要的"这一观点之后,又开始探索旅行在哲学上正当的理

---

① Guazzo,前言 by G. Pettie.
② Lewkenor, *Venice*,前言。

由,并给出了丰富的关于如何尽可能地从旅行中受益的建议。人们在这种理性的调查精神中讨论旅行的整个理论,并得出了某些确定的结论。

文艺复兴的诸多重要后果之一,就是强调政府集权的重要性,这从罗马帝国之后一度不再为人所知。这就越来越导致人们将国家事业的成功作为一切事物的最终检验标准。关于旅行的、人们有所分歧的重要问题,是有关旅行对于某人所在国家的益处的问题。这一论题的正方自然试着证明它对于国家的好处。"如果这个世界上有什么东西可以让一个人关注他自己的国家,那它当然是旅行。"①首先,论者说明,旅行的需求是"高贵而正直之人"的特征。不那么高贵者可能满足于待在他们自己的国家里;高贵者只有当他们模仿天体时才会感到满意,因为后者处于"连续运动"状态。② 其他人也多次表达过这种相当古怪的观点。③ 另一个论点基于旅行的古老性。据说,荷马(Homer)曾试着把尤利西斯描写成"希腊最完美、最成功的绅士",他赞美尤利西斯,主要是因为后者曾在外国土地上旅行并记录下那里的民俗。④ 某位作者甚至提及了始于诺亚和朱庇特神的一长串名字,并从宗教史与世俗史中不偏不倚地选择史料,以证明每一个民族的任何时代的英雄都是旅行家。"这些英雄认为,虽然自然赋予了他们(作为'世界公民'的)自由,但是如果限制在某个小国家的狭窄界限之内,那对这种自由而言就是一种很大的污点或耻辱。"⑤

当论者如此这般地证明了旅行者的著名前辈和高贵动机之后,证明他本人对国家的贡献就并不困难。他不得不下定决心,他的旅行目的是使自己的知识更为成熟,进而再为他的国家作出贡

① Turler, *Traveller*, p. 38.
② *Direction for Travailers*.
③ 参见 Dallington, *Method for Travel*。
④ Lewkenor, *Venice*, 前言。
⑤ *Direction for Travailers*.

献。[①]　正因为如此,在国外旅行时,他应该花费大量的时间寻求旅行中对他服务国家有益的方面,必须抓住每一个时机这样做。[②]　人们普遍认识到,没有考虑明确目标的旅行是没有意义的。另一方面,"那些带着良好动机离开他们国家的人,都是具有非凡而圣洁的品德的"[③]。论者还想当然地规定了一些旅行者需要具备的先决条件。女性被排除在旅行者之外,因为旅行会给她们自己带来可疑之处。[④]　类似地,年轻人也被认为过于轻浮。据称,合适的年龄是 40 至 60 岁。[⑤]

125

　　于是,针对可能将成为旅行者的宏观理论就得到了谋篇布局。虽然这种理论最初包括在提出建议的书信中,但随后在出版的图书中被系统化了,例如罗伯特·达灵顿和托马斯·帕尔默(Thomas Palmer)[⑥]的著作以图表的形式呈现出一整套纲领,在这一纲领中旅行所有可能的方法和目的都被细分为小类。例如,旅行者据称既有正式的也有非正式的,前者则是有意的(voluntary)、无意的(involuntary)或迫不得已的(non-voluntary)。后一种类型包括国家使节、信使、间谍以及战时的士兵。但其分类太多,无法在此一一描述。作者用很大的篇幅详细叙述了每一个类目,利用图表实现了他的理论体系。旅行者在开始旅行之前应该具备的不同类型的知识,也以类似表格的形式呈现出来。他应该使自己精通各门学科,在世俗与宗教道德上表现完美,并具备完善的"装饰性"(ornamental)能力,这不仅指语言,也指武艺、音乐、舞蹈和肖像画技法(portraiture)。[⑦]

126

　　比较重要的问题,一是旅行者应该观察什么,二是他应该从其

① Dallington, *Method for Travel*；Sidney, *Letter to his Brother*.

② *Direction for Travailers*；Lewkenor,前引书。

③ F. Meres, *Palladis Tamia*, p. 237.

④ Turler,前引书,p. 9。

⑤ W. Bourne, *Treasure for Travellers*.

⑥ *Essay on Travel*.

⑦ Palmer,前引书,p. 37 及以下各处。

旅行中获得什么。第一个问题很容易就得到了回答。旅行者在国外时既应该收集事实，也应该汲取思想。只要是希望担任公职的，都应该学习不同民族的特征，以使他能够看到他们的优点，避免他们较差的方面；①关于对事实的把握则包括：对这个国家的宏观了解、它的特产与贸易、它的武装力量、政治上的同盟，此外，其国家收入和赋税制度也是有用的。对思想的把握则要困难得多，因为它涉及外国的宗教、法律和教育。② 即便大多数人能够在国外旅行，但是只有极个别人有能力调查事物的深层次意义，并有能力比较不同民族的习俗与政府。③

　　关于"旅行的教育价值超越高谈阔论和游手好闲"这一理论能够从同时期的书信中见到。例如，弗朗西斯·戴维森（Francis Davison）在欧洲大陆旅行之后带回了 60 多个关于外国的"故事"或描述，它们除了一篇是拉丁文的外，其他都是意大利文的。④ 之后，他写信给任国务大臣的父亲，向后者解释自己的时间都花费在了阅读各民族的历史和政策方面，他说道："对于意大利的这些部分我并没有新的故事或文章，因此我对自己感到羞愧……您上一封来信所提到的、我所承诺的关于托斯卡纳的叙述就这样落空了，我决心不再继续干这样的事了……同时，我继续自己的学习，我因从中获得的益处而感到满足，但我没有在他人面前炫耀。"他还说："关于我是否如在德意志旅行一样（指写了关于萨克森的描述），充分利用了在意大利的旅行，要我向您提供一些证明方面，我在托斯卡纳和其他一些地区搜集、观察了各类细节，但在我听取我的主人对我其他文章发表的意见之前，我避免把搜集来的素材简化为一篇独立的论文。"⑤

127

---

① *Relation of Petruccio Ubaldini*，Ms. cit. ，f. 1.

② Sidney，*Letter to his Brother*；比较 Bacon，*Essay on Travel*。

③ *Direction for Travailers*.

④ Harleian Ms. ，Brit. Mus. ，298，f. 154.

⑤ Add. Mss. ，Brit. Mus. ，4121，f. 265；4122，ff. 111，139. 也在下书中引用：Davison's *Works*，edited by Harris Nicolas，1826。

从旅行中获得的主要好处是收获知识，并且，旅行者得到的信息能够使他更适合服务于自己的国家，并向他的君主提出好的建议。[1] 与上述最后一种好处有关的观点，在 16 世纪尤其流行。我们能从菲利普·西德尼和刘易斯·琉可纳的著作中见到这一点，他们二人将这种观点几乎视为为旅行辩护的终极理由。在某种程度上，卡斯提里奥尼中心思想的另一面正是如此，即廷臣的终极目标就是向其君主建言。

128

虽然旅行提供了许多益处，但是尝试并隐瞒它的危险一面对旅行者是没有意义的。"我们，特别对于我们英格兰人而言，天性正是如此，我们赞美那些水平超过我们的能工巧匠并从中得到乐趣，我们对之感到如此惊奇，相比我们自己本国同胞来说，我们更愿意从博学的外国人那里学习。"[2] 另一方面，这使英格兰旅行者接触到了外国特别是意大利的诱惑，"因为意大利在全世界所有国家之中，最为吸引我们旅行者前去访问它"。[3] 人们因此应该警惕宗教和道德的危险性，特别是道德方面，因为"我们（英格兰人）天生容易模仿异国不好的一面"。[4]

有关旅行的思想及旅行的教育功能所发展的程度，我们可从这一主题数量众多的书籍中得到判断。旅行被人们期望去传授经验和智慧，改善行为举止，并为个人的整体行动方面给予指导。[5] 这些书想要让旅行者接触外国学者，鼓励他们在回国后与外国学者保持通信往来。[6]

129

关于意大利在这类书籍中所扮演的角色，可以说这类书一成不变地把意大利说成是英格兰人最感兴趣的外国目的地，而且与意大利有关的例子常常被用作论据或具体实例。对旅行方式方法的

---

① Bourne，前引书。
② *Direction of Travailers*.
③ Palmer，前引书，p. 42。
④ *Direction of Travailers*.
⑤ 同前。
⑥ Bacon，*Essay on Travel*.

介绍也常常先于导游文字出现。例如,哲罗姆·特尔勒对那不勒斯的详细介绍放在其"手册"的后面,而刘易斯·琉可纳的相关建议则位于他所译的加斯帕·康塔里尼(Gaspar Contarini)《威尼斯》(*Venice*)一书的前言之中。

就这样,一种关于旅行的理论在伊丽莎白时代得到了发展。这种理论在旅行中发现了一种具有很大价值的教育因素,并将旅行视为一半是科学,一半是艺术。关于旅行的各类著作为对不同的海外国家作出评判提供了标准。文艺复兴时期的旅行者并不把自己视为无意义故事的讲述人,而是视自己为一名熟练的观察者,他对自己的国家负有几乎可以说是严肃的责任。在这种公共义务的高级含义中,并且在其道德和教育方面,我们能够立即见到文艺复兴时期关于旅行的理论力量。同时,这一理想指向的那种崇高,促成了其单方面性。从理论上讲,旅行者由单方面的义务或责任的坚定感所驱动,这使他几乎成为自己国家的利益奴仆。在这一观念中,没有玩乐者的位置,甚至也没有最有教养的业余爱好者的位置。在英格兰文艺复兴的思想中,旅行从来没有被视为一种理智的娱乐消遣手段。

130

Ⅲ

向即将出发上路的旅行者提供的信息的数量和差异,是伊丽莎白时代旅行巨大普及性的进一步证据。旅行者被提供了大量有关的教导和建议。他被告知,他应该去哪里,他应该怎么做,以及他在意大利尤其应该找什么。因为意大利总是大游学(*grand tour*)的最终目的地。"基督教世界的所有国家都蜂拥"到达意大利。[①] 出于同样的原因,罗伯特·达灵顿建议他的旅行者把意大利放在最后,既然"我们最能记住的就是最后的印象"。旅途中所走过的其他国家则属于"二等"考虑范畴,或者不那么重要,或者至少是缺乏吸引力

---

① Sandys, *Speculum Europa*, *a Relation of the State of Religion*, sig., M. 2b.

的。为了让前往意大利的英格兰旅行者时刻留心自己的"资格条件"，就有建议认为，他所看见的景象以及他从旅行中得到的好处，应该呈现出某种令人产生兴趣的要素。

旅行者如果是刚毕业于大学，即已经接受了古典教育，作为一项规定，他要去国外。但只有很少旅行者才具有对各门当代语言均略为通晓的能力。

旅行者在意大利第一个要留心的通常是学习语言，这是为了补救上述缺陷；所有的论据都指向这一点；就这样，托马斯·霍比爵士在帕多瓦学习意大利语，随后独自前往意大利南部旅行，"以便离开英格兰人圈子一段时间，这是出于语言的考虑"。类似地，弗朗西斯·戴维森将他的很多时间都花在"写、说和读意大利语"上，[1]而罗伯特·达灵顿将语言学习列为旅行中应该得到的巨大好处之一，建议不介意不常住佛罗伦萨的旅行者可以试着去普拉托（Prato）或锡耶纳，因为在后两个地方，演说、谈话等也同样优秀并且花费少得多。[2] 学习语言所要运用的所有方法之中，会话被认为是最好的；旅行者被嘱咐与所有阶层的人进行会话。他在导师的指导下，更应该读一些现当代喜剧，还应该听有关所学语言语法的讲座。"私下里他可以以愉悦为目的阅读诗歌，尤其是如果他回国之后有意要追求这一方面的话；但是为了他好，如果他想做一个有出息的人，或从今以后为自己的祖国担负起责任，或者想要努力通过服务国家或他人而提升自己，那么我希望他阅读历史。"[3]

罗马是在旅途中首先要避免的地方。"让他们要小心罗马，"托马斯·帕尔默写道。[4] 罗伯特·达灵顿劝读者不要去那里，因为它是英格兰逃亡者的温床（seminary）。他还警告读者小心耶稣会修士："我要求我的旅行者永远不能容忍这些人，除非在布道坛上，

131

---

① 　Add. Mss., Brit, Mus., 4122, f. 43.
② 　*Method for Travel*.
③ 　同前。
④ 　前引书，p. 44。

因为他们有口才,语言说得很棒。"对其他修会成员而言情况却并非如此,其他修士在改进某人的语言知识方面常常有用处,多次被证明是令人愉快的伙伴。最后的一个警告是,注意不要携带宗教裁判所禁止的书籍,因为当旅行箱被检查时(每个城市都这样做),它们可能会招来祸害。

旅行者被建议,要尽可能跟随所在国家的习俗;据称,无论是谁,按照他自己的方式生活的,会让他成为一个笑柄,且永远也无法改进他自己的"野蛮"行为举止①。"三大黄金定律——开放胸怀、谨慎言语和封闭心灵(*Frons aperta*,*Lingua parca*,*Mens clausa*)——在其他地方没有比在意大利更为有效的了。对所有人友好,但对少数人亲密,说话不可避免,但要少说。在举止上尽你所能谦恭有力……在谈话中表现和善,好像你能洞悉真相;但是在你遇到与你心有灵犀者之前,要让你的心灵保持在秘密状态。"②

给出的所有建议中的最后一方面,是关于旅行者所需的金钱数量。150 镑被许多人认为足以应付为期一年的旅行;200 镑则是"过多并对他有害"。③ 但是,爱德华·史密斯(Edward Smyth)——弗朗西斯·戴维森的导师和旅伴——在写给后者身为国务大臣的父亲的信中说,200 镑几乎无法满足他们的需要,尽管他以前从未为了省钱而忍受这么多的艰难。"我目前已去过市场,尽可能节俭地购买我们的所有日常必需用品;虽然,我们随时都点一道以上的菜,但并不十分浪费,因为我们要付房租,我们每周开支接近 40 先令,这包括衣服、书籍和其他零碎的我认为无法避免的花费,特别是只要我们在这些地区,事实上如果不食用菜头、沙拉、奶酪等这类廉价菜就无法继续维持生活,而弗朗西斯先生根本不能消化它们,可其他所有的优质食品都非常昂贵;我们必然被迫花费更多,(即便如此)也还不能像这个城市里来自我们国家的其他绅士那样

_____

① Turler, p. 21.
② *Direction for Travallers*.
③ Dallington,*Method for Travel*.

大肆炫耀。"①旅行者被建议,用汇票的方式携带金钱,"并带上按季度付款的汇款通知"。如果是一般开支水平,他们应按如下建议实施:每月10金克朗用于他自己的伙食和住宿,最多8金克朗雇佣侍从,每月2金克朗用于剑术,相似的金额用于舞蹈和阅读;骑乘每月花费15金克朗,但是在每年的炎热季节中他应停止这项开支。剩下的钱留出来用于"衣服、书籍、旅费、网球及其他非日常支出"。②

　　旅行本身几乎完全是在马背上进行的;有时轿子(litter)也会被用到,③但是健康者使用它是不常见的。只要在可能的地方,旅行常常利用水上交通,利用陆上交通较少,毫无疑问,许多在16世纪访问意大利的较穷的英格兰人是经由海路去的;例如,有一个名叫尼古拉斯·弗鲁托(Fluto)的人,急于见到这个国家,没有付路费就在达特茅斯(Dartmouth)登上一艘船;当时的情况是,如果他能通过劳动获得食品和饮料,他就能免费乘坐;否则他父亲将为他支付这笔费用。④ 那时的旅行从来无法完全规避劫匪和海盗的危险。托马斯·霍比提到了"大型海盗船,即 Dragout Rais",⑤还说到他受到了一队西班牙士兵的保护,免于盗贼侵袭,这些盗贼"对这个国家的居民造成了很大伤害"。⑥ 可能正是这种危险的存在,以及旅途中个人的不便之处,人们对自然的赞美拖延了很长时间。那时在意大利的英格兰旅行者所表现出的对景色和地形的兴趣,因此并不是非常明显。他们注意到了每个城市的总体情况,偶尔对所在地的美景作出少量评论,但是他们对自然的观察落后于他们在其他方面的论述;他们在意大利发现的真正魅力在于其他方面。

　　将每一个在意大利的旅行者联合在一起的共同纽带,正是他们

134

---

① Davison，*Works*，p. vii, and Harl. Ms. ，296，f. 114.
② Dallington，*Method for Travel*.
③ 参较 Hoby, Ms. cit. , f. 28。
④ Hist. Ms. Com. , Hatfield House, IV, 581.
⑤ Ms. cit. , f. 79b.
⑥ 同前引,f. 82。

对古物之爱。古典学训练在文艺复兴时期的教育中扮演了如此重要的角色，以至于好像是对古代世界的认识能够在罗马的废墟中见到，当时这些废墟在数量和保存完好性上都远胜今日。论及意大利的影响力可能会象征着什么时，这种影响力一定是具有古典性质的。

但是随着 16 世纪向前推进，人们对于古物的总体态度有所改变。在文艺复兴的全部气息拂过英格兰人之前，后者对古代世界所产生的兴趣曾是非常微小的；理查·吉尔福特爵士对于据说是特洛伊的安忒诺耳（Antenor）和罗马历史学家李维（Livy）的墓（有人在帕多瓦向他指出了这个地方）提得非常之少。类似地，罗伯特·达灵顿在他 1596 年对托斯卡纳的描述文字中，几乎没有说到古代的废墟。对于古物的热情一度出现，但是随后其相对重要性开始衰落，同时，对当代意大利的兴趣正在取代对古物的热情。对罗马时代遗迹的热情最高点应是在 16 世纪中叶。在托马斯·霍比和威廉·托马斯那里，这种演变很明显。例如，霍比的日记充满了有关对古典的兴趣的摘引；于是，当他在曼图亚时，他前往位于皮耶托尔（Pietole）的维吉尔出生地进行了朝圣，并提到"在那里的山上，有一座石筑小房子，当地居民将它称为维吉尔之屋（*Casetta di Virgilio*），认为这就是他家所在地"。[1] 随后，当他在那不勒斯时，他也写道"有一座古老的小屋，他们说维吉尔就埋在那里"，[2]并引用了著名的维吉尔墓志铭——

> 我生于曼图亚，死于卡拉布里亚，安息于——
> 帕斯诺普；我曾经歌唱牧场、乡村和领袖。

但是，古代世界却以另一种非常不同的方式给威廉·托马斯留下印象。在他那里，罗马废墟的景象呈现出清教徒和道德家的性质，

---

[1] Ms. cit., f. 17.
[2] 同前引，f. 52b.

正如古典时代学者所具有的品质那样：

> 当我到达那里，见到雄伟绝伦的建筑，它们如此高大，只在人们面前呈现出其基部，它们有庞大的庙宇，无数的巨型宫殿，无穷的石柱——很多是由整块优质大理石精心建造而成——别致的凯旋门、公共浴室和引水渠，黄铜或大理石雕琢的图画，方尖碑及其他众多类似的、在全世界几乎都找不到的东西。更可想象的是，当所有这些繁荣之时，整个城市该是多么壮丽。之后我却感到伤心，我见到世界上这位唯一的珠光宝气的美丽情人，如今如此孤寂，容貌也遭毁坏，她从未使自己高兴，（如我所认为）且永远也无法再愉快起来……尽管如此，我却再次想起这些光辉事物曾经茁壮的岁月，那时罗马人的战役不计其数，血流成河，多个国家尽皆毁灭，贞洁的女人横遭劫掠，各地及其千百名统治者均遭洗劫、破坏、征税和镇压，如果没有上述这些，罗马人或许永无法让我的眼睛在罗马城见到如此繁多而又精美的奇迹。随后我又意识到，上帝的审判是多么公正啊，他让那些古物都成了罗马之傲慢的糟糕废物，成了他们暴政完全终结的一种见证，我因而思考，一方面是罗马人通过精彩的征服所赢得的光荣，另一方面是他们残缺的古物所呈现的悲惨状况，孰轻孰重？[1]

137

威廉·托马斯除了从一度伟大的城市之衰落引出道德教训之外，他也用较长篇幅描述了罗马的古物本身。在他对它们的描述中，他纺了一根由神话和历史逸事织成的线。他谈及曾坐落在阿文丁山（Aventine）的大神庙，如今什么也没有剩下，所剩下的并不比克劳迪乌斯（Claudius）时代引水渠的残片更多。他使 7 座丘陵中的每一座都讲述其自己的故事，在这过程中，又讨论关于古代世界伟大建筑的毁灭理论。有些人将它归因于蛮族入侵，有些人归

----

[1]　Ms. cit., f., p. 22。

因于时间的流逝,还有一些人归因于居民自身无知的贪婪,他们只关心"用那些高贵的古物来装点和美化私人的建筑"。以上述方式,他在"异教的"罗马完成了旅行,从古代建筑家弗朗提努(Frontinus)、卡西奥多鲁(Cassiodorus)和维特鲁威(Vitruvius)那里获得了他自己对古代世界生活的洞察和见解。他详尽描述了罗马这座"永恒之城"(Eternal City)的景观:包括公共浴池和圆形剧场,也包括凯旋门和方尖碑。他的主要愿望是见到"其中那些具备毫不做作的威严感的古代罗马人,敢于在常胜的敌人中奋力冲杀,正如李维写道,盖乌斯·费比乌斯(Caius Fabius)在法兰西人(应指高卢人)攻入帝国、围困首都的关头,正是这样做的"。①

罗马的废墟让来自北方土地的访客留下深刻印象;约阿希姆·杜·贝莱(Joachim du Bellay)曾在他的十四行诗中展现了它们的魅力,这些十四行诗后来被斯宾塞译为英语;它们的精妙魅力还得到了许多其他旅行者的进一步描述。"整个意大利是一座巨大的博物馆"这一现代观点,甚至在当时就被感受到了,尽管是在一种不同的意义上。对于阅读罗马历史学家著作的人而言,他只需要看看周围,就能亲眼见到史家文字的真相。那么,"如果他没有因喜悦而陶醉,我就会认为他只是一块木头或者石头。……见到普林尼(Pliny)居住的房屋,见到著名的维吉尔曾身处的乡村,或是见到脍炙人口的奥维德(Ovid)的出生地,该是多么高兴的一件事啊"。见到如此多的古代纪念碑和庄严宏伟的庙宇,能给人带来多少快乐啊!"在见到和想到这些如此伟大、如此光辉的古代纪念碑时,人的心灵开始复苏,他开始升华自己,并开始热爱和冥思卓越而高贵的事物;回忆前人和历史上的英勇、勇猛和美德,每一个人的善心和高贵的血液中必然产生出勇敢而珍贵的思想"。②

古代遗迹对旅行者造成的效果,就这样被一些人假想来振奋心灵,而被另一些人假想来传授道德课程。在每个人那里,这种效果

---

① Ms. cit., f. 32b.

② *Direction for Travallers*.

程度不同,但是一种共同的兴趣要素仍然存在。不过有时它更具备考古学性质;因此,例如哲罗姆·特尔勒在他的《旅行者》(*Traveller*)一书中提到了发现古典时代遗迹的快乐,还提到(作为一个例证)在"阿庇安大道"(Via Appia)发掘的一具经过防腐处理的女性尸体,这名女性被认为是西塞罗的女儿。当时对拉丁语碑文和征引古典作品的兴趣也很大。托马斯·霍比在其日记中抄写了古代的大量铭文,并以类似的方式,随意性地从拉丁诗人作品中进行了摘抄征引;而威廉·巴克(William Barker)从意大利返回时甚至出版了一本书,囊括了他在那里收集的墓志铭。①

Ⅳ

对古物产生的兴趣,尽管不完全亚于我们所发现的对同时代意大利的兴趣,但可以说,古代和现代对旅行者具有同等吸引力。意大利"新世界"几乎与英格兰的每一个侧面都有不同,对这一整个"新世界"的思考,激发了伊丽莎白时代英格兰人的想象。意大利当前现状的新奇性本身,就给访客留下印象,并且,在许多情况下,旅行者不仅会记叙那些具有真正重要性的东西,而且也会描述那些貌似最不起眼的细节。意大利人的性格特点尤其使旅行者产生兴趣;可以说,关注意大利人的品行和习俗,成了每一个旅行者的重要目的之一。

威廉·托马斯,虽然他具有清教倾向,但也对意大利人大加赞扬,他认为,在意大利人的性格特点中有许多方面值得称颂。他本人发现,意大利的绅士高尚、有礼貌、谨慎,好像他们每一个人都曾接受过某种高贵的教育。而且,他们着装朴实,用餐时讲求整洁。

140

---

① *Epitaphia et inscriptiones Lugubres a Gulielmo Berchero*, *cum in Italia animi causa peregrinaretur colleta*. 托马斯·霍比 1549 年曾在锡耶纳见过威廉·巴克(Ms. cit., f. 25b),后者后来成为诺福克公爵的秘书之一,并被深深卷入公爵的政治阴谋当中。他在严刑逼供下承认自己曾参与阴谋,因此,后来否认一切的诺福克公爵就把巴克轻蔑地称作"意大利化的英格兰人"(Italianified Englishman)。

最重要的是,意大利人谈话严肃清醒,厌恶诽谤中伤之辞,"对自身的好名声(他们自己称之为'荣耀')十分敏感,对之说坏话的人将付出生命的代价,而如果哪个党派得知自身遭到诽谤,就将找机会和场合消除负面影响。于是他们就形成一个习惯,即没有哪位绅士踏出国境时是不携带武器的"。[1] 但是,威廉·托马斯和其他许多作者却必定要责备意大利人耽于感官享受之类品性上的缺点。令人感兴趣的是,外国人越熟悉意大利,对后者的责难就越多;正如哲罗姆·特尔勒提到,意大利人虽然显得严肃而博学,实际上却阴险、好嫉妒。[2] 休伯特·朗盖在写给菲利普·西德尼的信中也说过,虽然他能赞美意大利人的敏锐机智,但这一点多浮于表面,他们常常因为过分炫耀而损害自己所取得的成就。[3] 再晚近一点,旅行者们发现意大利人虚伪、追求感官满足,而最令人不齿的则是他们的嫉妒心强到了一种荒诞的程度。意大利人被说成是"利用诱骗手段的暗中破坏者和深藏不露的伪君子,他们打听你的性格弱点,刺探你的秘密,还会直接撕破伪装,暴露出本性"。[4] 甚至在后来的岁月里,当"背信弃义""耽于声色"逐渐成为他们的代名词时,意大利人的严肃和高贵品性却仍然受到所有人的交口称赞。[5]

关于意大利的阶层划分问题,有一种事实就给像威廉·托马斯这样的观察者留下了深刻印象,即最主要的商人多半都属绅士阶层。他写道,如果有三兄弟或四兄弟,那么其中一到两位就会从事贸易行业;[6]而万一他们不分割其父亲的遗产,那么这些商人们就把兄弟的好处当成自己的好处那样来做生意。而且,因为他们的名誉并不会因为生意而受到负面影响,所以(威廉·托马斯继续写

---

① Ms, cit., f. 4.
② Turler,前引书,p. 40 及以下各处。
③ Sidney and Languet, *Correspondence*, p. 12.
④ *Direction for Travallers*.
⑤ 甚至达灵顿在其 *Method for Travel* 中提及这一点;参阅 Sandys, *Speculum Europae* 等著。
⑥ Ms, cit., f. 5.

道)意大利就拥有比其他任何国家数量更多的富人,如果你在一个城市里发现 20 个以上身价一万克朗的人,也并不是什么奇怪的事。威廉·托马斯称赞道,意大利的工匠"最为优秀且最具备发明天才";虽然这些工匠可为自己赢得大量财富,但是他们很少有人能提高自己的社会阶层。另一方面,威廉·托马斯发现,农民则是处处受压迫,常常连买面包的钱都不够。所有的富人和绅士住在城里,把乡下的农场和牧场出租给别人;但他们也拥有自己的乡间别墅用来消夏,在那里"他们身处树篱和爬满藤条的凉亭之中,上有粗大树枝遮蔽,精美的水果取之不尽,你可以想象得到他们是如何愉快地搞着庆祝……还少不了供其消遣的乐器之类的玩意儿。即便佃户今年收成不错,也会对其主人剩下的食物垂涎欲滴"。①

　　意大利巨大的贫富差距给英格兰人留下深刻印象,后者还没有习惯于这两种极端。意大利的财富分配得如此不均衡,以至于富人在任何地方都是最有钱的,而穷人在任何地方都是最贫困的。②达灵顿评论道,普拉托(Prato)的 1/4 人口都没有鞋穿,所以"我们就知道,意大利并不是什么都是金光闪闪的,尽管许多旅行者眼中只有其城市的美丽之处,并认为意大利是欧洲唯一的天堂。但要是他们跟着我走一走——

　　　　来到粗鄙的土地,
　　　　进入低矮的房屋,访问农村——③

他们就一定会同意,一个比它更伟大的王国是不会存在贫穷和饥饿的"。④ 而另一方面,就在 50 年前,威廉·托马斯却被米兰人的奢华所打动;"米兰工匠的妻子,没有谁不穿丝质长袍、不戴金链

142

143

---

① Ms, cit., f. 6.
② Sandys,前引书。
③ 原文如下：*Sordida rura//Atque humiles intrare casas，et visere gentem*。
④ Dallington，*Tuscany*，p. 16.

的";①托马斯·霍比也因他在意大利城市中所见到的富丽堂皇而印象深刻。

英格兰旅行者们都会注意到意大利各座城市居民的特点,也都大谈特谈上层人士"是在高贵的语言环境中成长起来的";不过,"正如将伦敦人和约克人两相比较那样",②佛罗伦萨人和威尼斯人之间也存在巨大不同。威尼斯尤其引发所有人的赞叹,甚至休伯特·朗盖,这位对意大利几乎不存好感的人,也将威尼斯人排除在责备的言辞之外。观察者们特别称赞的是,"身着长袍、不带武器的男人们应该怀着成功的幸福,向海上、陆上那些好战的而强力的军队提供教导、制定法律,一座没有围墙的、孤立的城市应该战胜并号令那些军事强大的王国……控诉意大利显贵们的游手好闲;参政的 3000 余名绅士,处在无限光环的围绕之中,拥有不可估量的权力,但他们没有谁追求头衔、名号,宁可被人称为一位'威尼斯绅士'"。③ 上述文字被人们写下来的时代,意大利的所有其他部分正在衰落;但就在半个世纪之前,威尼斯与其他地区的对比并非如此明显,威廉·托马斯那时曾提到,要是威尼斯人像罗马人那样,在陆上取得与在海中同样的成就,那么"他们也许早在多年之前就征服整个世界了"。威尼斯人的军事力量自从夺下君士坦丁堡之后便衰微了,"他们宁可用钱财为国家买和平与战争,也不愿创造军事功勋;……如今的威尼斯人更能扮演好商人而不是军人的角色"。④

在威廉·托马斯对威尼斯私人生活的记叙中,尽管后者据称有着沉迷于物质享受、贪恋钱财和骄傲自满的缺点,但托马斯也观察到了他们的许多优良品性。他见到了完全展现出自己性格特点的老老少少。他试着把他们性格的两面都写出来,并让一位虚构的

---

① Dallington,*Tuscany*,p. 188.
② 同前,p. 3。
③ Lewkenor,*Venice*,前言。
④ 前引书,p. 75。

威尼斯人为他自己反驳批评;这位"威尼斯人"说,因为他是"贵族而非平民",所以他的骄傲是正当的;因为他的国家不允许浮夸和炫耀,所以他节俭得有点吝啬;而他向英格兰放贷也是因为这样做对借贷双方都有益。[①] 威廉·托马斯注意到的另一个风俗,是威尼斯人给儿童的自由太多了,"他刚刚走出保护壳,就能和自己的父亲亲密得如同好友"。[②] 总之,虽然有人批评威尼斯人的缺点,但他们在 16 世纪晚期的整个意大利,仍然显得眼光远大,这一点不能不给外人留下好印象。但英格兰旅行者无法预知的是,他们自己的国家虽如今只是慢慢在滑出威尼斯的控制,不过将来有一天,这种趋势将成为其子孙后代的宝贵遗产,而强大得多的殖民帝国所拥有的财富也会带来许多毛病,这也恰是那些 16 世纪的英格兰人看不惯威尼斯的那些缺点。

145

佛罗伦萨人给人留下的一般印象则是健谈,有展示自己能言善辩的表现欲。威廉·托马斯的观察是,"如果没法以演讲的方式来表达观点,那么你一定不能算作他们中的一员,演讲的身体动作与语言同样重要"。[③] 50 年后的达灵顿则写道,他虽然对佛罗伦萨人的机智聪慧听得很多,但是他自己却发现不了这一点——不管马基雅维利是如何形容他们的;尽管他们在谈论肤浅琐碎的话题时表现出色,可对更深的话题却无能为力。达灵顿还提到,虽然他们"做起事来大张旗鼓(alla mostra),讲起话来气势恢宏(alla grande),但这正像是把小型家具放在大房子里,他们的言词和内容之间的关系便是如此"。[④] 每件事都是为了做样子走形式——甚至他们那种双方都装备精良齐整的决斗也这样。他亲眼见到,"两位比萨的勇士全副武装,充满愤怒地开战,无情地砍杀,衣服也因此残破,好像有意要把对方赤裸裸地切开才能解决这一切,不过,为了节省一道

---

① Lewkenor, *Venice*, preface. , p. 84 及以下各处。

② 同前,p. 84。

③ 前引书,p. 139。

④ Dallington, *Tuscany*, p. 61.

又一道地缝补衣服的次数,他们被人分开,在极其纷乱的思考之后又成了朋友"。①

146　　追踪穿越意大利各座城市的英格兰旅行者,本身也是一种研究。每一个地方都能唤起从旅行者角度出发的某种议论。例如在锡耶纳,托马斯·霍比注意到每个人都热情好客;②而在那不勒斯,威廉·托马斯说那里的人很礼貌,但好像又为自己的这种说法加了一个限定,称那不勒斯人并不让人产生信任感。在热那亚,威廉·托马斯被当地居民的多情品性所打动,后者甚至能教会奥维德"许多观点想法……因此在我看来,爱情的最高殿堂只能在热那亚找到"。③

虽然意大利的英格兰旅行者的旅行目的不再纯粹是学习,但他们仍然对文化方面的事物感兴趣;例如在帕多瓦,托马斯·霍比提到了古典研究方面的教授,随后又写道,他路过了"因古典文学而著名的牧师拉撒路·博纳米库(Lazarus Bonamicus)的出生地,他是帕多瓦几个学院中领有薪俸的讲师"。④ 人们也注意到了意大利女性的学识,⑤特别是锡耶纳的女性,她们"文笔极为出色,既能作文又能赋诗"。⑥ 但让人们印象更为深刻的,则是佛罗伦萨学院(又名柏拉图学院),威廉·托马斯在英语文学中第一次提到它,另在菲利普·西德尼笔下的"阿勒奥珀格"(Areopagus)的眼中它格外令读者感兴趣,而在艾德蒙·博尔顿(Edmund Bolton)论述中,像佛罗伦萨学院这样的机构从未在英格兰生根发芽。对威廉·托马斯而言,佛罗伦萨学院是他在意大利见到的最令人感兴趣的事物。他描述博学的佛罗伦萨人如何在那里会面,而美第奇家族的佛罗伦萨公爵则是他们中的一员。经过预约,你可以站上讲坛发表持续

---

① 　Dallington, *Tuscany*, p. 65.

② 　前引手稿,p. 24b。

③ 　Thomas,前引书,p. 162。

④ 　前引手稿,p. 93。

⑤ 　Turler,前引书,p. 43。

⑥ 　Hoby,前引手稿,p. 24b。

一个小时的演讲；主题任你选择，演讲者的座位甚至高于公爵自己   147
的座位。威廉·托马斯承认，他从来没有见过比佛罗伦萨学院的
演讲者更为张弛有度的学院讲师和布道坛牧师。① 后来，达灵顿则
呈现出这幅图画的另一面。达灵顿写道，在以往，佛罗伦萨人确有
智慧，但他们像败家子一样挥霍着留给他们的财富；如果马基雅维
利还活着，见到这些从自己的别墅中取来现金，作为运行一个政权
的代价的话，那么"他就会收回他曾经说过的话，还会发誓说佛罗
伦萨人是不学无术的"。

V

建筑，也许因其"博学"的一面，是那时唯一真正被英格兰旅行
者注意到的部分。威廉·托马斯对其倾注了大量注意力，在介绍
维特鲁威之后，他用较长篇幅解释了古典时代不同的柱式和风格，
这也许是英语作品中的第一次。古典时代建筑的废墟同样也经常
从"内在的美"的观点角度得到审视。教堂建筑也常常给旅行者留
下印象。威廉·托马斯简要描述了圣彼得大教堂，称赞它所计划
的规模十分宏伟，但也提到，许多人怀疑它是否能最终建成。②

文艺复兴时期的大型宫殿也是旅行者赞美的对象。威廉·托   148
马斯评论威尼斯说，全欧洲没有地方能够在豪宅的数量上与威尼
斯相比，还说，那里有超过 200 座宫殿，所有宫殿的档次都配得上
任何君主居住。③ 罗马也是如此，威廉·托马斯认为法纳斯宫
（Palazzo Farnese）是世界上最雄伟的建筑之一，并极度赞美梵蒂冈
的贝尔维迪宫（the Belvedere），后者有喷泉和橘树环绕，这使它看
起来像另一个天堂。

16 世纪英格兰人在审美方面的鉴赏力，可以从下述事实来判

---

① Dallington, *Tuscany*, p. 139.
② 同前引, p. 40。
③ Turler, 前引书, p. 74。

断：能被其观察到的雕像均为古物。古典学教育还没有关注同时代的雕塑品；托马斯·霍比所赞美的同时代雕塑，可能仅有那尊位于墨西拿（Messina）的、焦万·安吉洛·蒙托索里（Giovan Angelo Montorsoli）完成的讲述阿克泰翁（Actaeon）故事的大理石喷泉，"它对我的双眼来说，是我曾见过的最美丽的大理石作品"。① 但是他路过佛罗伦萨的圣约翰洗礼堂（the Baptistery）的铜制大门时，没有给出任何评论。另一方面，诸如位于罗马的蒙特卡瓦洛（Monte Cavallo）的大理石马匹雕塑那样的作品，由于被假定为古希腊雕刻家菲狄亚斯（Phidias）所制——实际作者为另一位古希腊雕刻家普拉克西特斯（Praxiteles）——却几乎被每一位旅行者提及。梵蒂冈贝尔维迪宫的那些雕塑也得到威廉·托马斯的描述，他说到"美丽大理石上的图画，包括关于正在玩耍一头狼的乳头的罗慕路斯与雷穆斯的，关于带着弓箭的阿波罗的，关于被巨蛇缠绕的拉奥孔和他的两个孩子的，关于看着小丘比特的维纳斯的，关于躺在河岸的克利奥帕特拉（实为阿里阿德涅）的，还有各种其他体裁，太多以至于此处不能详述"。②

149　　　他还注意到，他在每一个地方见到了数量众多的无头雕像，他认为其原因是收藏者的热情，后者将头部切割下来带回。甚至当时最有教养的英格兰人也没有能力欣赏意大利艺术品中的最伟大者。当绘画刚刚到达它的顶峰时，托马斯·霍比和威廉·托马斯穿过了整个意大利，但他们甚至没有注意到绘画的存在，对其魅力非常不敏感。不久之后，菲利普·西德尼在写给他兄弟的一封信中，提到了意大利在绘画方面的优势地位；但我们应该记住的是，最初他自己无法决定，是让丁托列托（Tintoretto）还是让委罗内塞（Veronese）为他画肖像，他最终选择了后者。直到16世纪快结束时，对意大利美术作品的某种鉴赏力才能在英格兰见到。米兰建筑家洛马佐（Lomazzo）的论文那时先被译为英文，亨利·康斯塔波

---

① Ms. cit., f. 69b.

② 前引书，f. 40。

图 6　三博士朝圣。艾萨克·奥利弗作。位于不列颠博物馆印刷室。

（Henry Constable）则在一首十四行诗中提到"大画家"米开朗基罗，还提到拉斐尔（Raphael）的伟大才能。① 类似地，达灵顿先是赞美米开朗基罗是一位"卓越的画家"，并写道，意大利在绘画这门艺术上总体上的杰出性，并不亚于其诗歌方面的成就；"并不令我感到惊讶的是，当他们所有的时间都花在谈情说爱上时，他们的所有教堂都得到了色彩的装点。"②

导致英格兰人在意大利旅行的众多重要因素之一，是这样的旅行据说能够为"宫廷生活"做准备。大多数旅行者的目标，就是要尽可能多地见到这类事物。可是，尤其给他们留下印象的却是大型房屋的奢侈特征，同时，意大利的节日和露天庆典也吸引了所有人的注意力。前一种情况尤其震撼了托马斯·霍比，他写道，当他居留在卡皮斯特拉诺侯爵位于阿马尔菲（Amalfi）的家中时，他所睡的房间"挂有黄金和天鹅绒制的织物"，床是银制的，甚至长枕也是天鹅绒的。③ 相似地，威廉·托马斯对意大利其他地区的奢侈程度印象很深。露天庆典和盛大的活动也是旅行者们所见到的景象。关于这些事物的最早的、由在意大利的英格兰人所写下的现存记录，也许是约翰·弗里 1458 年写的一封信，弗里当时跟随导师威廉·格雷在费拉拉求学，他描述说，为庆祝埃涅阿斯·西尔维乌斯登基成为教皇庇护二世（Pius II）的典礼和活动持续了 4 天。由教皇亲自编写的模仿维吉尔的歌曲被人们歌唱，晚上则生起篝火（*feux de joie*）。少男少女整夜歌唱，随着人们疯狂地追着小号的鸣响声从城市一头冲到另一头，欢庆活动几乎进入狂乱状态。第二天，每个人都出门观看赛马和其他运动赛事。约翰·弗里带着一位年轻学生所具有的那种激情描述了上述景象，他见到他梦中的那个世界就在他面前实现了。④

---

① Sonnet to *Mr. Hilliard*.
② Dallington, *Tuscany*, p. 62.
③ Ms. cit., f. 82b.
④ Ms. Bod., 587, f. 161.

其他类似性质的宏大场面也被后来的旅行者所提及：例如理查·托金顿和托马斯·霍比均写到了威尼斯总督乘坐划桨大帆船（Bucentaur）前去迎娶亚得里亚海的仪式。还有最后一个有关的描述文本可以在这里提一下。威廉·托马斯用较长篇幅讲述了1547年圣诞节那天教皇保罗三世（Paul the Third）的游行队伍，他是用其清教主义的视角来看到这次活动的。"噢！我所见到的，是教士们在那里所维持的充满着多少骄傲与反感的场面啊。一位国王应该是什么样子？一位充满威严的皇帝应该是什么样子？他们与罗马的主教（指教皇）有任何相似之处吗？当然没有，我也不希望他们之间有这种联系。"他描述说，当红衣主教们穿过罗马的圣安吉洛桥（St. Angelo's Bridge）时，大炮齐鸣，并且全部装备白色马具的瑞士卫队行进走出迎接他们。"每一位红衣主教都有许多绅士和高级教士随行，他们自身及马匹均装备精良；一些红衣主教随行40人，一些随行50人，另一些随行60人以上。在每位红衣主教前面，有两名骑马的亲信，其中一名拿着一个垫子和一套精美织物，另一名拿着一个银制柱形物，红衣主教自己穿着深红色驼毛呢面料的长袍，头戴红色帽子，骑着骡。"

当他们全进入宫殿时，那位"主教"（因为威廉·托马斯从不将他写作"教皇"）现身，"戴着他的三重冠，脚踏深红色天鹅绒鞋子，这些都镶有珍贵的宝石，当然还有其他符合他主教身份的衣饰"。然后高级教士和官员们先从他面前通过，"数量如此之多，要是整齐排列在战场上的话就好像是一个军团正在集合。红衣主教、司库、议事会委员、宗教裁判所官员、受俸牧师、公证官、书记官等等，这样的人有1000名以上，都按着自己的等级穿着各式不同的礼仪长袍，这些袍子都是鲜红色的，而且大多均带有质量精美的毛皮。然后'双十字''剑'和'帝国冠冕'过来了，紧随其后的则是两人一排行进的红衣主教，前两名和后两名之间都夹着一大群绅士。接着是使节，其后是'主教'自己开始动了，他坐在自己的轻便马车里一路都在祈祷，马车是由8名身着深红色服装的男子驾驭的；'主教'的左右是他的卫兵，他们负责清道，并喊叫着'跪下，跪下'

151

152

（*Abasso abasso*），不愿意的会被强迫下跪"。教皇被人引入圣坛之后的小礼拜堂，坐上"威严四射的宝座，做出一尊神的样子"。[1]

从旅行者的个人回忆或怀旧，转向其也许今后将在公共生活中会用到的、他真正发生兴趣的事物，除了对对象国的宏观描述，还有大量历史性的信息和诸如此类的其他信息。从威廉·托马斯的例子看，历史性信息常常是从可以获得的最佳权威文本那里编写而来的，正如他在解释自己的方法时写道："考虑到要将不同作者的论述放在一起来选择比较，我涉猎过佛罗伦萨的许多历史著作，最后发现它们都在一位著名的博学之人尼古拉斯·马基雅维利那里集大成了，马基雅维利在晚年曾担任佛罗伦萨共和国的国务秘书，这样，我就决定将马基雅维利的史书作为这一方面的唯一选用的参考书目"。[2] 同样地，其他涉及意大利各个城市的历史叙述，也由威廉·托马斯提供，这样做的目的是能够教会英格兰人，如何"从最卑微的开端，兴起许多庄园住宅之类的地产，他们如何运用手中的权力进行统治，如何良好而谨慎地使用自己的权力，他们因此应该获得不朽的光荣名誉和奖赏"。[3] 但是，与涉及每一个城邦的政府、法律和规章制度的文字相比，涉及历史的部分就不那么使旅行者产生兴趣了。可以说，上述作者通过这样的处理，将旅行的理论付诸了实践。增加收入和提升实力的方法，以及每个部门的职责，都得到描述。于是，在威尼斯，据说总督"虽然表面上身份显赫，但是实际上他所拥有的权力比较小。……部分威尼斯人叫他'高贵的奴隶'"。[4] 每一个部门的特权和职责按照这种方式得到讨论。威尼斯大议事会被拿来与英格兰国会相比较，重要事务须服从于前者的选择，前者的结论和决定在任何情况下都是最终的。以类似的方式，其他威尼斯的国家机构与部门也得到关注。外国人在威尼斯所享有的自由得到极大称赞。"所有的

---

① Ms. Bod., 587, p. 37 及以下各处。
② 同前引，p. 140。
③ 前引书，p. 1。
④ 同前引，p. 77。

人拥有如此多的自由，以至于在任何时候他们都能说出自己对威尼斯人的任何看法。"没有人盯着其他人所做的事情或者插手别人的事务。"如果你是天主教徒，你就不会想要用什么迷信来填充自己的头脑。如果你是福音信徒，没有人会问你为什么不去教堂。如果你是犹太人或土耳其人，或者信仰魔鬼（可别在威尼斯以外传播你的观念），你不会受到任何限制……在各个方面，你不会在个人层面上冒犯或得罪他人，别人也不会来冒犯你；有一点是毫无疑问的，这是吸引如此之多的外国人前往那里的一个主要原因"。① 以类似的精神，其他城邦国家的机构和制度也得到讨论。但是它们对学习政府学问的英格兰学生而言，几乎提供不了什么课程。意大利毋庸赘言已经从其以往的状况蜕化变质了。菲利普·西德尼和休伯特·朗盖之间的通信，充满着对他们在那里找到的奴性的不满表达。威廉·托马斯很久之前就注意到，罗马人尽管让其他人回忆起他们昔日的自由，但如今被教皇如此地统治着，以至于他们不敢有丝毫骚动。② 最后，达灵顿提过他对托斯卡纳人的不满，他认为他们的肩上套着沉重的轭，并用下面这个双关话作为他那本书的结语："生活在美第奇之下者，也其之上生活"（*Qui sub Medicis vivit，misere vivit*）。③

154

---

① 　Ms. Bod. ，587，p. 85.

② 　同前引，p. 37。

③ 　英语大意：He who lives under the Medici，he lives on（it）. 此处"sub"与"misere"，"under"与"on"既形成介词上的对比，同时"live on""misere vivit"又有"靠……而生"的引申义，是为一语双关，意为"既卑躬屈膝地臣服于美第奇家族，又不得不依靠美第奇家族活下去"。汉语较难表达出这种双关性。——译注

第四章　意大利的危险

I

随着伊丽莎白继位登上王座，一个新的时代在英格兰启航了。以往岁月的长期孕育，将在她统治期内结出果实，而在当时威胁这个民族的各种危险之中，一种大量而丰裕的狂热席卷英格兰，使那数十年成为英格兰史上的一个英雄时期。也许，伊丽莎白时代伟大的主要原因之一，在于民族意识的成长。类似的感受和情绪被注入每个阶层，同时，一种新的社会结构正在取代中世纪封建主义的旧的社会身份等级制度。这个时代还有一个特征是意大利文化的广泛传播，它从强大却必然狭小的宫廷圈子传播到受过教育的中等阶层。随着时代向前迈进，去国外——特别是意大利——旅行甚至变得更为普及，直至它被视为一名绅士的教育的一项必要补充；在这时期的英格兰，意大利语得到教学，意大利时尚被广泛模仿。但是，有一种反动来临了。清教主义的成长鼓励小说家去攻击意大利的"蛊惑的符咒"，并去指出它们的隐患和极大的危险。

"意大利化的英格兰人"——这是当时为人所知的一种称呼——似乎成为一个讽刺和责备的对象。

反对意大利的反应并不完全出乎意料。在英格兰曾总是存在着对任何外国事物的厌恶，所有早期的旅行者都提到过这一点。意大利人曾质疑威廉·托马斯关于"英格兰人对待异乡陌生来客粗鲁无礼"的问题,后者答称,这是过去的事了;①而佩特鲁奇奥·乌巴尔蒂尼后来在文章中认为,对外国人来说,如果不带着王室许可的通行证而去英格兰旅行是不明智的,这是因为当地居民会查明他们自己的同胞在这位异乡客的国家里曾被如何对待,如果待遇很差,去英格兰旅行就不是非常安全了。②类似地,约翰·弗洛里奥抱怨道,民众对待陌生异乡客非常无礼。③这种对外国任何事物的憎恨,存在于所有未远行过的英格兰人头脑中,并朝相反方向直指对意大利时尚的过度模仿,从而激起一种感受,这种感受在针对意大利和"意大利化的英格兰人"的抨击中,找到了它的"出气口"。这样的吵闹还被其他人参与进来,他们自己曾到过意大利,但被它那开放的"邪恶性"所震撼过。急于得到一种新的轰动效应或说兴奋感,讽刺作家、学者、政客、小册子作者、道德家都联起手来谴责那曾经是时代的时尚和流行的东西。约翰·弗洛里奥曾软弱无力地尝试为意大利人辩护,强调在意大利,与邪恶和不道德并存的还有那些伟大的杰出优点,④但这种辩护徒劳无功。他几乎是唯一值得注意的辩护者;其他所有文字都是责骂或谴责。

必须要提及的是,有关反意大利情绪的各种论辩之辞那时迅速涌现出来。甚至伊拉斯谟在他那个时代也曾抱怨过,许多到意大利寻找学识的学者,返回时却带着他们在那里得到的与歪风邪气有关的知识。⑤随着旅行越来越成为一种娱乐消遣,而它的教育价值却被忽视的时候(尽管可能并非完全无视),许多旅行者在国外所寻求的就只是愉悦了,他们在国外远离批评,这种情况为他们的欲望大开绿灯。在意大利,诱惑就陈放在他们面前,而这种诱惑即便在英格兰找得到,至少也是被拘束在严格限制之内的。意大利生活的丰富多彩并非在一日之内完全离去,就在政治奴役状态中,

157

---

① *Pilgrim*, p. 6.
② Ms. cit., f. 230 及以下各处。
③ *First Fruits*, ch. 12.
④ *Second Fruits*, 前言。
⑤ *Epist.*, CCCLXIII.

即它的自由已毁灭许久之后，以前显赫景象的微弱光芒仍然保留在它的庆典与节日之中。英格兰年轻人前往那里寻找一种经历，这种经历将适合他服务于其君主或国家，但在太多时候，他除了各种各样的邪恶之外几乎什么也看不到。在许多情况下，他自己刚从大学出来，也许是第一次离开他自己的导师，却有着大量钱财供其自由支配；他在他周围发现那些想要在各个方面勾引他的人，而一旦他的良知起来抵御，这些人就将使用自己熟谙的诡辩术纾缓他的疑虑。虽然歪风在意大利的传播范围与以往相比并没有增加太多，但是起平衡、抵消作用的美德已经离去，只有邪气留在那里。在意大利被砸碎的是自由，留下的是物质感官享受和背信弃义。虽然以往的美德也许仍然剩下一些，但是它们都深藏在水面之下。意大利城市中的大多数普通的英格兰旅行者，见到的只是这些城市最差的一面，而常常不去关注其他任何东西。正如罗杰·阿斯克姆认为自己所见证的在他于威尼斯停留的 9 天之中的犯罪的自由，比他于伦敦待的 9 年之中所听说的更多。

应该没有疑问的是，意大利已经从其先前的状况那里倒退了。这个国家曾是整个欧洲的"保育器"，但最终它精疲力尽。甚至在意大利人之中，这种腐坏也是明显的。他们哀悼着他们的土地那过去的伟大；只有不必要的头衔在增长；尊崇功勋的日子已一去不复返。① 但是，意大利仍然利用着它过去的名声，那时它是欧洲第一个发现古典世界的。可从罗马被洗劫掠夺以后，它的命运已经被"封存"起来，而且为自由而进行的最后的防守战已经在佛罗伦萨的城墙上发生过了。威尼斯也许继续在表面上足够华丽以成为亚得里亚海的皇后，但是甚至是她的活力源泉也已被削弱。意大利尚存的一线光荣很快将离开它。它的教诲所发挥的、超越阿尔卑斯山的影响力，而不是它自己的功绩，才是使它的伟大能够延续下去的主要因素。

外国观察家也类似地对意大利的腐坏堕落作出评论；有些人

---

① Della Casa, *Galateo*, p. 142.

说，长年的奴役已抑制了意大利人的头脑，他们已安于忍耐各种各样的羞辱。[1] 埃德温·桑迪（Edwin Sandys）认为，意大利人的民族缺点是耽于声色、怨恨和虚伪。他写道，虽然他在意大利遇见了一些好人，但是"这整个国度充满着大量的邪恶"。[2] 几乎没有理由会让人惊讶的是，道德家们应该使用布道演说的方式抵抗外国的影响，因为他们见到，从意大利之旅返回的英格兰那些最好的年轻人拙劣地模仿这可笑的风俗和时尚，并鼓吹伤风败俗的行为和无神论。"我们的同胞从意大利带出来 3 种东西，一是邪恶的心灵，二是空空如也的钱包，三是虚弱的胃脏。"[3]随着清教主义的兴起，有人开始以怀疑的目光看待来自一个天主教国家的任何事物。当因宗教改革而引发的冲突仍然处于破坏性阶段之时，对于许多英格兰人来说是"敌国"的意大利，尽管具有很大吸引力，但仍然被这些英格兰人所坚决回避。英格兰人被宗教裁判所囚禁的消息，大量流传开来，这把其他一些人给吓跑了；试图转变教皇的天主教信仰的狂热改革派人士理查德·阿特金斯（Richard Atkins），则因此殉教并成为一名英雄。旅行者们则被特别警告要提防耶稣会士，后者会把人变成"坏基督教徒或者更坏的臣民"。[4] 因为上述危险，罗马不能被认为是一个可以访问的安全之地。菲利普·西德尼在休伯特·朗盖的邀请下，忍住不去那里，尽管他本来会很愿意那么做。其他人类似地建议他们的读者远离罗马，后者对于良心和行为而言都是非常危险的。[5] 除罗马而外的意大利其他地区则一点也不被看作是危险程度较低的。西德尼在一封从威尼斯寄回的信中写道，"我如今相信，这一'有毒的'意大利将会使土耳其人中毒，即利用其各种恶劣的诱惑把土耳其人召入陷阱，以至于土耳其人

---

① Languet, *Epist.*, XXXIII.
② *Speculum Europe*.
③ Turler，同前引。
④ Dallington, *Method of Travel*.
⑤ *Marlianus*，前言。Dallington, *Method for Travel*.

很快就会从目前那高高的位置上自己倒下"。①伯雷勋爵因为相似的理由,向他的儿子罗伯特·塞西尔提出建议,要求他永远不要允许自己的后代越过阿尔卑斯山,"因为他们在那里除了骄傲、亵渎上帝和无神论之外,什么也学不到"。②

那些曾以在外国的旅行作为写作题材的作者,是最有资格进行评判的,他们警告自己的同胞,要提防他们必然会遇到的肉体以及道德上的危险。"噢意大利,你是蓄意杀人者的学院,谋杀犯罪的娱乐场,所有民族的药铺(the apothecary shop)!你发明了多少种用来作恶的武器啊!"③乔治·加斯科因(George Gascoigne)在写给他即将去意大利旅行的一位朋友的信中,建议这位朋友,被邀请参加宴席时要小心毒药,在其他人尝过饮料之前自己千万不要喝,要提防有毒的肥皂,小心谨慎免得让裁缝在其制作的男式紧身上衣中填入某种材料使穿着者因出汗身亡。④意大利的施毒术对于伊丽莎白时代人的想象尤其发挥重要影响,且向当时的戏剧家们提供了无穷无尽的素材。

各种各样的危险就这样被人们说成是意大利所潜伏着的"阴险影响"。旅行者们从那里"带回家的仅仅是无神论、不忠和堕落的谈话",他们回到英格兰的时候比他们去意大利的时候变坏许多。⑤正如一个典故所说,年轻的雅典人前往科林斯听取德摩斯提尼(Demosthenes)的雄辩演说,却被(科林斯名妓)莱丝(Lais)所引诱,年轻的英格兰人也是如此,他们长途旅行本为学习一门奇怪的语言,却"在短时间内在形态上变得如此怪异畸形,以至于他欣然地将自己的宅邸也改得如同自己的为人行事一般(怪异)"。⑥宗教热情较为高涨的那些新教徒,则在去过意大利之后宣称,只有在那些

---

① *Letters*, p. 48.

② 转引自 Zouch, *Life of Sidney*, p. 373。

③ Nash, *Piers Penniless*, p. 38.

④ *Hundred Sundry Flowers*.

⑤ Harrison, *England*, p. 129 及以下各处。

⑥ F. Meres, *Palladis Tamia*, p. 237.

毫无损失的地方还保留着信仰和真理，如果人们不强力推行全面的复仇，那么（他们）将无法得到原谅和宽恕。其他人则在回国后会说下面这样的话，即如果他只关心宗教事务，那么他就是一个傻瓜，但如果他因为关心宗教而遭到金钱上的损失，那么他就是一个更大的傻瓜，而如果他愿意为宗教献出自己的生命，那么他一定是完全疯了。第三种人还会说，他不关心上帝，只要他能让君主或国家的法律站在他的一边就行。[①] 如果一个人对彼特拉克长诗《胜利》（*Triumphs of Petrarch*）的敬畏多于圣经《创世记》，如果他对薄伽丘的故事的喜欢甚于圣经故事，那么此人就会被说成是“意大利化的英格兰人”。他会将宗教神迹看作是虚构或杜撰的东西，并“使基督和他的《四福音书》只为世俗策略或计谋服务”。只要投合 162
他的心意，他就会公开倡导某一宗教，而在私下藐视它。他不关心圣经教义也不关心教会，在那些与他“志同道合”的人中间，他嘲笑教皇、抱怨路德（Luther），并以引用古代诗人贺拉斯（Horace）的句子“让犹太人阿佩拉去信吧，我可不信”（*Credat Judæus Apella*）来解释所有的宗教仪式。他是一名生活上的享乐主义者，宗教教义方面的无神论者，他需要的惟一天国只是满足自己愉悦的地方。[②]
在意大利本地，则流传着“一名意大利化的英格兰人是魔鬼的化身”（*Inglese Italianato è un Diavolo Incarnato*）这样的俏皮话。“意大利化的英格兰人”甚至被更坦率、明确地描述为：他在意大利生活和旅行之后带回英格兰的是“意大利的宗教、知识、计谋、经历和行为模式。……这好像是喀耳刻从意大利带出用来毁坏英格兰人的行为的东西，也就是言必称‘我们意大利人’带回来的东西”。[③]
罗杰·阿斯克姆说，一名年轻人就这样被培养起来，他蔑视所有的宗教以及诚实的生活，他虽然回到了英格兰，但他在被教育成诚实的人、君主的好臣民或上帝的好信徒方面，却几乎是失败的。

---

①　Harrison，同前文献。
②　Ascham，*Scholemaster*，p. 71 及以下各处。
③　Ascham，同前引。

因而，当我们见到那时的教育家和道德家们看待意大利旅行对英格兰人的影响时所表现出的恐慌时，就几乎不会感到惊讶了。罗杰·阿斯克姆在伊丽莎白一世的温莎城堡密室中与理查德·萨克维尔爵士（Sir Richard Sackville）会面时，曾被问起自己对于一个现象的意见，这个现象就是如此多英格兰人去国外旅行的需求，特别是在意大利待较长一段时间的需求。在其回答中，陈述道，他并不低估在外国获得的经历、经验的价值，也不轻视意大利语，除了拉丁语和希腊语而外，他最爱的外语就是意大利语，他对意大利也不怀有个人怨恨。意大利过去曾在整体上对世界具有最伟大的益处，并在公共生活的各个活动领域都产生了最杰出的一批人才。但是，时代已经改变，在新时代和旧时代之间存在着巨大的不同，就好像黑色和白色之间的不同那样。美德一度使意大利成为全世界的女主人。罪恶如今却迫使她成为其他所有民族的奴隶，使意大利的居民愿意承受外来人的奴役。意大利不再是一个人能够既学到智慧又学到恰当举止的地方。[①] 哈里森（Harrison）站在类似的立场上写道，平常那种将"贵族和平庸绅士的儿子们"送往意大利的做法对英格兰是不利的。[②] 理查德·马卡斯特（Richard Mulcaster）写道，"英格兰肯定被上层阶级只对外国事物所具有的爱好伤害了"[③]。他认为，所有在旅行中学到的事物能够轻易地在本国获得，在本国还能获得对自己家乡的热爱之情。每一个国家都应该发展出它自己的独特性；外国的风俗没有适合性，外国的思想只会扭曲一个人他自己的思想。在旅行中观察到的事物本身并没有价值。语言和知识才有价值，而它们也能在本土轻易学到，就像女王伊丽莎白一世的例子，她在英格兰收集并获得了其他国家智慧中最优秀的果实。英格兰人不得不恐惧的最大危险，是他们对外国事物的过分强烈的嗜好。培养爱国心的真正课程，应该在

163

164

---

① Ascham，同前著，p. 72。

② Harrison，同前文献。

③ *Positions*，p. 210.

一个人的祖国学习。"我爱罗马,但更爱伦敦。我喜欢意大利,但更喜欢英格兰。我尊敬拉丁语,但崇拜英语。"[1]

II

回到故乡的"意大利化的英格兰人"是一种新的类型,他们几乎没有例外地带回了外国的矫揉造作和坏品德,知识则没能带回多少,而他们却假装熟谙世俗领域的智慧,这加倍激怒了那些清醒的英格兰人。剧作家马洛(Marlowe)以皮尔斯·格维斯顿(*Piers Gaveston*)这一宫廷宠臣的角色表现了"意大利化的英格兰人"的形象。莎士比亚则在某种程度上不同,他以贾奎斯(*Jacques*)这一角色来表现这种形象,在剧中,贾奎斯从国外旅行归来后,对于生活、对于任何英格兰的事物都感到失望。另一角色罗瑟琳(*Rosalind*)对贾奎斯说:"再会,旅行家先生。你必须得打起些南腔北调,穿上些奇装异服,瞧不起本国的一切好处,厌恶你的故乡,简直要怨恨上帝为何不给你生一副外国人的相貌;否则,我可不敢相信你曾经在威尼斯荡过贡多拉"。托马斯·纳什则在《杰克·威尔顿传》(*The Life of Jack Wilton*)一作中写道,意大利使年轻人像猿猴一样亲吻着自己的手、畏缩着他的脖子。"他从那里带来了无神论的艺术、贪吃的艺术、制毒的艺术,好色淫乱",以及其他非自然的罪恶。他获得的惟一益处是,意大利使他成为一名优秀的廷臣,以及一名杰出的"游手好闲的骑士"(carpet knight)。加布里埃尔·哈维在写给斯宾塞的一封信中把这样的英格兰年轻人称作"意大利化的西格尼奥"(Italianate Signior,"signior"是"先生"的意思),这样的人会把意大利诗人捧得比谁都高,抨击一切英格兰的事物,无论是服装方面还是语言和行为举止方面。一切事物,只要不是带有异国情调的,只要是带有一点英格兰特性的,都会被认为是粗俗而低劣的。他写道,"噢! 意大利式的英格兰,你那古老的勇气和力量

165

---

[1]　*Elementary*,p. 254 及以下各处。

已经成了什么；自从托斯卡纳主义（Tuscanism）进来之后，虚荣比什么都重要，位居第二的则是恶性；没有人不是宫廷的奴才，大话连篇覆盖了虚弱无力的真正功绩"。① 他栩栩如生地描述了"意大利化的英格兰人"的样子，而根据托马斯·纳什的说法，这幅肖像其实是在讽刺当时的牛津伯爵，后者从意大利旅行回国不久，从那里向英格兰介绍了各种本国以往所不知道的服装和打扮：——

> 确实非常轻佻：虽非一眼看来如此，却总是意大利的样子。
>
> 他的颈部从侧方看是畏缩的，他的双眼闪烁不定，面带虚假的笑容。
>
> 用食指送上一飞吻，再向前行走一步来一个勇敢的拥抱。
>
> ＊　＊　＊　＊　＊　＊　＊
>
> 一顶小小帽子戴着像猴子，还使劲紧套在脑袋上，如同一只牡蛎；
>
> 法国薄细布料做成的白色皱领，一直到尖端都上了硬浆；
>
> 每一个人都孑然独立；他的言辞和英勇将通过印刷而问世。
>
> 演说娴熟，衣饰古怪，在所有方面都很自负。
>
> ＊　＊　＊　＊　＊　＊　＊
>
> 穿着宫廷式的装束，一名古怪人士独自路过。
>
> 无论是在哪一年的意大利，都看不到比这程度更深的行为举止。②

166　　　　在刚从意大利旅行回来的英格兰人的行为中，在他们对自己国家的贬低中，在他们对任何外国事物的过分赞美中，有许多东西是

---

① *Letter-Book*，p. 65.
② 同前引，p. 97.

会激怒敏感人士的。乔治·佩蒂曾说,他会主动告诉外国人,英格兰是野蛮的,英格兰人行为举止是粗鲁的,英格兰人民是未开化的;他还说,如果陌生人认为这是真的,那么其原因在于在外国旅行的英格兰旅行者正在贬低他们自己的国家,互相鄙视,其程度并不亚于他们"猿猴般的姿态行为和衣饰方面每一个有异国风情的愚蠢模仿"。[①]

这种对一切意大利事物的喜爱,不仅被意大利人自己所注意到,[②]而且这种喜爱之情还为剧作家和诗人们(但主要是小册子作者们)提供了创作讽刺作品和笑话作品的好机会。莎士比亚让他笔下的人物"约克公爵"这样说:

> 这世上哪一种浮华的习气,
> 不管它是多么恶劣,
> 只要是新近产生的,
> 不是很快地就传进了他的耳中?[③]

但一个十分奇怪的现象是,那些自身受意大利极大影响的文人们,却是发出最大声指责的群体。约翰·马斯顿本人有部分意大利血统,他说年轻人滥用了旅行的时间,回家的时候"穿着意大利化的服饰",[④]染上了各种各样残缺扭曲的、连野兽都会感到脸红的恶行。他们带回的是坏品德和施毒的技艺。加布里埃尔·哈维曾指责托马斯·纳什去意大利旅行却"拿来了价值微不足道的托斯卡纳主义(Tuscanism)",并在很大程度上公开放弃了自己原有的英格兰语调和礼节,而接受了意大利的举止规范。虽然人称托马

167

---

① *Guazzo*, preface.
② *Cal. St. Pap.*, *Ven.*, VI, 1080—81. 原文为:Costumi e maniere Italiane estimate et imitate da loro Ingelsi piu che quelli di altre nationi.(意指包括英格兰在内的很多国家都在模仿意大利的服饰与风俗)也参见 Cardan 的日记等。
③ *Richard II*,II,1,20 及以下各处。
④ *Scourge of Villainy*,Bk. III,Sat. IX,l. 90;参见 Bk. I,Sat. II.

斯·纳什为"英格兰的阿雷佐人"(English Aretine),但他对"肮脏的意大利化的事物"极力批判,并说他自己如何快速逃出了"意大利这座所多玛城",在那里能学到的只是淫乱而已。[1] 罗伯特·格林(Robert Greene)则后悔地承认,在其意大利之旅中,他"见到并亲自做了如此丑恶的行为以至于将它们说出来都会让自己厌恶"。[2]

但是剧作家和小册子作者的创作,并不能与清教徒的狂热相比,后者在抨击"意大利的危险"时往往以怒吼的方式表达愤慨。斯蒂芬·葛森(Stephen Gosson)说,"我们把放荡的东西从意大利那里抢了过来,比较伦敦和罗马,或者比较英格兰和意大利,你既能发现其中一者的剧院,又能发现另一者的乱七八糟的东西,两种事物在我们周围都大量存在"。[3] 他特别强烈地抱怨说,"被翻译为英语的许多放荡之书,已经用外国的乐事败坏了我们国家的古老行为举止"。[4] 其他人也发现意大利书籍的英译本是"意大利危险"的一大源头所在。它们能被允许印刷出版,被认为是一件憾事。人们认为,在伦敦圣保罗大教堂作 10 篇布道,也无法抵消这类书籍中的仅仅一本带来的危害,这指的是将人引向邪恶,腐化诚实的生灵,削弱宗教的基础。[5] 虽然罗杰·阿斯克姆反对旧时代的"骑士浪漫"(即被称为"最高贵"的骑士却是杀人最多同时又犯下最为人不齿的通奸的人),但是他不得不认为,10 本《亚瑟王之死》(Morte d'Arthurs)小说所造成的危害也不及意大利书籍英译本的 1/10,他还称"这些英译本在伦敦的每家店都能买到,但它们越是有着引人购买的善良标题,却能越快地腐蚀善良的风气;越是冒失地题献给忠诚的好人,就越容易诱骗简单而无辜的心灵"。它们所教的东西如此之坏,"以至于普通英格兰人的单纯头脑没有能力自

---

[1] Nash,III,243;V,146,等等,例证随处可见。
[2] *The Repentance.*
[3] *School of Abuse*,p. 34.
[4] *Plays Confuted in Five Actions.*
[5] 前著,p. 80。

己发明创造它们,或者的确从未在英格兰听说过"。①

　　"意大利的危险"的不同一面,则是由对当时遍布欧洲的众多意大利冒险家的各种描写所体现出来的,这些意大利人被视为其他国家的腐蚀者。1559 年的一次议会调查报告曾提到,意大利人是所有其他民族中最应该受到防备和警惕的,因为他们在各地到处活动,"同时服务于多名君主",并且"用他们那有香味的手套和浮华的礼物,或在需要之时用能装满靴子的金子,针对他们事先列在名单中的那些人开展'工作',甚至从我们的胡须中'舔'出他们想要的事实"。② 我们还能找到许多表达相似观点的文字。③ 例如在一篇反对伊丽莎白女王与外国人结婚的演讲中,就特别提到了意大利人伤风败俗的特征。④

　　在法国,意大利的能量甚至比在英格兰更大,那里的反意大利的类似反应已经持续了一段时间。雅克·格雷万(Jacques Grévin)、亨利·艾斯蒂安(Henri Estienne)、雅克·陶洛(Jacques Tahureau)和让·德拉·泰耶(Jean de la Taille)都讽刺那些拙劣地模仿意大利时尚的人,还认为后者正在让法语成为意大利语的充满奴性的复制品。特别值得注意的是法国神学家冈蒂耶(Gentillet)针对马基雅维利的攻击,其后果是"马基雅维利"在英语中成了"暴政"和"变节"的代名词。休伯特·朗盖在写给菲利普·西德尼的一封信中,也提到了一个值得注意的事实,即那些将意大利人的"忠告"用于自己的政府治理的国家,最后都被卷入了极大的祸患之中。⑤

　　然而在所有"反意大利"的作品中最有意思的一部是《意大利

169

① *Plays Confuted in Five Actions.* 罗杰·阿斯克姆也许说的是芬顿(Fenton)对邦戴罗(Bandello)著作的英译本,这个译本题献给了玛丽·西德尼(Mary Sidney)夫人。
② Hist. Mss. Com., Hatfield House, I, 163.
③ 参见 Silver, *Paradoxes of Defence*。
④ Strype, *Sir Thomas Smith*, p. 233.
⑤ *Correspondence*, Epist. XXXIII, 引自 Zouch 所著 *Sidney*, p. 79.

人的狡猾性》(*Subtlety of Italians*),这部作品呼吁"欧洲民族"起来
共同提防意大利。① 此书是用英语写的,但其中也有证据表明它的
作者实际上是法国人。不过这在当时并非罕见;例如 16 世纪的法
国学者克劳迪亚斯·霍利班德、同时代的意大利学者维琴佐·萨
维奥洛都用英语写作。

　　此书作者从意大利最早的罗马起源开始追溯意大利人的所谓
"狡猾"特性。他发现,罗慕路斯(Romulus)是杀害雷穆斯(Remus)
的凶手,鲁马·庞庇里乌斯(Numa Pompilius)是"一种伪宗教的极
端诡诈的发明者";凯撒则对全欧洲进行了掠夺。他还发现,即便
在天主教教皇制度取代了"异教"之后,这种狡猾的特性仍然在继
续。作者虽然不想谴责教皇也不想批评"罗马教会",但还是无法
忽视以下事实,即狡猾的意大利人借教皇权威来掩饰他们自己的
阴谋诡计。在教皇的名义下,无论做的是什么,实际上都是"罗马
的意大利人的刻意捏造或秘密计划"。如此这般,天主教的教士们
为了圣经文本的不同解释而争吵不休,实际上却落入了狡猾的意
大利人为他们准备的陷阱,后者一直在炮制新的晦涩文本,以使得
若没有意大利人的协助就找不到前往天堂和拯救的路径,意大利
人也因此以他人为炮灰攫取自己的利益。

　　此书作者继续说,只要意大利人在阿尔卑斯山以北获得一个小
小的立脚点,那么他们就能通过变幻多端的手段和狡诈,把所有的
友好条约撕成碎片,使不同的国家互相争斗,在此之后他们"渔翁
得利,拿到他们想要的财富和高贵地位"。他们的机巧和欺诈本性
已经能够毫不费力地支配其他人,并从后者那里赚钱。所以,带着
一个意大利人组成的顾问班子的凯瑟琳·德·美第奇(Catherine
de'Medici)在一切法国国家事务上损失惨重。"他们像水蛭一样吸
干穷人的血,使后者好像被葡萄酒榨汁机压榨过一样",同时他们
却填满了自己的钱包,并成功地把这之中的责任转移到其他人的
肩膀上。如果有谁要问一问在法国被征收的税钱都成什么了的

---

①　*The Subtlety of the Italians*, by F. G. B. A., 1591.

话，那他只需要前往佛罗伦萨看看那里的华丽建筑和"惊人的财富，许多佛罗伦萨人好似在其中游泳，他们像可怜的蛇一样游进法国"。

意大利人毁灭一个国家的想象手段，得到了此书作者的详细叙述。他们会从某一个地区或者某一个阶层开始，之后渐渐地将工作转向其他地区和阶层。你不得不赞叹他们靠自己的机智在最大程度上赢得一切好处。他们只是把宗教作为统治的掩饰，他们只关注对他们有用的宗教真理。为了使全世界的世俗国王成为他们的附庸，他们在这些国王之间煽动战争。"为了从犹太人身上赚钱"，他们带来了所谓的"十字军东征"。为了使其他国家的年轻人对他们的阴谋盲目，他们设法让耶稣会士担任各个大学的教授。他们用每一个能想象得到的方法，从宗教庇护到授予君主以有名无实的头衔等等，确保自己总是处于优势地位。[1]

被此书作者如此疯狂攻击的，只有天主教的意大利版本；作者对于其他版本的天主教则以极其敬畏之词称呼，甚至在某种程度上建议说，应该为意大利之外的欧洲另设一名独立于罗马的教皇。作者所感到的不公平很大程度上也是经济方面的，这和路德的看法类似，因为路德曾说，德国的钱长了翅膀飞过阿尔卑斯山一去不复返了。[2] 建议的治疗方案则是让天主教国家和新教国家获得相等的利益。人们只需简单观察一下，就会发现上帝已经为意大利之外的人类设下了保护措施，亦即一边是阿尔卑斯山，另一边则是深邃的大海。因此，意大利人应该被禁止通过或进入其他国家的土地。如果上述措施可以实行，那么"我们不会再暴露在令人悲哀的不幸之中了，这种不幸是因为意大利人希望使我们一头栽入他们自己的欲望和欢乐而带给我们的"。

---

[1]　对许多人而言，罗马的政治力量成为意大利各种密谋的中心：托马斯·帕尔默宣称，罗马应该是"炮制了每一条使君主们互相争斗的政策"。见 *Method of Travel*，p. 44。

[2]　Wace and Buchheim，eds.，*Address to the German Nobility*.

172

Ⅲ

值得注意的是,这类奇怪的英格兰人,并不是因为他们对自己本人及其品味和特殊兴趣的记叙而为人所知,而是因为批评他们的讽刺和谩骂材料"臭名远扬"。那些在所有方面追随意大利时尚、对于不是来自阿尔卑斯山以南的知识成果从不赞扬的,并使自己的日常生活尽可能模仿意大利人的"意大利化的英格兰人",几乎没有写下为自己辩护的文字。他们虽然被批评为引入外国的邪恶事物腐蚀自己的家乡,但他们并没有关注过大众的声音。他自己的立场和地位并没有被道德家们的愤怒和小册子作者尖刻的攻击所驳倒。有人甚至害怕攻击他们;如哈里森在一个相当普通而笼统的谴责中,说他为避免攻击太多人,拒绝对"意大利化的英格兰人"说更多的话,就这样意外地结束了谴责。[①] 另一方面,虽然他不受大众喧嚣的影响,但明显他的榜样没有被人追随,"意大利化的英格兰人"这一叫法慢慢地废弃不用,尽管霍尔主教和晚近得多的詹姆斯·豪威尔(James Howell)还仍然在警告他们的读者,"意大利的危险"仍然存在。

"意大利主义"在英格兰的巨大成功促成了它的"最后一击"。当廷臣群体对意大利时尚还在进行可笑模仿之时,[②]许多人宣称赞成或欣赏从一切道德和宗教限制中摆脱出来而获得的那种自由,但这种情况在那些从意大利回来的英格兰人被视为"社会公敌"之后就不再如此了。这些英格兰人所高调炫耀的"邪恶之事",转而成了反对他们的理由,并愈发激起了清教徒们的怒火。同时,"意大利化"的英格兰人被指控为似乎是"反意大利"的那些反应的唯一促成因素,却是不公平的;这其中,道德沦丧、无神论、罗马天主

---

① Harrison,前引书,p. 129 及以下。

② 参见 The English Apt,*the Italian Imitation*,1588。

174

教会势力的危险，都是人们拿来"反意大利"的理由。对所有外国事物的厌恶，实际上长期存在于英格兰人的头脑之中，并且，意大利人在商业贸易上的竞争更助长了这种厌恶之情。除此之外，当时英格兰人中的一种"民族主义"感情正在增长，这种"民族主义"对任何外来势力入侵的迹象都表示坚决拒斥；而且"民族主义"甚至渗入了英格兰学术界，相应地，一场反对将外来的和学术性的词语引入英语的大运动开展了起来，这场运动既反对"意大利主义"，也反对所谓的学究气的术语。①

从英格兰文艺复兴开始直至其大致结束之时（伊丽莎白一世驾崩）大约是一个半世纪，多数意大利的优秀遗产在这过程中已被移植到英格兰。在某些个案上，文艺复兴的事业并未能取得什么结果；例如在美术领域，几乎不能说意大利文艺复兴的美术在英格兰生了根；但总体而言，那些适合于北部欧洲的事物却在这里找到了出路。学术研究、文学、社会生活，甚至是治国术，都受到了意大利文艺复兴的影响。不过，16 世纪末的英格兰可说是正当青壮年，因而几乎没有什么要从意大利这位老人那里学习的，而 16 世纪末的意大利却无助地处在外敌入侵的局势之中。对所有对时局有所思考的人士而言，意大利这个国家的衰退显而易见。出于这个原因，175当时与意大利的影响作斗争的人们并不像"盲目的非利士人"（blind Philistines，指毁坏他们所没有能力理解的东西以泄愤），而是思想有点儿固执的道德家，他们见到了一度伟大的事物如今已变得空洞，并意识到潜伏在这种衰败之中的危险。而且到 17 世纪初，意大利的影响如果并非实际上"日落西山"的话，从很多方面来看也是停滞了；并不逊色于道德家们攻击的，却是"要求用新鲜活力来加强意大利影响"的观点，这显然使意大利的影响停下了前进的脚步；但更重要的是，意大利的地位已经被当时力量不断增长的西班牙和法国所取代了。受意大利传统影响的西班牙和法国，其在表面之下都包融了意大利的文明与文化，而这些因素从外表是

---

① 参见 Gascoigne, *Works*。

看不见的。发生转变的是意大利,她好像经由另一个模子,在自己的表面盖上了法国或西班牙的图章——它的"养子"们如今在继承她的事业。因此,伊丽莎白一世驾崩后,意大利在英格兰产生影响的历史从某种程度上说就几乎没有什么新动向了。确实,这种意大利的影响一度徘徊在斯图亚特王朝的宫廷中;威廉·德拉蒙德(William Drummond)的诗作、本·琼森的假面剧,再加上伊尼戈·琼斯,等等,都可以作证,意大利的影响还没有死亡,同时,伊尼戈·琼斯所建造的大厦则说明意大利文艺复兴的建筑也能在英格兰兴盛;但这种影响在英格兰民众生活中的生命力却一去不复返了。

第二篇

第五章　在英格兰的意大利人

——教士、艺术家和旅行者

I

意大利人在英格兰的存在无论如何也不能说是不寻常之事，即便在诺曼征服之前也是如此。与罗马的许多联系体现为教皇的使节和收税官（他们总是意大利人）频繁地越过海峡来到这里。而且，他们常常被当地统治者授予这片土地上的采邑。伍斯特（Worcester）连续 5 名主教都是意大利人；大约在 1250 年，格罗塞特主教（Bishop Grosseteste）曾拒绝批准一名不懂英格兰当地语言的意大利人在其辖区获得神职。① 稍早之前，红衣主教古瓦利（Gualli）将切斯特顿（Chesterton）辖区赐予他在意大利维切利（Vercelli）所建立的圣安德鲁斯（St. Andrews）修道院。② 类似的情况是，我们也不时能在牛津大学的历史上找到意大利人的踪迹。12 世纪，一位名叫维卡里奥（Vacarius）的律师被坎特伯雷大主教召

---

① 参见 *Calendars of entries in Papal Registers*，Bliss Series；the Marini *Vatican Transcripts*（Brit. Mus. Mss. Dept.）；Stevenson and Bliss，*Roman Transcripts*，Record Office，London；J. Paton，*British History and Papal Claims* 等，上述文献可提供中世纪时期英格兰与教皇之间的联系情况。

② Beckynton，II，p. 344. 或许正是经由这一渠道，盎格鲁-撒克逊语的 *Vercelli Book* 才传播到那里。

至这所大学,要其介绍关于罗马法的最新研究成果;①不久之后,博洛尼亚大学一位讲师弗朗切斯科·达科索(Francesco d'Accorso)使自己成为了英王爱德华一世的封臣兼顾问,而他也在牛津大学定了居。甚至有人认为,但丁也曾在那里研究过神学。当牛津大学成为中世纪知识的中心之一时,来自异域的陌生人常常就被吸引到这里。在 1454 年写给当时校长索尔兹伯里伯爵(Earl of Salisbury)的信中,就具体提到了这所大学里的意大利学者,并抱怨说,在四旬斋期间过来的这些外国学生,表面上是来倾听并赦免忏悔者的,但实际上是来收取打算给这些意大利人的捐赠的,换句话说,他们的上述做法"对我们的大学造成了伤害并使其信用逐渐丧失"。②

除了格洛斯特公爵汉弗莱派人去邀请意大利籍学者以外,若干其他知名的学者也借不同的机会来到英格兰。例如,波吉奥在英格兰修道院中寻找稀有手抄本,但是发现没有什么能让他提起兴趣的。他充满厌恶地写道,"他们大部分的图书馆充斥着毫不足道的东西"。③ 虽然波吉奥因为自己在伦敦是与"萨尔马提亚人和斯基泰人"待在一起而感到深深的不满,而且他批评英格兰人对人文知识漠不关心,但他还是与一些英格兰人结下了持久的友谊,他后来与这些英格兰朋友有书信往来。埃涅阿斯·西尔维乌斯(后来的教皇庇护二世)来访英格兰与上述情况不同,他对自己在英格兰逗留的经历以及他所结识的博学之士留下了较波吉奥更为愉快的记忆。B. 瓜里诺过去的学生之一,即威尼斯人皮耶罗·德尔·蒙特,第一次是作为教皇收税官来英格兰的,那时他与格洛斯特公爵结为朋友,后来还将自己的哲学戏剧题献给了这位公爵。④ 当时在意大利常见的对人文知识的热爱,推动了海外的意大利籍教士去激励他们在自己周围见到的那些潜在的学术激情——我们可以自

---

① Tiraboschi, *Storia della Letteratura Italiana*, III, p. 442.
② *Epist. Acad.*, I, p. 322.
③ *Epist.*, I, p. 70.
④ Voigt, II, 257.

然而然地推测出这个判断。

15 世纪末,大量意大利人正在占据英格兰的重要职位。其中最博学的人士之一是乔瓦尼·德吉利,人称"叹息约翰"(John of Sighs),他第一次去英格兰也是以教皇收税官的身份,随后他编制了"威尔斯教规"(Canon of Wells),接着又成为了伍斯特主教。[①]他既为梵蒂冈服务又为英格兰亨利七世国王服务,之后,在被任命为教皇"赦罪专员"(commissioner of papal indulgences)的同时,担任亨利七世的外交代理人兼驻罗马的发言人。他在罗马展现了自己与牛津大学成员的友谊,后者在从教皇处获得某种赞助之时向他请求协助。对这类请求,他回复称,他没有忘记他曾是这所大学的一员,虽然是创造不了什么价值的一员。[②]乔瓦尼·德吉利也是一位诗人,在亨利七世迎娶约克的伊丽莎白(Elizabeth of York)时,他用维吉尔的风格创作了一首拉丁语祝婚诗,诗中称,英格兰议会恳求亨利七世完成这桩婚事,为的是避免一场内战带来的痛苦。

布雷西亚的皮埃特罗·卡尔梅里亚诺(Peter Carmeliano)是此时期另一名待在英格兰的意大利诗人。他的早期作品《埃及圣徒玛丽传》曾将英格兰国王理查三世称赞为"模范国王"和"美德标准";但是仅在理查三世死后一年多,他就在一首庆祝亚瑟王子出生的诗歌中,将理查骂作一头嗜血的野兽,随时能犯下任何类型的罪行。他随后描写了理查三世的战败以及亨利七世的登基,并呼吁英格兰人庆祝一位王室继承人的出现。这首诗是模仿维吉尔的六韵步诗体写出来的。卡尔梅里亚诺在某种程度上可视为宫廷诗人,他写了大量不同类型的诗歌和韵文。他也是亨利七世的拉丁语秘书兼御用牧师之一。作为他提供服务的酬劳,他得到了王室拨付的多种津贴。[③]之后,他作诗人的职能似乎被"豁免"了。他成

182

---

① 前文已提及,5 名伍斯特连续意大利主教之一。

② *Epist. Acad.*,II,564,567.

③ Campbell,*History of Henry VII*,II,pp. 244,289;J. Gairdner,*Memorials of Henry VII*.

了亨利八世的鲁特琴手,不过在苏格兰国王詹姆斯四世在弗洛登战役(Flodeen Field)阵亡时,又写了他的最后一首诗。他的诗歌和韵文并不是非常成功,他在元音上的长短错误(false quantities)为伊拉斯谟提供了笑料。不过值得注意的是,有关亨利七世统治时期的同时代记叙非常之少,在仅有的几篇文字中,有 3 篇应该出自意大利人之手;此外还有一位记叙亨利七世的作者名叫约翰内斯·欧比修斯(Johannes Opicius),他可能也是意大利籍的。同样值得注意的是,在卡尔梅里亚诺之后,亨利七世的前后两任拉丁语秘书安德里亚·阿莫尼奥(Andrea Ammonio)和彼得·瓦纳斯也是意大利人,这似乎表明,在当时除了意大利人以外就没有其他人能书写优美的拉丁文了。

183

在这一时期或多或少与英格兰宫廷有联系的其他若干意大利籍教士,也对人文主义的发展成长感兴趣。但不能由此得出判断认为,亨利七世就像在他很多事例中那样,凭借他性格上的精明机灵而偶然地与这些意大利人建立了友情。不如说是亨利七世发现这些意大利人身上映射出了他自己的想法,并且也具备使他们的服务和智慧发挥作用的能力。希尔维斯特罗·德吉利曾在外交方面接受过他叔叔的教育,并在他叔叔之后继续担任伍斯特主教,又被亨利七世任命为礼仪主管(master of ceremonies),[①]之后则担任常驻罗马的大使。在后来的年月中,他成为红衣主教沃尔西在罗马的外交骨干,并与亨利七世和沃尔西保持着通信联络。他与那个时代的多数意大利人类似,也是一位人文主义者,同伊拉斯谟有通信往来。希尔维斯特罗·德吉利为担任英格兰教士的意大利籍显贵们提供了一个范例,即应该对人文主义产生兴趣并成为新知识的赞助人,同时,他可能使这类人群开始倾向于一个相似的发展文化方向,进而使对人文主义和新知识的鼓励具有必要性。

阿德里安·德·卡斯泰罗也属于同一群体。他先是担任罗马

---

① Bernard André, *Annales Henrici VII*, pp. 86, 122—123.

教廷派驻苏格兰的大使,之后被教皇英诺森八世(Innocent the Eighth)派往英格兰担任"彼得税"收税官。他获得了英格兰的国籍,亨利七世将其派往罗马做自己的代理人,之后又担任国王派往教皇亚历山大六世处的大使,这位教皇则给了他一个英格兰的主教职位。他还是很有文学品位的一个人物,他写的拉丁语诗歌曾由当时的人文主义出版商阿尔都斯印刷出版。 184

不过,到目前为止在亨利七世的"意大利朋友"中最令人感兴趣的是历史学家波利多尔·维吉尔。当他被任命为教皇的收税副官时,他已经是一位拥有一些名声的作者了。[①]他在英格兰找到了他那做生意的兄弟以及他的朋友阿德里安·德·卡斯泰罗。尽管他本人之后将在教会中得到晋升并兼揽若干肥缺,但他主要将自己的精力放在文学和历史写作方面。

据他所说,他发现英格兰的编年史混乱并不为人知(甚至对于本国人而言)之后,决定为这个国家写一部简短的历史作品。这部据称是在亨利七世本人请求下写的作品,其编纂方法远超当时英格兰人已知的任何历史方面的著作。它虽然含有很多错误和偏见,但仍然是按照近代方法写作的第一部英格兰史,因为作者尽自己所能去衡量来源的权威性。而且,作为波利多尔·维吉尔朋友的亨利七世,对于波利多尔的工作十分同情和理解,并意识到英格兰正面临着快速变化,这种变化标志着正在消失的中世纪与正在英格兰显露的文艺复兴运动之间的转折。但对于波利多尔·维吉尔的名声而言遗憾的是,他并未能在他的朋友兼庇护人(亨利七世)之前去世。虽然亨利七世去世后他曾返回过意大利,但他不止一次地回到英格兰去担任阿德里安·德·卡斯泰罗的财产管理人。不过,波利多尔和艾德里安都因为一些过分直白的、批评沃尔 185 西和亨利八世的书信而蒙受耻辱。阿德里安的政敌,即伍斯特主教希尔维斯特罗·德吉利可能截获了上述书信中的一封,他见到这封书信含有对教皇和国王的诽谤言论后,便将之送至波利多尔

---

① 他的拉丁语著作 *De Inventoribus Rerum* 再版了约 100 次,并被译为英语。

的政敌安德里亚·阿莫尼奥处。这封信又被呈报给沃尔西,于是数天之后波利多尔就成了伦敦塔中的囚犯,他的收税官职务也被免去。[①] 他在被囚期间,给沃尔西写了几封态度极为卑微的信,称他愿意把沃尔西当作救世主上帝那样跪伏敬拜,用自己的灵魂取悦这位红衣主教。1516 年,他被释放,但他一旦脱离沃尔西掌控范围,即在自己的英格兰史作品中对其严厉指责作为报复。

亨利八世不仅继承了他父亲的王位,而且也像父亲一样在宫中迎来许多意大利人。萨伏涅阿诺写道,"他乐于见到他们,特别是见到意大利人"。[②] 作为教皇收税官的安德里亚·阿莫尼奥来到英格兰后,被任命为亨利八世的拉丁文秘书。阿莫尼奥即便在罗马时也在古典学方面享有声望,后来他以所创作的拉丁语韵文闻名。像波利多尔·维吉尔那样,阿莫尼奥也是伊拉斯谟的朋友之一;阿莫尼奥曾向伊拉斯谟表露出对"冷淡的布列吞人"未开化状况的不满。[③] 但他却成了托马斯·林纳克、科利特和托马斯·莫尔这一伦敦小圈子中的一员。当他后来被任命为派驻英格兰王宫的罗马教廷大使时,他的拉丁文秘书一职被另一位意大利人彼得·瓦纳斯所接任。瓦纳斯本人还成为沃尔西的秘书,并随同沃尔西多次出使外国,还随同弗朗西斯·布莱恩爵士成功地完成了出使罗马的任务;当时,瓦纳斯被要求贿赂罗马的多名红衣主教,让后者宣布亨利八世与首任妻子阿拉贡的凯瑟琳(Queen Katherine)的婚姻无效,以及宣布教皇朱利乌斯的敕书(曾承认亨利八世与凯瑟琳婚姻的合法性)是伪造的。[④] 在瓦纳斯的生涯中,他还被委任了其他一些英格兰的外交使命。

沃尔西曾建议,尤其要在亨利八世的离婚事务上聘用意大利人,不仅更有可能确保在梵蒂冈得到协助,而且因为世间公认意大

---

① Brewer,*Henry VIII*,I, p. 264 以下。

② *Cal. St. Pap.*,*Ven.*,IV, p. 287.

③ *Cal. St. Pap.*,*Foreign and Domestic*,*Henry VIII*,I, No. 1948.

④ 参见 Pocock,*Records of the Reformation*,I, p. 110 及以下各处。

利人是娴熟的外交家。在亨利八世的外交代理人中,除了上述提到的几位之外,还包括:伍斯特主教吉努奇、托马斯·斯皮内利爵士、约翰·达·卡萨尔和格里高利·德·卡萨尔爵士。①慢慢地,英格兰的外交工作有能力摆脱从罗马派来的教职人员了,英格兰对后者曾经的依赖度太大了。随着围绕"意大利问题"的国际关系事务的迅速增长,加之西班牙势力的上升,英格兰开始需要一批新的外交人才。在某种程度上,这批新进人才身份较为低下,常常不为人知,例如有数量众多的情报传递员为托马斯·克伦威尔提供有偿服务,伯雷勋爵在随后一段时期内也做着类似的事情。他们中有许多是意大利籍商人,由于他们天生机敏,在与人沟通方面信手拈来,因此他们能够在快速传递情报的工作上扮演十分重要的角色。英格兰外交部门的高层中仍有其他意大利人在服务。意大利先是向英格兰提供了一批训练有素的外交官的模范,其次,文艺复兴时期意大利人的才能和较强的适应性,使他们对这类工作驾轻就熟,尤其是当他们所提供的服务与宫廷事务沾上一点儿边的时候。

187

　　许多意大利人时常访问英格兰,或是出于好奇心,或是肩负某种使命。著名军事工程家萨伏涅阿诺可能属于前一种类型;作为教皇使节以及"新知识的庇护人"的红衣主教坎佩齐奥(Campeggio)则属于后一种类型。他们所肩负的使命并不仅仅是外交方面的。最成功的意大利廷臣卡斯提里奥尼,因为他的君主乌尔比诺公爵被授予了嘉德勋章(the Order of the Garter),便代表公爵来到英格兰领受勋章。②他曾就此给他的母亲写信道,他急切想要见到英格兰这个国家,期望他的好友"德吉利主教"的陪伴,并称这位主教"虽然是一名佛罗伦萨人(应为卢坎人),却在英格兰担任着主教,收入丰厚,同时还是英格兰国王在教皇那里的大使"。亨利七世指定卡斯提里奥尼为乌尔比诺公爵的代表,并授予他嘉

---

① 参见 Marini, *Vatican Transcripts*, Brit. Mus., Vol. XXXVII。

② 参见 Dennistoun, *Memoires of the Dukes of Urbino*, II, p. 443 及以下各处。

188 德骑士的称号（the Knight of the Garter）。亨利七世十分关注卡斯提里奥尼，还以个人名义封他为爵士，并赏赐给他一些马和狗，以及一条镶有王家标志的金链。①

在16世纪，许多意大利人常常在英格兰宫廷中定居或为英格兰王室服务。例如音乐家群体就"几乎都是意大利人"。② 对于宫廷医生而言，情况在很大程度上也是如此。亨利八世的外科医生是安东尼奥·齐亚波（Antonio Ciabo）；巴蒂斯塔·德·波里亚和费尔南多·维托里亚（Fernando de Vittoria）也进入了他的御医团队；至于托马斯·林纳克和约翰·钱伯则曾留学于意大利。当时最杰出的医生之一、约翰·切克爵士的好友杰罗姆·卡尔丹（Jerome Cardan）曾被要求就爱德华六世（1537—1553，16 岁即驾崩）的健康问题提出意见。卡尔丹运用其占星术知识，预测爱德华六世将长寿；后来，他辩解当时曾经受到了一些"影响"，比如英格兰宫廷中的阴谋，而做出了错误的占卜。爱德华六世曾接见卡尔丹，并赠给他 100 个意大利斯库多银币（scudi），不过，卡尔丹在苏格兰国王詹姆斯五世那里曾收取过更多的报酬。而且，如果卡尔丹承认爱德华六世的"国王"称号的话，他也许能得到更为慷慨的赏赐；只是他作为一位声名在外的、而且想要回意大利的天主教徒，他自然不能这么做。③ 卡尔丹在自己的《关于死亡的对话》（Dialogue on Death）

189 一书中记录下了他对英格兰的印象。他提到，英格兰人在习惯、礼仪和服饰上竭尽所能地模仿意大利人。于是英格兰人从外表看和卡尔丹自己非常相似。说话方式上的区别给卡尔丹留下深刻印象，他完全听不懂英语。他认为意大利人会因为英语变疯："他们的舌头卷起在上颚处；他们从嘴中翻滚着蹦出单词，并用牙齿发出一种嘶嘶声。"

英格兰宫廷中的其他医生还包括彼得罗·马利亚·阿代麦尔

---

① *Lettre del Conte B. Castiglione*，Letters XIII，XIV，XXVII.

② Florio，*First Fruits*；Ubaldini，前引手稿，f. 43*b*。

③ 参见 Cardan's *Vita*；Waters，*Jerome Cardan*，p. 132 及以下各处。

（Pietro Maria Adelmare），此人是当时著名的法官尤里乌斯·西萨爵士（Sir Julius Caesar）的父亲。彼得罗既是玛丽女王的医疗顾问，也是伊丽莎白女王的医疗顾问，他每次入宫都能获得为数约 100 英镑的酬劳。原为莱斯特伯爵私人医生的朱利奥·波加鲁奇（Giulio Borgarucci），因通过放血疗法治疗瘟疫而出名，后来也成了英格兰宫廷御医；伊丽莎白女王还十分尊敬自己的威尼斯籍御医西萨·斯卡科（Caesar Scacco），她在写给威尼斯总督的信中称，"虽然这可能妨碍斯卡科医生在意大利的个人事务，但我还是请求他能够留在英格兰"。许多其他在英格兰宫廷的意大利人也享受过伊丽莎白女王的庇护。约翰·弗洛里奥曾写道，"她爱意大利人吗？是的，先生，她爱意大利人程度非常深。她与意大利人谈话感到愉快吗？是的，先生，而且她能说十分流利的意大利语"。甚至在伊丽莎白女王赠送的新年礼物（香薰手套或镀金盘）的单子上，都可以见到这些礼物的受赠者包含了一些意大利人的名字，如"巴萨诺"（Bassano）、"卡里亚蒂"（Caliardi）、"卢波"（Lupo）、"佩特鲁齐奥·乌巴尔蒂尼"等。① 其中，佩特鲁齐奥·乌巴尔蒂尼是意大利政治投机者的一个很好的典型，这种政治投机者可在当时的每一个欧洲王室中见到。佩特鲁齐奥·乌巴尔蒂尼是亨利八世统治时期到达英格兰并获得王室雇佣的，他曾在英格兰与苏格兰发生战争期间为王室提供服务。此后不久，他写了一篇有关英格兰礼仪、风俗和制度的描述文字（这可能是为当时的威尼斯执政团写的）。② 他又寻求到阿伦德尔伯爵庇护，而后者则把他转交给伊丽莎白女王庇护。他作为一名王室的阿谀奉承的食客度过了自己的余生，他为王室提供的服务包括：教意大利语、誊抄和装饰手稿、作诗、撰文、翻译史书等等。虽然他从来不能被称为一名真正的"廷臣"或正式随从（dependant），但他曾与伊丽莎白女王交换过两次礼物。他是在宫廷环境中生活的众多意大利人之一，随时准备因任何利

190

---

① Add. Ms. Brit. Mus.，4827.
② Add. Ms. Brit. Mus.，10,169. 其他一些抄本也包含这段很有意思的文字。

益好处而提供任何服务甚至转投其他的主子。他曾试着做一名史学家、士兵、诗人甚至艺术家，不过这表明了他所属的民族和他所在的时代所具有的多面性和多才多艺的特点。

佩特鲁齐奥·乌巴尔蒂尼所撰写的著作之一《查理大帝传》，[①]被乌巴尔蒂尼本人题献给了"英格兰的绅士"，以赞赏后者对待外国人的真诚。在此书前言中他向英格兰人表示祝贺，因为意大利文的作品除了能在意大利出版，如今也能在英格兰出版了。他称，"因为你们的公民约翰·沃尔夫（John Wolfe）的勤勉与努力"，此书才能问世，"如果你们能表示欢迎，那么就能够天天见到这样的作品，当然，我期待你们的欢迎"。不过，乌巴尔蒂尼的这种说法严格来讲并不准确。1545 年，约翰·克拉克（John Clerk）的《论死者的复活》[②]就同时在英格兰伦敦印刷出版了拉丁文、英文、法文和意大利文多语种版本；数年之后，一本原为拉丁文的教义问答被译为意大利文，也出版了，[③]同时期还面世了一部涉及探索博物内容的意大利文作品。[④] 即便如此，乌巴尔蒂尼的《查理大帝传》仍然标志了一个"真正的开端"。伊丽莎白女王的意大利文教师巴蒂斯塔·卡斯提里奥尼在翻译出版一部由阿孔蒂奥（Accontio）著的作品[⑤]（此书题献给女王）时称，他之所以下决心出版此书，要归功于一位年轻的伦敦人（作者注：即上述约翰·沃尔夫）才从意大利将这门技术学成归来，从而使英格兰也能印刷意大利文作品。不久之后，巴蒂斯塔·卡斯蒂里奥尼又出版了几部作品。这些作品包括瓜里尼的戏剧《忠实的牧羊人》（Pastor Fido）[⑥]和托尔夸托·塔索的戏剧《阿门达》（Aminta）；上述两作的出版资金均由雅各布·卡斯特尔维特罗（Jacopo Castelvetro）解囊；卡斯特尔维特罗对此称，他之所

191

---

① *La Vita di Carlo Magna*，da Petruccio Ubaldini，Londra，1581.
② *Opusculum Plane Divinum*，London，1545.
③ *Catechismo per amaestrare I fanciulli*，Londra（?），1553（?）.
④ *Esposizione di Giovanbattista Agnello*，Londra，1566.
⑤ *Una Esortazione al Timor di Dio*，Londra，1590（?）.
⑥ *Il Pastor Fido*；A spese di Jacopo Castelvetri，Londra，1591.

以在朋友鼓励下要在伦敦印这两部作品，是因为从意大利获得它们所需的时间实在太长了。《原因、本质和太一》（*Principe*）的一个版本虽然印有意大利西西里"巴勒莫"（Palermo）的出版标志，但实际上也可能是在英格兰印刷的；又如乔尔丹诺·布鲁诺（Giordano Bruno）的大量作品也是在大不列颠岛首先问世。[①] 而乔尔丹诺·布鲁诺是 16 世纪来到英格兰的所有意大利人中最伟大的；他于 1583 年至 1585 年服务于伊丽莎白女王，也在这一时期与英格兰的优秀知识分子取得了联络。在布鲁诺所著的对话录作品中，有 2 部是题献给菲利普·西德尼爵士的；并且在布鲁诺的《灰烬晚宴》（*Supper of Ashes*）中，他描述了在同时代英格兰一名贵族富尔克·格雷维尔（Fulke Greville）宅中举行的宴会，他对英格兰人的记录十分活泼生动。但是，他对英格兰的访问细节只在同时代文学中留下极少有疑问的线索，甚至连他的英格兰朋友都几乎没有谁能够提及。

II

文艺复兴时期意大利的才华，是在美术作品中展现出其最高贵的一面的。因此，在这个"流浪"的时代，似乎应该有许多意大利艺术家很自然地前往英格兰。但值得注意的是，在同时代最重要的那些艺术家中，没有谁是被"吸引"到英格兰去的。可艺术却在处于内忧之中的意大利繁荣兴盛起来。既然在意大利半岛内也有等待着艺术家们的回报，那么吸引这些艺术家前往海外旅行的因素就不那么重要了。虽然说在神圣罗马帝国的宫廷有着几位知名的意大利人，而且法国国王弗朗西斯一世也在他身边庇护着诸如莱昂纳多·达芬奇、本韦努托·切利尼（Benvenuto Cellini）、普列马提乔（Primaticcio）这样的艺术家，但是这 3 人中最伟大的那位普列马提乔，却未能在法兰西的土地上完成什么作品。

彼埃特罗·托利贾尼（Pietro Torrigiano）是那时在英格兰寻找

[①] 若干书籍也带有其他地区的出版商标识。参见 *Athenæum*，April 30，1898。

图7 约翰·杨之墓。托里吉亚诺作。原位于罗尔斯教堂,现由伦敦档案局博物馆收藏。

财富和运气的意大利艺术家中最著名的之一。他在经历冒险生涯和雇佣军人的职业之后，一些佛罗伦萨人劝说他陪伴他们前往伦敦。由于缺少本土工匠，伦敦西敏寺（Westminster Abbey）亨利七世小礼拜堂皇家神龛的设计制作被委托给了他。虽然他最好的作品之一是衡平法院案卷主事官约翰·杨（Dr. John Young）的墓碑，[①]但是在他完成皇家神龛的数年中，他还是为国王制作了大量大理石和青铜作品。他那座仍然保留在西敏寺中的杰作，是亨利七世母亲玛格丽特夫人（Lady Margaret）的墓碑，它被称赞为"西敏寺内最美丽、最庄严的人物塑像"。[②] 仔细观察它，它显得如此之奇特，因为它那佛罗伦萨文艺复兴风格的雕刻，与大教堂中世纪建筑样式之间的对比是如此引人注目。在某些细节之处，托斯卡纳地区的花哨以及华丽的装饰呈现在人们面前，即便在托利贾尼的斧凿下，缺乏多纳泰罗（Donatello）学派的轻快格调与愉悦感。他本人在装饰中采用了哥特式多柱（Gothic shafts），好像他要将已经被他的母城长期遗忘的中世纪精神与文艺复兴精神两者结合一起走向和谐融洽。

194

但托利贾尼最重要的作品是亨利七世及其王后的墓碑，它也在西敏寺内。这座墓碑的制作合同于 1512 年签订。他与皇家雕刻师签署了如下协议："总报酬为 1500 英镑，制作人需稳妥地、熟练地、技术精湛地、精巧灵活地、结实地完成他的工作……这座墓碑以汉白玉或黑色试金石为材料，其上的图画、人物、兽类等应镀铜……墓碑上还应包括其他各种各样的画面、铭文等等……制作人为佛罗伦萨城画师彼得·托利萨尼（彼埃特罗·托利贾尼的英文名）。"[③]墓碑本身虽然有别于常见的佛罗伦萨样式，但是在青铜人像、基座的圆形花饰和许多小细节中体现了托斯卡纳地区的技

① 之前位于伦敦的案卷主事官小礼拜堂（the Rolls Chapel），目前位于伦敦档案局博物馆（Museum of the Record Office）。
② Dean Stanley, *Memorials of Westminster Abbey*, p. 164.
③ 转引自 *Archeologia*，XVI，84。

法。皇家墓碑被认为应该托付给意大利人,这是英格兰缺乏本土艺术工匠和对意大利人依赖的一个重要证据。但是,另一个类似的任务却失败了。那是亨利八世希望为他自己和凯瑟琳王后建造的墓碑。它大概也计划以汉白玉和黑色试金石为材料,但是要比他父亲的墓碑大 1/4,预算费用为 2000 英镑。沃尔西大概是提出上述想法的人员之一,他本人负责财务事宜。托利贾尼与国王进行了持续很长时间的谈判,但国王最终仍然不能下决心正式提出预订,于是托利贾尼十分气愤地回到了意大利。佛罗伦萨驻伦敦领事里纳尔多·德·里卡索利(Rinaldo de Ricasoli)抓住这个时机给佛罗伦萨执政团写了一封信,请求执政团留意:如果托利贾尼未经国王陛下批准、并在不光彩的情形下离开英格兰,那么他不仅无法取得国王为西敏寺皇家神龛支付的押金,而且这件事也可能对佛罗伦萨的利益造成损害。[①] 1519 年,也许是在佛罗伦萨执政团的要求下,托利贾尼又来到英格兰。在他返英之前,他已经先后与画家安东尼奥·德·洛伦佐(Antonio de Lorenzo)、维罗纳的乔万尼·路易奇(Giovanni Luigi da Verona)签订合同,后两者将与他一同在意大利、法兰西、佛兰德斯、英格兰、德意志等地工作 4 年半,并在第一年获得每月 3 个金佛罗林、第二年起每年获得 40 达克特金币(包括食宿马匹费用)的报酬。[②] 这种完成艺术作品的方式在当时很重要。托利贾尼还希望本韦努托·切利尼加入他的团队,说英格兰国王托付给了他一项大任务,因此他需要前往佛罗伦萨找到尽可能多年轻人协助他。他回到伦敦时,便与自己的助手们共同完成了西敏寺的皇家神龛,[③]英格兰国王之前已为这一作品预付了 1000 英镑订金。托利贾尼性格急躁易怒,他常常把英格兰人叫做"那些英吉利畜生",因此无法在英格兰人中享受片刻的平静,

---

① 转引自 Milanesi's Vasari, IV, 262 note。

② 同前引。

③ 像其他很多艺术作品一样,它也在英格兰内战期间被毁。迪恩·斯坦利用仅存 3 部分残片重新制作了一座祭坛。

于是他转而前往了西班牙，如今在西班牙仍保存了一些他最好的作品。

其他意大利艺术家也远道前来英格兰，为的是在一位国库丰溢的君主那里服务，而这位君主似乎对所有来客均慷慨好施。奎多·马佐尼（Guido Mazzoni）先前曾跟随查理八世前往法国巴黎，但随后他渡过海峡来到英格兰，把自己的绰号"帕加尼诺"（Paganino）英语化为"帕格尼"（Pageny），并为亨利七世设计了一座墓碑（尽管这一设计未被接受）。

亨利八世雇佣的画家包括文森特·沃尔普（Vincent Volpe）、安东尼奥·托托（Antonio Toto）、卡瓦拉里（Cavallari）、巴塞洛缪·佩尼（Bartholomew Penni）等，甚至还包括一位女性微型画画家爱丽丝·卡梅里安（Alice Carmellian，她也许是宫廷诗人 Carmeliano 的一位亲属）。[①] 对于文森特·沃尔普，除了在 1514 年他为英格兰大船上帝的亨利·格雷斯号（*Henry Grace à Dieu*）绘制了飘带和旗帜之外，我们对他所知甚少。他也将自己的名字英语化为福克斯（*Fox*）——这也是当时居住在英格兰的外国人常常难以在史料中被辨别出来的众多原因之一，这亦是值得注意的一个方面。

安东尼奥·托托被认为是当时英格兰最杰出的意大利画家，他也专长于建筑和设计戏剧假面。他曾在吉兰达约（Ghirlandajo）门下学习，还曾加入托利贾尼的团队与之一同到达英格兰；在英格兰他以"宫廷画师"（Sergeant painter）的称号进入了为王室服务的行列；他的名字常常与另一位佛罗伦萨人巴塞洛缪·佩尼一同被提及。红衣主教沃尔西在汉普敦宫（Hampton Court）的一间寓所中的意大利湿壁画几乎都是巴塞洛缪·佩尼或安东尼奥·托托的作品。根据瓦萨里（Vasari）的著作，安东尼奥·托托加入了英格兰国籍，长期服务于亨利八世，为这位国王设计创作了许多艺术作品。值得注意的是，大多数意大利艺术家都与沃尔西存在着或多或少的关系；沃尔西的订单常常以国王的名义发出，而他本人在国家事

197

---

① *Archeologia*，XXXIX，22.

务的闲暇中找到了赞助艺术和学术的时间。托利贾尼在英格兰的
真正继承者,是贝奈戴托·达·罗浮萨诺(Benedetto da Rovezzano)
和乔瓦尼·达·马亚诺(Giovanni da Majano)。其中贝奈戴托·
达·罗浮萨诺在托马斯·克伦威尔的介绍下,为沃尔西设计墓碑。
这座墓碑最初设计得十分宏大,完全符合作为一名"艺术爱好者"
红衣主教的品位,甚至远超亨利七世墓碑的炫丽程度。[①] 贝奈戴
托·达·罗浮萨诺为这座墓碑工作了 5 年。但是当沃尔西失宠后
去世并被埋葬在莱斯特教堂时,亨利八世尝试尽其所能利用这座
原本为沃尔西设计的墓碑,尽管根据瓦萨里的著作,巴乔·班迪内
利(Baccio Bandinelli)也曾为亨利八世设计了一座木制的墓碑模型
(人物雕塑是蜡制的)。 不过,贝奈戴托·达·罗浮萨诺仍被留用,
负责用金属制造这座王室墓碑。他还雇了其他意大利人来参加这
项工作,他们包括:皮埃特罗·巴尔迪(Pietro Baldi)、乔万尼·乌
特林(Giovanni Utrin)以及两位"工程师"里涅利(Rinieri)和安布罗
乔(Ambrogio)。 直到亨利八世去世,这座由沃尔西发起建造的墓
碑仍未完成,一度被放在温莎堡亨利七世圣母堂(Lady Chapel of
Henry VII)中。不过这座墓碑的后续历史并非无趣。另一位爱好
艺术的英格兰国王查理一世也希望自己被葬在这座墓碑下,但他
被处决之后,英格兰国会将墓碑上的所有铜制品尽数变卖。19 世纪
初,墓碑中的大理石棺部分被移出温莎堡,用于建造纳尔逊(Nelson)的
墓碑(位于圣保罗大教堂地下室);此后不久,墓碑下的地砖被取出用
于建造乔治三世国王(George the Third)的王家墓室。[②]

　　这一时期在英格兰的佛罗伦萨雕刻家的史料并不是非常丰
富。[③] 当几乎所有的伟大艺术家都被认为是工匠时,却很少有人关

① 参见 *Arch. Journal*,September,1894,pp. I,59,203 及以下各处。
② Blomfield, *Renaissance Architecture*,I,13 及以下各处。
③ 包括:托利贾尼、罗浮萨诺、马亚诺致沃尔西的信件,沃尔西墓碑相关的支出和
　　仓库记录,以及 1530 年至 1536 年亨利八世墓碑的相关记载和档案,上述素材
　　由 Mr. Higgins 在其发表于 1894 年 9 月的 *Arch. Journal* 杂志上的颇有价值的
　　文章中被引用。

198

注其他少数人的生平。但可以这样说，在英格兰现身的意大利艺术家没有什么不同寻常之处；例如贝纳尔蒂（Bernardi）就是如此，他在舍伯恩主教（Bishop Sherburne）邀请下于 1519 年定居在奇切斯特，他也许是英格兰最早的装饰画家（decorative painter）。[1] 又如在亨利八世葬礼上制作王室肖像的雕刻家——摩德纳的尼古拉斯（Nicholas of Modena），其在英格兰的居留情形几乎无法知晓；类似地，又如帕多瓦的约翰（John of Padua），他既是一位音乐家，又是"国王建筑的设计者"，在英格兰还服务于萨默塞特公爵（the Protector Somerset），很可能为这位公爵建造了位于伦敦斯特兰德大街（the Strand）的宫殿；[2] 又如特雷维西的哲罗姆，他是拉斐尔风格的模仿者，[3] 被称作"军事工程师"或投石机大师（*magister tormentorum*），在英格兰时也是亨利八世的宠臣之一。然而，他们的这些名字却能表明，意大利的伟大艺术已经越过阿尔卑斯山，在遥远的土地上找到了新的家园。

　　另一位托斯卡纳雕刻家乔瓦尼·达·马亚诺，曾协助罗浮萨诺装饰汉普敦宫，[4]他的作品是这座宫殿中著名的罗马诸皇帝的陶土制圆饰。[5] 意大利艺术家们的才能在装饰工程中十分抢手，这也是他们在英格兰能让人感受得到的主要影响力之处。在所有的细节性工程中，如外表装饰、精美的阿拉伯花纹、石膏模型、陶土圆饰、各种雕刻，他们都表现得十分优异。几乎可算是同时代人的德意志旅行家布劳恩（Braun），就曾提到有大量的意大利技师、雕刻家、建筑家服务于亨利八世国王。当时英格兰最伟大的建筑，皇家"无双宫"（Palace of Nonsuch），可能是由托托设计的，它包含了大量的

---

① Digby Wyatt, *Foreign Artists in England*, p. 227.

② Digby Wyatt，前引书，p. 234。

③ 他所作的表现圣徒、天使环绕的圣母与圣子的图画，目前存于伦敦国家美术馆。

④ 又称"约翰·德·门斯"或"约翰·德姆扬斯"；而罗浮萨诺的名字常被英语化为"罗浮塞恩"。

⑤ 每个陶土像他获取报酬 2 镑 6 先令 8 便士，另外他制作的 3 个"赫拉克勒斯的历史"圆饰的酬劳是每个 4 镑。

石膏塑像、表现非基督教人物的真人大小的浮雕；而约翰·伊夫林（John Evelyn）称，这些艺术品可能出自某一位著名的意大利人之手。博学好古学者卡姆登（Camden）也称赞过它的光彩壮丽，并描述称，宫中的雕像能与古罗马时期的作品相匹敌。

意大利对该时期英格兰的艺术作品——更准确地说是英格兰意大利人的作品——的直接影响，很大程度上限于东南部的几个郡，特别是南安普顿和温彻斯特周边，这正是意大利人的聚居区。在上述地区，意大利的影响主要表现为无固定工作地点的小手工艺人，他们常在英格兰石匠留下的"空白"面上刻出阿拉伯风格的花纹。意大利影响的另一个证据，可见于16世纪晚期屡见不鲜的在天花板及其与墙面相交的阴角线中对陶土、石膏装饰的运用。虽然当地传统通常将此类装饰工作安排给无固定工作地点的意大利人群体，但这种风格更像是由亨利八世时代托斯卡纳地区雕刻大师的作品所启发，因此这些托斯卡纳人可说是许多英格兰人在此类装饰上的老师。[①] 意大利的工匠可能偶尔也被雇来制作剑桥大学国王学院礼拜堂的木制屏风和座席，那里的装饰线条明确地表现出一种文艺复兴时期的设计风格。

围绕在红衣主教沃尔西和亨利八世身边的意大利艺术家，如他们静悄悄地到来那样，静悄悄地消失了。除了帕多瓦的约翰之外，似乎没有谁在亨利八世驾崩之后仍然留在英格兰。英格兰在艺术方面的品位以及人才的缺乏，导致他们的位置仍无人替代，即便某些个人一度尝试想要鼓励艺术创作。曾经到过意大利的贝德福德伯爵一世，也许是艺术的赞助人之一。他的墓碑可追溯至1556年，位于白金汉郡切尼斯（Chenies）的拉塞尔礼拜堂（Russel Chapel），它正是北部意大利的风格，并且与索拉里（Solari）在意大利帕维亚（Pavia）设计建造的斯福扎家族的纪念碑有大量相似之处。对雕像眼睛、头发和胡须的理想化处理，表明建造者具备古典

---

① Blomfield，前引书，I，23，将理查德·利吉（Richard Ridge）位于汉普敦宫的作品作为例证。

艺术的知识,而这种知识是当时任何一名英格兰人所不知晓的;贝德福德夫人雕像头部所枕垫子上的蔓藤花纹装饰,同样也具有意大利艺术的风格。墓碑基部是用黑色大理石包裹的雪花石膏材质,这一部分可能是本土工匠的工作,但是墓碑雕像本身毫无疑问出自一名意大利人之手,或至少是某位被彻底意大利化的佛兰德斯人的作品。

　　有证据表明,在英格兰的意大利艺术家的间接影响非常重要。他们所建立的范例,他们的技术工艺和精巧设计,他们作品的新奇性,当时对英格兰的工匠而言一定是一种启示般的新发现。古代哥特式建筑已经衰败,浮夸风格无法成功对抗具有新装饰方法的文艺复兴艺术。同时,对英格兰建筑的直接的意大利影响,在一段时间内却无法立即被感受到。对于意大利建筑的精确复制,很少见到或几乎没有。在经由各地区(特别是法国和低地国家)传播的过程中,意大利的风格被大幅修改。一旦它在英格兰获得立足点,数以千计的本土工匠将它进一步变化,最后它的最初形态几乎无法被分辨。[1] 但是,在较早期的建筑中,仍然可观察到许多意大利的蛛丝马迹。包括在汉普敦宫,以及在萨里郡的萨顿庄园(Sutton Place, Surrey)、吉尔福德镇(Guildford)、埃塞克斯郡的莱尔·马尼村(Layer Marney in Essex)、东巴沙姆庄园(East Barsham)及其他不少地点,仍大量将陶瓦(terra-cotta)用于装饰。如在萨顿庄园,它就被运用在大厅大门上方的爱神群像(amorini)上。在门窗竖框和小型装饰线条中的蔓藤花纹装饰也都是意大利设计风格。[2]

　　在16世纪的英格兰,并不存在职业建筑师。建筑作品是由被称作"测量员"(surveyors)的人做的,而这类"测量员"通常是英格兰人。有时人们也从意大利召唤大师级工匠,如沃勒顿别墅(Wollaton Hall)的建造就属于这种性质。这座别墅的大多数石像装饰看起来都是意大利风格的。甚至半柱装饰基座上的"贡多拉

202

①　J. Alfred Gotch, *Arch. Of the Ren.*, I, xxii. g.
②　F. Harrison, *Annals of an Old Manor House*, p. 126.

环"(gondola rings)都复制自威尼斯。圆形嵌板上则是古典时代名人的半身像。但是,不少壁龛却是空的,因为壁龛中的雕像本应从意大利运来,可装载它们的船只却沉没了。[①]

在伊丽莎白一世统治时期的大量其他建筑中,意大利的影响十分显著;奥德利・埃恩德宅邸(Audley End House)就是一个典型的例子。建于1599年的莫顿・科贝特城堡(Moreton Corbet Castle)也呈现出意大利式宫殿(*palazzo*)的效果。一年之后建造的朗福德城堡(Longford Castle)对半柱和圆柱的运用,其敞开式凉廊(*loggia*),以及为雕像专门设计的壁龛,都完全是意大利风格。在列文登(Lyveden),新建建筑檐口的设计也是自意大利引进的。哈特菲尔德宅邸(Hatfield House)使用的是壁画装饰以及意大利式圆柱和半柱;哈德威克厅(Hardwick Hall)则有一座意大利式的柱廊。[②] 当伊丽莎白一世于1583年前往格林威治(Greenwich)时,罗杰・马内斯(Roger Manners)向拉特兰伯爵写信道,"她从未在其他地方如此高兴过,这里的房屋、花园和步行道当然能与意大利的任何精致作品相媲美"。[③] 尤其是很多当时的花园都会模仿意大利建筑师的作品。

英格兰建筑的进步并非是在一夜之间发生的。1550年,作为一名微型画画师、并曾撰写过有关建筑学论文(英格兰最早的专业论文之一)的约翰・舒特(John Shute)被诺森伯兰公爵(Duke of Northumberland)派往意大利,到那里拜最好的建筑家为师学习。但直至17世纪,才由伊尼戈・琼斯将帕拉迪奥(Palladio)的古典建筑风格引入英格兰;而伊尼戈・琼斯是在伊丽莎白一世统治时期学习的意大利建筑。他写道,"由于我天生喜爱学习设计的艺术,我前往异域,与意大利的大师们进行交谈"。他所接受的教导在詹姆士一世统治时期取得成果,但是,假设在英格兰的意大利人于16

---

① Gotch, *op. cit.*, II, 62.

② 有关该主题的进一步信息,请参见 J. A. Gotch, *Early Renaissance Architecture in England* and *Architecture of the Renaissance in England*。

③ *Hist. Ms. Com.*, Report 12, Appendix IV, p. 150.

世纪上半叶的建筑作品不存在,就无法为哥特式风格和文艺复兴新风格之间的转变做好准备,伊尼戈·琼斯也就不会大放异彩。

在伊丽莎白一世统治时期,几乎没有什么重要的意大利艺术家来到英格兰;少数前来英格兰的,重要性都不那么高。虽然说瓦莱里奥·贝利(Valerio Belli)确实是著名的宝石雕刻家,据说他曾造访英格兰并制作了许多宝石上的肖像浮雕,[①]但即便如此,上述事实仍存疑问。不过,在纪念章艺术中所运用的加工方法,也是自意大利引入的。[②] 由英格兰人制作的第一件肖像纪念章作品,是于1480 年在威尼斯完成的。虽然这种艺术在隔了相当长一段时间后才被移植到英格兰本土,但还是需要指出,分别制作英格兰玛丽女王及苏格兰玛丽女王肖像纪念章的雅各布·特雷佐(Jacopo Trezzo)和普里马韦拉(Primavera),是否曾踏上过英格兰的土地甚至都十分不确定。[③] 还有大量各种类型的绘画的作者被认为是弗雷德里克·祖卡洛(Frederick Zuccaro),虽然祖卡洛本人在英格兰逗留过 4 年并为伊丽莎白一世和她的廷臣画过肖像,但那些归于他名下的画作中只有少数被鉴定为真品。他作为艺术家的成就十分轻微,他的影响力既不引人注目也无法被我们更强烈地感受到。

在前文的注释中笔者曾提到过的乌巴尔蒂尼曾是英格兰王室宫中的手抄本缮写师及微型画画家。但是,英格兰的微型画画家更倾向于归为法兰西或佛兰德斯画派,他们在法兰西和佛兰德斯所感受到的意大利影响则来自其他方面。如艾萨克·奥利弗(Isaac Oliver),他的一幅具有意大利北部风格的画作被人不断复制,可他的微型画却基本上没有意大利元素,他的老师尼古拉斯·希利亚德(Nicholas Hilliard)也属于这种情况。

对艺术的品味在英格兰缓慢生长,尽管现在并没有留下多少史

205

---

① Horace Walpole, *Anecdotes of Painting*, p. 188.

② Hawkins and Franks, *Medallic Illustrations of English History*, p. xii.

③ 同前引,p. 71。

图 8　玛丽女王徽章（雅各布·特雷佐作）与苏格兰
玛丽女王徽章（雅各布·普里马韦拉作）

料可以证明这一早期发展。[1] 菲利普·霍比爵士就是意大利著名画家提香(Titian)的好友之一。亨利·康斯塔波也曾在其十四行诗中提及拉斐尔和米开朗基罗。[2] 理查德·海多克(Richard Haydocke)曾翻译洛马佐所著《绘画艺术》(Art of Painting);海多克哀叹英格兰缺乏对艺术的感觉,也不存在所谓"艺术的衰落"(decay of the arts),他认为造成这种现象的原因在于,艺术品买家不愿意为作品付出高价,艺术家也就不会尽全力去工作。海多克则希望自己的翻译能够使一个鼓励艺术的、有教养的赞助人阶层得以产生。据他所说,英格兰当时明显正在开始提升绘画作品的地位。而之前则几乎无法举出例子来证明这种观点。的确,在亨利七世统治时期,意大利乌尔比诺公爵曾向这位英格兰国王赠送一幅圣乔治屠龙图,[3]这幅小型画的作者正是拉斐尔。类似性质的礼物不时地被送到英格兰。如意大利托斯卡纳大公曾向英格兰玛丽一世赠送过一幅内容为东方三博士的微型画。[4] 从意大利开始的搜集艺术品的热情已向英格兰传播——海多克对此写道,"在这一方面,我们的一些贵族和许多平民出身的绅士们,十分在意如何包装自己;正如在他们的画廊中,精心地布置着意大利和日耳曼古代著名大师的各类上乘佳作"。[5] 甚至本土画家也得到了海多克的称赞;他称自己需要"乔尔乔·瓦萨里的神笔"来绘出英格兰画家和意大利画家之间的平行线,并将尼古拉斯·希利亚德与"已故的世界奇迹——乌尔比诺人拉斐尔那温柔的灵魂"相媲美。

　　对所有类型的艺术品的兴趣正在上升,这一点很关键,且对阿伦德尔伯爵这样的收藏家而言尤其如此。"约翰·博洛尼亚"(John Bologna)曾制定一张特别货物清单,委托他人在短时间内将

206

[1]　关于当时英格兰画家的名单,参见 Francis Meres, *Palladis Tamia*, 1598, p. 287。

[2]　参见 p. 143。

[3]　目前在俄罗斯圣彼得堡。

[4]　*Guardaroba Medicea*, Florence, filza 34.

[5]　R. Haydocke, preface to *Lomazzo*, 1598.

一些青铜艺术品从佛罗伦萨运至伦敦。① 伊尼戈·琼斯在意大利时也亲自为阿伦德尔伯爵、彭布罗克勋爵（Lord Pembroke）和丹佛斯勋爵（Lord Danvers）购买了一些艺术品。不过，英格兰收藏家们的真正历史应该属于斯图亚特王朝之后的时代。

207

Ⅲ

　　直到最近，宗教改革都被视为意大利文艺复兴在"日耳曼地区"（Teutonic）唯一的对标事件。于是，来自意大利的道德和宗教方面的影响，即便没有完全被忽略，也受到了严重低估。16 世纪末，道德家们把意大利看作"仅仅是一个邪恶与腐化堕落的中心"，这种观点已经成了一种时髦。也许因为上述观点的存在，或许也是因为无知，意大利生活中更为律己的一面总体上受到了无视。萨沃那罗拉（Savonarola）的宗教热情被出自博尔吉亚家族的教皇们（the Borgias）的不当行为所掩盖了。那个时代的巨大罪行，而不是它的美德，冲击着大众的视野。然而，将意大利文艺复兴视为"在一种堕落氛围中的艺术与知识繁荣的时代"，却是一个非常片面的评价。虽然不能完全否认那个时代存在的暴行和罪恶，但也不能无视那个时代的宗教虔诚，这种虔诚被周围的邪恶衬托得甚至更为光辉。人们几乎不去注意意大利对英格兰的宗教影响，实际上这种影响最初显现在威廉·格罗辛和科利特对《圣经》文本的人文主义批判之中。在亨利八世统治时期前往英格兰的意大利宗教改革家则呈现出上述影响的另一个侧面。

208

　　这些来到英格兰的宗教改革家中，最有名的是伯纳迪诺·奥基诺，他是方济会驻锡耶纳嘉布遣修会（Capuchin）成员，被认为是同

---

① *Guardaroba Medicea*，293，p. 81. 这批艺术品的部分主题有："持棍的赫拉克勒斯"（目前可能在剑桥大学费兹威廉博物馆的"印刷室"）、"杀死人马怪的赫拉克勒斯""持球的女子""命运女神像""带走德伊阿尼拉（Deianira）的人马怪"等等。在这份清单中，我们还可看到若干蜡像作品。

时代全意大利布道口才最佳者。他逐渐与罗马天主教会意见相左，因此被迫去其他地方避难。据称，他对宗教真理之爱引领他放弃财富和荣誉而宁愿选择受难与被放逐。因为他追随的是"真正的福音"，所以遭到教皇保罗三世的迫害，被迫离开意大利。[①] 1547年，他在坎特伯雷大主教克兰默的邀请下前往英格兰。他在那里受到了友好的欢迎，被王室授予一份津贴，并在伦敦担任意大利人教会的布道师。在英格兰，他十分引人注目，他的布道文常被译为英语，并跻身于当时最受欢迎的神学图书之列。1549年，伍斯特主教博内特（Bishop Ponet）译出奥基诺的《悲剧》（*Tragedy*），[②]此书主要记叙了教皇制度的兴起，并强烈控诉罗马天主教会。奥基诺的布道书在若干次重印之后，越来越畅销。其中第一版在他到达英格兰的第二年（1548年）就问世了，该版被题献给萨默塞特公爵。该版的"致读者"部分中，出版者提及了当时逐渐广为人知的《圣经》英译本。出版者称，先知和教宗们如今似乎都"成了英格兰人。……上帝自己也用我们的方言向我们作指示……本是希伯来人的圣保罗也将他的语言改成了我们的语言，好比他是在我们之中成长起来的"。由于英格兰的"罪恶"状况，上帝从异国派出了先知。"他们之中就有伯纳迪诺·奥基诺和彼得·马特尔（Peter Martyr），这些博学之士如今来到了我们这里。"由于奥基诺用意大利语布道，因此第一版的出版商先选出6篇进行翻译出版（这也是首先流行的篇目），并希望其他人能翻译其他布道文。出版者希望通过这种方法，"他的母语能够变为我们的话"。布道文的主要目的，是要说明如何正确运用《圣经》以获得"神圣的知识"。不久之后由另一位出版者所印刷的增补版问世后，这些布道文就更受欢迎了。

由安妮·库克翻译的另一个奥基诺布道文英译本[③]则更令人

209

---

①　Preface to *the Sermons of Ochino*，1548.

②　*Bernardino Ochino The Tragedy*，1549. 加内特博士（Dr. Garnett）指出，当时与此书并驾齐驱的著作是《失乐园》（*Paradise Lost*）。

③　*Fourteen Sermons of Barnadine Ochyne*，1550(?).

感兴趣。译者想要通过这一译本展示出意大利人宗教方面的情况，并说明，从宗教角度看，对语言的学习不可能毫无成效（尽管该译本的直接目的是要使不懂意大利语的人能领略奥基诺的教言）。不过，译者没有必要为该译本进行太多辩护，因为原作者自己就居住在英格兰——"他的生活本身就是对他著作的无言而充分的守护"。即便是晚至 1580 年问世的奥基诺布道文新译本，[①]也称赞着原作者的宗教智慧以及"其作品所蕴含的纯洁而完美的虔诚"。

彼得·马特尔是奥基诺的好友，他生于意大利佛罗伦萨，其父亲是萨沃纳罗拉一名信徒。马特尔曾在帕多瓦学习 8 年，并受到西班牙宗教改革家胡安·德·巴尔德斯（Juan de Valdes）的影响。1547 年，他与奥基诺一同被克兰默所邀请，来到英格兰。他们也一同由一名叫作约翰·艾贝尔（John Abell）的英格兰商人负责接待，后者将二人从瑞士巴塞尔护送至英格兰伦敦，马特尔在伦敦曾与克兰默同住过一段时间。马特尔也获得一份王室津贴，不久之后又就任牛津大学神学专业的钦定讲座教授以及基督教堂（Christ Church）的首席牧师。他也是克兰默主持的宗教法修订团队中的少数专家之一。克兰默选择马特尔为英格兰圣公会的公祷书（爱德华六世时期形成）辩护，后者在玛丽一世统治初期曾向天主教徒发出公开辩论的挑战书。马特尔和克兰默两人的友谊十分真诚，关系亲密；克兰默在宗教改革的不同阶段都专门托付马特尔，据称，只要马特尔不用在牛津大学讲课，[②]克兰默就会赋予他一些重要使命。

彼得·马特尔也是一位多产的作者，其不少作品都被译为英语。虽然其中很少作品能让平信徒产生兴趣，但是它们仍显示了在英格兰宗教改革进程中一名意大利人的影响。例如，他有关"舞蹈的滥用"（*Abuse of Dancing*）的论述文通过《圣经》来论证舞蹈的

---

① *Certain Godly Sermons*, translated by William Phiston，1580.
② Strype, *Thomas Cranmer*, I, 593.

"不道德",从而体现他的清教主义。尼古拉斯·尤德尔(Nicholas Udall)翻译了他的众多宗教论述文之一,并称其翻译的目的是一些助理牧师和其他"善良的人们""因缺少足够的学识,而无法很好地指导他们的信徒,也无法让恶人和教皇追随者们闭嘴"。但他最重要的作品是对《圣经》的注释;在他的代表作之一《常识》(*Commonplaces*,后由 A. 马丁译为英语)①则包含了他对于相关主题的思想观点,如他对"预定论""因信称义"以及"人类通过基督得到救赎"的质疑。这部作品由于指责罗马教廷的错误和"异端邪说"而饱受称赞,马特尔由于将自己的一生奉献给英格兰的新教传播事业也收获了美誉。据称,他为了完成这一事业,放弃了自己的财富以及安静休养的生活。他的书信也被出版,不过这些书信几乎不关心"公共事务",而是包含了他自己对意大利的痛心,以及对英格兰缺乏"上帝言语"的抱怨。就像他其余作品一样,这些书信充满了强烈而深沉的宗教热情,但人们一般不把这种宗教热情与"文艺复兴时期的意大利人"联系在一起。

212

意大利对新教英格兰施加的宗教影响,决不限于少数远道而来的宗教改革家。即便当时只在阿尔卑斯山以南流行的宗教文学作品,也同样为英格兰人所知。爱德华·科特尼(Edward Courtenay)在其被囚于伦敦塔期间,于 1548 年翻译了奥尼奥·帕勒里奥(Aonio Paleario)有关"基督之死的恩典"(*Benefit of Christ's Death*)②的著作,这部著作在 16 世纪十分流行,尽管后来被宗教裁判所封杀,但一度受到了虔诚的天主教徒和宗教改革支持者的共同喜爱。

当时的英格兰成为了意大利宗教改革家的"家园"和避难所,正如 19 世纪的英格兰是政治难民的避难所一样。雅各布·卡尔

---

①　*The Commonplaces of Peter Martyr*, 1583.
② 　原书题名 *Trattato Utilissimo*,奥尼奥·帕勒里奥,又名安东尼奥·德拉·帕格里亚(Antonio della Paglia)。该书的另一译本的译者是亚瑟·戈尔丁(Arthur Golding),但戈尔丁是译自法文译本的。

科（Jacopo Calco）是出于宗教原因远赴英格兰的又一名意大利神学家。① 朱利奥·特伦齐亚诺（Giulio Terenziano，在英格兰更为人所知的名字是"朱利乌斯"[Julius]）则是彼得·马特尔的追随者；在稍晚近的时期，像雅各布·亚肯提奥（Jacopo Acontio，著有《撒旦的计谋》[Satan's Stratagems]）、亚历山德罗·切托利尼（Alessandro Cittolini）、②朱利奥·博尔加鲁奇（刚到时是信奉新教的宗教难民，但随后成了英格兰的宫廷医生）这样的意大利人都来到了英格兰。弗兰切斯科·普奇（Francesco Pucci）凭借着一腔宗教改革热情前往伦敦和牛津，并在牛津大学作了一系列神学讲座。又如佩鲁贾的皮埃特罗·比萨里，是一名历史学家兼诗人，他把自己说成是"被祖国意大利放逐，只是因为发誓信仰福音的真义"。迈克·安吉罗·弗洛里奥是前往英格兰的一名佛罗伦萨新教徒，原为意大利语教师，后于 1550 年成为居住在伦敦的意大利新教徒修会的牧师。而这主要归功于克兰默大主教和威廉·塞西尔爵士的影响力。克兰默为伦敦意大利人修会成员谋得了一些特权，使他们能获得与常住自由民（free denizens）一样的待遇，即能在伦敦定居、经商、拥有与本土出生的英格兰人同样多的自由。他们应尽的义务则是发誓效忠。他们时不时地被授予其他权力，于是许多意大利人出于世俗的原因而加入了这一修会。虽然有这样那样的好处，但仍然有相当多的意大利人回国为罗马教廷效力。迈克·安吉罗·弗里奥曾向当时的首相威廉·塞西尔抱怨这种情况，后者要求弗里奥提交一份变节者的名单，弗里奥奉命照做。塞西尔召集了列入名单者，并告知他们，由于他们拥有市民身份，因此必须服从英格兰法律，否则他们会像其他"听弥撒的英格兰人"一样受到应有的惩罚。③不过弗里奥的道德品行也并非完美，后来他在曾是其好友的塞西尔那里失宠；杰罗姆·泽利托（Jerome Zerlito）则继而成为伦敦意大

213

---

① Bale, *Scriptorium Illustrium*, 1557，II，140.

② 参见 Roger Ascham, *Epistolœ*，书中各处。

③ Strype, *Memorials*，p. 343 及以下各处。

利人修会的牧师。杰罗姆·泽利托担任该职多年，这一点也许是 214
这一居住在伦敦的意大利人群体的最好证据。罗杰·阿斯克姆
（Roger Ascham）曾通过批评一些前往意大利的英格兰廷臣们只是
为了听意大利语而非为王室服务，而间接提到上述情况；他把他们
叫作"意大利化的英格兰人"，[①]他们无法在意大利本土容忍"神圣"
的教会，只是为了能够听到纯正的意大利话而加入了它。

　　在英格兰的意大利宗教改革者群体表明，一些将意大利对英格
兰影响的性质绝对化的判断是多么地片面，这种判断之所以批评
意大利的影响，可从罗杰·阿斯克姆这样的道德家的论述中找到
原因。意大利影响的宗教性，尽管与其物质性相比，较少浮在表面
而能一眼看出，但那些刻意去寻找它的人仍然能有所收获。除了
科利特之外，确实还有更多人感受到了意大利在宗教虔诚和苦行
方面的影响。

IV

　　近代以来，文艺复兴时期的意大利人首先注意到了其他民族或
国家的独特性。从波吉奥和埃涅阿斯·西尔维乌斯开始，他们就
开始用很长的篇幅记录下自己对外国的印象。在16世纪，威尼斯
的外交使节们撰写了一系列深刻而准确的对某个国家特性的研
究，这些使节的职责之一就是向威尼斯政府不断地提供与其有外
交关系的国家的情报。自威尼斯共和国早期开始，这就成为一种 215
惯例。1268年，威尼斯国民大会（the Grand Council）颁布命令，要
求所有威尼斯使节在回国时，都需要完整地将他们的行动向执政
团进行报告，执政团则指派书记员记录下报告内容。在报告中加
入对所出访国家的描述性文字的做法逐渐变得常见，而这类文字
的篇幅常常相当长。威尼斯人的报告在同类文学作品中被称赞为

---

① *Scholemaster*，p. 82.

模范,其他一些国家的人们也十分想要得到这类报告的副本。①

意大利人对 16 世纪英格兰的描述有若干种不同类型。除了包含各种主题的大量的书信以及布鲁诺《灰烬晚宴》(*Supper of Ashes*)中尖锐却零散的印象性记录,我们还能在 1518 年前往英格兰的米兰商人的此类日记中找到对英格兰带有一定偏见的描述,同样的描述还可以在杰罗姆·卡尔丹对爱德华六世时期的记叙中看到;保罗·乔维奥(Paulus Jovius)和乔万尼·博泰罗(Giovanni Botero)的历史、地理作品中也包括了对英格兰的描写。

但是,到目前为止,威尼斯人的报告仍是最重要的。虽然以商业为核心的外交往来在英格兰和威尼斯之间存在过一段时间,但 1497 年威尼斯安德烈·特雷维萨尼(Andrea Trevisani)出使英格兰宫廷确为有记录的第一次。16 世纪威尼斯派往英格兰的使节总计 23 名。在伊丽莎白一世统治时期,由于宗教信仰的不同,威尼斯和英格兰之间的外交几乎中止。②

不同使节的报告有着许多共同的要素。使节们所使用的体例是相同的,他们以相似的眼睛观察着事物。同时,外部的大环境在持续变化。因此,虽然每个报告从某种程度上似乎与其他报告之间的共性很大,但各自都包含了一定量的新材料。

在 16 世纪,几乎任何想要记录下他旅行经历的人,首先想到的就是对他所访问的国家有一个概略性的记叙。英格兰对他们而言是过于偏远的国家,由于对其自然特征毫无兴趣,因此关于它的准确知识也很少。可记录者们却很少对这类状况进行详细叙述。类似地,国家的政府体制、王室收入状况、议会和司法制度等等都可能被一带而过,尽管这些天然就是威尼斯执政团的想要了解并希望能得到报告的领域。简单来说,英格兰人所想要的政治自由,尤其是他们反对苛捐杂税的自由,才是令精明的意大利观察者印象尤其深刻的地方。

216

---

① *Cal. St. Pap.*, *Ven.*, I, xliii 及以下各处。

② Baschet,*Diplomatic Venitienne*, p. 106.

　　虽然被注意到的英格兰的特色太多,这里无法一一举出,但是阅读这类报告的最主要印象,则是敏锐而准确的观察力。这个国家宗教方面的变化自然使有一定智慧的外国人产生兴趣,至少有一位作者详细描述了 1549 年问世的用英语编写的新公祷书以及新宗教仪轨。[1] 英格兰在 16 世纪上半叶的变化相当大,许多在宗教信仰方面的变化会为报告作者的批评提供依据,即认为英格兰人只是将宗教用作一件"斗篷"(托词);还认为国王信什么,英格兰民众就信什么,如果国王转信伊斯兰教或犹太教,他们肯定也会跟着做。[2]

　　宗教改革开始后,西班牙统治者的积极介入一度使英格兰天主教复辟,这既产生了宗教影响也产生了政治影响。英格兰的军事资源因而就成为报告作者们相当感兴趣的一个方面,即便威尼斯这样的国家当时保持着中立态度。外国人对英格兰士兵的观点前后变化很大,尽管其中提及的一些特点直至今日仍然不变。

　　一则最不受欢迎的军事评论来自一位名叫乔万尼·索维克(Giovanni Sovico)的报告作者,他曾在英格兰居住多年,评论称 10000 或 12000 名西班牙或意大利步兵以及 2000 名骑兵足以在英格兰复辟天主教。[3] 乌巴尔蒂尼曾参加对苏格兰的战争,他认为,总体而言,一位外国君主只要能够使一支军队踏上英格兰的土地并赢得第一场战役,那么他从此将不再遇到阻碍,因为英格兰人有着无法忍受疲劳及其他民族特性,所以他们不会再进行抵抗。他对此继续解释称,乍一看,这场仗并不是那么好打。威廉曾经因为英格兰抵抗部队的弱小而成功征服这片土地,尽管他之前的许多次类似征服行动都遭到过失败。[4] 意大利人的多数评论都认为,英格兰人没有忍耐疲乏的能力,他们的饮食中需要有大量肉类。如果食物供应不充足,他们哪怕一点点的辛苦都受不了。[5] "战争异

217

218

---

[1]　Relazione Ubaldini，f. 93.

[2]　Relazione Michele，f. 22 及以下各处。

[3]　Arch. Med. Flor.，4185，*Letter to Father Panigarola*.

[4]　Ubaldini，f. 83.

[5]　同上，f. 112b。

常激烈时,他们会去寻找美食等各种安慰,而完全不去想他们将遭遇何等伤害"。① 虽然他们展现出良好的运动能力,在面临危险时反应敏捷,但不能说他们十分注重军事。他们运用上述天赋的唯一机会是在战争期间,但只要战争一结束,他们就会完全忘记这些天赋。② 但是,英格兰的士兵享有着崇高的荣誉,人们相信,法国人对他们的恐惧使他们理所当然应该获得这种荣誉。③ 评论者们还特别称赞英格兰人对长弓的熟练使用。④

219

评论者们很容易就能得出观点,认为英格兰这个国家的天然力量来自于它所拥有的海岛地理因素。早在西班牙无敌舰队时代之前很久,意大利人就认可英格兰人在海军上的强势,认为英格兰海军与其陆军相比,不仅远为成功而且远为勇敢。他们信赖自己的船舰,完全不惧怕死亡,表现出奇迹般的无畏精神。另一名作者称,英格兰水手在进攻中的勇气无与伦比。"这些人战斗至死;他们在出海之前习惯于互相发誓,坚持向敌舰炮击,永不投降做俘虏。这个民族在战场上非常坚决果断。"⑤这种勇气在其他方面也得到了称赞。评论者们特别注意到,人们常见到英格兰人大笑着迈向火刑柱或绞刑架,好像是在嘲笑着即将到来的痛苦受难。⑥

外国驻英格兰外交官对这一国家的短暂观察,大部分来自于宫廷,在位的君主总能成为他们特别感兴趣的方面。君主的亲属和宠臣、他的功绩,甚至他最琐碎的命令都得到了记叙。⑦ 据称,在亨利八世身边,许多西班牙人和意大利人担任着各类职务,还有一群急于学会外语的廷臣追随在这些外国人后面。⑧ 英格兰宫廷礼仪

---

① *Relation of England*,1500,p. 22 及以下各处。

② Soranzo,p. 52.

③ *Relation of England*,同前引。

④ Rel. Raviglio,Ms. Siena,Libreria comunale K.,X,29,f. 64 以及 *Cal. St. Pap.*,*Ven.*,IV,285—289。

⑤ *Cal. St. Pap.*,*Ven.*,IX,239.

⑥ Litolfi,*Epist. cit.*,*Cal. St. Pap.*,*Ven.*,VI,1668—73.

⑦ Rel. Falier,1531,Alberi 编,Pt. II,p. 10 及以下各处。

⑧ *Cal. St. Pap.*,*Ven.*,IV,285—289.

以及在最细枝末节的场合对礼节的坚持使用,对意大利观察者而言几乎是荒谬可笑的。无论国王是否在场,礼仪总能被一丝不苟地遵守。① 相当于全英格兰的最高级官员的枢密院院长,其职责之一就是服侍国王用餐。② 乌巴尔蒂尼曾见到伊丽莎白当公主时,在坐下前向他父王连续行了 5 次跪礼。亨利八世的孩子们在向父王讲话时则总习惯屈着膝。

　　爱德华六世的日常生活也得到了类似描写。杰罗姆·卡尔丹见到,这位国王 15 岁时就精通 7 门语言。旅行者们还注意到了他的网球技术、马术和箭术,并提到他的马术和舞蹈教练以及大部分乐师都是意大利人。③ 稍晚近的意大利旅行者们当然会把注意力集中在伊丽莎白一世身上,她将成为那个时代最引人注目的人物。在她年轻时,有记录称她生活的光彩夺目是难以想象的。她的大部分时间都消耗在舞会、宴会、打猎等诸如此类的娱乐活动上,而所有这类活动都以尽可能炫耀的方式进行。她坚持她所得到的尊敬要远远超过玛丽一世;而且虽然她召集国会,但她要求她所下的命令,无论是否符合国会意愿,都必须得到执行。④

　　一位外国大使在伊丽莎白一世登基后不久曾提到,任何一位非本国人在登上该国王位时都有相似性。"在过去的 20 年里,有 3 名国王、4 位公爵、40 位伯爵以及 3000 多名其他人员因暴力而死亡。因此很容易想象,没有哪个外国人能够统治这种民众,即便他们自己的同胞也无法保证安全。……继承王位的伊丽莎白女王……虽然对所有人都很好,但她拒绝对保护她的人产生依赖。"⑤她的个人形象也常常得到描写。据称,甚至在她 70 岁时,仍然站得像一根手杖那样笔直(*com'una canna*),而且穿着全白的服装。⑥

220

221

① Rel. Raviglio,前引书,f. 70。
② 前引书,f. 64。
③ Ubaldini, f. 43b.
④ *Cal. St. Pap.*, *Ven.*, VII, 659.
⑤ *Cal. St. Pap.*, *Ven.*, VII, 328 及以下各处。
⑥ Arch. Med. Flor., 4185, July, 1599.

　　除君主而外,旅行者们十分感兴趣的还包括这个国家的贵族。
波吉奥曾评论道,英格兰的贵族们认为住在城里是一件丢脸的事,
并以某人拥有地产的大小来判断其高贵的程度。他们将时间消耗
在农业活动中,尽管他们并不认为从事羊毛和绵羊贸易会损害他们
的高贵性。波吉奥自己认识的一位英格兰富商,将钱财投资于土
地,并使自己成为某一贵族血统的始祖;波吉奥还见到许多出身较
低的人由于战功而获得贵族身份并跻身上流社会。[1] 16 世纪中后
期,虽然旧贵族所剩不多,但他们仍使用王室礼仪,其获得的尊重
看起来与国王没什么差别。他们有自己的追随者和家臣,后者随
时奉命战斗,甚至造国王的反。人们视贵族家臣为贵族的代理人,
尽管国王常常试图削弱他们的势力。贵族们只要不在宫廷,就居
住在乡间的开阔寓所中,并把大量仆人带在身边,[2]彭布罗克勋爵
本人就有 1000 多名穿着其家族独特制服的仆人。更进一步讲,每
一位英格兰贵族老爷都有来自外国的仆人或食客听候差遣。[3]

　　在 15 世纪末,一位在英格兰的意大利旅行者注意到,平民所获
得的尊重只比农奴多一点。[4] 之后的作者们并未观察到这一点,但
是也有许多人一直对明确说明阶层之间的差异感到困难。于是,
甚至在 50 年之后的一条记录称,英格兰平民如果没有合适的理由
就被禁止在晚间乱逛,而贵族也许能够这么做。[5] 另一点差异则
是,贵族显得十分礼貌——特别是对外国人——而平民则好像怀有
一种敌意。[6] 平民确有许多奇怪的习俗。例如他们以下述方式表
现对虚弱人士的同情心:如果一名男子被医生放弃治疗,并没有希
望再康复,那么他最亲的亲属就会把一只枕头放在他头上,再坐在
枕头上直至他窒息身亡,父亲会这么对他的儿子,而儿子也会这么

---

①　Letter of Oct. 29th, 1420.

②　Soranzo,p. 52 及以下各处。

③　Ubaldini, f. 116b.

④　*Rel. of England*, p. 34.

⑤　Raviglio,前引书,f. 71。

⑥　Soranzo,前引书。

对他的父亲；他们认为，既然他没有机会康复了，那么让他脱离痛苦就是一种表示慈悲和善意的举动。[①] 被意大利人注意到的另一个平民的特点，则是当他们打架时——常常因琐事而起，先以德国方式（Coltellate alla Tedesca）互相猛击一番，只要一方使另一方受伤，他们就会立刻握手言和并一起去喝酒。不管是打架涉及到女性还是涉及到谎言被揭穿的情形，他们都不具备意大利人的那种荣誉观。[②]

意大利人对于英格兰妇女所拥有的自由尤其感到困惑，并常常产生一些误解。有记录称，此前曾有记录提到英格兰男人怀着很强的戒备心理保卫着他们的妻子，但实际情况似乎与这种说法恰恰相反。[③] 很多作者都觉得英格兰妇女有着很强的魅力；其中一位意大利人宣称，她们在地位上丝毫不亚于锡耶纳妇女或意大利地区其他最受尊敬的妇女群体；[④]其他作者则提到了她们那端庄的仪态、健康的肤色和敏锐的智慧，并称只有去奥格斯堡才能见到与她们相媲美的妇女群体。[⑤] 但使外国人最吃惊的是她们所享受的自由；无论她们是在家中还是在家外，都没人问她们做了什么，而且她们能够以"外出用餐"的借口随心所欲地行动。已婚妇女——无论是单独一人还是携带一名女伴，很容易接受用餐的邀请，英格兰男子和外国人都能邀请她。据称还有一个英格兰习俗是，只要你和任何妇女说过一两次话，那么下次再在街上遇到她时，"把她带到小酒馆——那里所有客人都不用预约——或别的什么地方，她的丈夫不会觉得这不合适，而会很感激你，而且如果丈夫看着你把妻子带离的话，他也会一直感谢你"。[⑥] 意大利人所记载的另一条奇怪的习俗是，如果男子向女子送花，那么女子必须戴着它，直至3

[①] Relazione Daniele Barbaro，Alberi 编，1551，Pt. I，p. 157。

[②] Annibale Litolfi 致 Duke of Mantua 的信，1557 年 6 月 20 日，Cal. St. Pap., Ven.，VI，1668—1673。

[③] Rel. of England，p. 23.

[④] Ubaldini，前引书，f. 114 b.

[⑤] Litolfi，前引书信。

[⑥] Litolfi，前引书信。

个月后——原文如此——再换成其他东西。

记录者们对于英格兰人"缺乏"对他们孩子的爱而感到非常惊讶；每一个人，无论他有多富裕，都会把自己的孩子送到其他人家中，并作为交换接收其他人家的孩子；之所以有这种严厉的做法，是因为这些孩子可以学到更好的言行举止；但至少有一位旅行者[1]认为其中的原因是家长们倾向于自顾自地吃喝玩乐，而且人家的孩子能比自己的孩子更好地伺候他们，因为英格兰人都是"大美食家"，希望独自享受食物中的精华部分，并把剩余部分留给其他家人。英格兰人对食物的喜爱和漫长的就餐过程是被较为节俭的意大利人经常注意到的一个特点，后者将英格兰人称为贪吃鬼，[2]并称英格兰人每天要用5至6次餐。[3] 在波吉奥感到忧虑的许多年前，维斯帕香诺（Vespasiano）在英格兰时就提到就餐有时长达4小时，并不得不用冷水冲洗自己的眼睛以保持清醒；[4]其他人也见到了类似的情形，一个世纪之后，这种做法仍然在继续，尽管与女士的交谈开始占据所消耗时间的一部分。"英格兰人认为，没有比邀请他人用餐或被邀请用餐更光荣的事了；他们宁愿毫不犹豫地用五六个达克特金币（ducat）为一个人找乐子，而不愿在他身处困境时给他一个格罗特银币（groat）。"[5]

英格兰人喜欢享乐也是被旅行者们注意到的特征之一。英格兰人喜爱安逸，没有哪个农民出行不骑马；英格兰甚至被称为"享乐之国"（the land of comforts）。他们渴望新鲜事物或变化了的事物，则是另一个被观察到的民族特征，[6]在16世纪，他们因其反复无常而闻名。某天他们会在宗教方面做出一件事，第二天他们就

---

① *Rel. of England*, p. 25.

② Poggio, *Epist.*, I, 43.

③ Litolfi, 前引书信, p. 1671. 参见 Ubaldini, f. 112 b。

④ Vespasiano, p. 420.

⑤ *Rel. of England*, p. 22 及以下各处。

⑥ Falier, p. 26.

会做出另一件事。[1] 一名意大利人在提及这种对新鲜事物的爱好时称，英格兰人喜欢尝试从脑袋里冒出来的东西，就好像自己的想象能够轻易实现一样；因此据这名意大利人说，在英格兰发生的起义数量居全世界第一。可能由于这个原因，许多英格兰人会吹嘘自己家庭中曾被处决的成员。"不久前，一位外国人问一位英格兰高级军官，后者家中有没有被绞死或被肢解的人，这位军官回答说他'不知道'。另一名英格兰人悄悄对这位外国人说：'不要惊讶，因为他并不是贵族。'"[2]

226

旅行者们也注意到，英格兰人对其他民族或国家抱有某种傲慢心理或高人一等的感觉。利托菲（Litolfi）曾在书信中评论称，"如果有谁说英格兰是一个撒旦居住着的天堂，那么他并没有自欺欺人"。[3] 在此很多年前，就有英格兰人十分自恋并喜爱所有属于他们的事物的说法；他们认为没有其他人能与他们相匹敌，世界上除了英格兰之外，其他地方都不值一提。如果他们在与异乡人共享某种美食时，他们就会问这种东西在后者的国家里能否找到；他们无论何时见到一位英俊的外国人，他们都会说他看起来像英格兰人，或者说很遗憾他不是英格兰人。[4] 他们觉得自己比世界上其他任何民族或国家的人长得都更为英俊。[5] 还有一位作者评论称，英格兰的居民认为在英格兰之外什么都不存在，所以他们基于这一点得出的愚蠢观点，即便是稍有一点判断力的同国人都会因此发笑。[6]

这个国家的其他许多习俗都被这些作者描述出来。贵族们旅行时，习惯上要带着自己的仆人，其中一名仆人保管装有其主人斗篷、帽子和书本的小旅行箱，其他仆人则手持小圆盾和刀剑跟在后面。女士们骑马旅行，马是由仆从牵着的，她的女仆跟在后面，而

227

① Barbaro, p. 18.
② Litolfi，前引书信。
③ 同上。
④ *Rel. of England*, p. 20.
⑤ Litolfi，前引书信。
⑥ Ubaldini，前引书，f. 115 b.

这些女仆常常都出身高贵。①

　　旅行者们还记录称,英格兰大法官监护未成年人的制度(the system of wards in chancery)是国王的财源之一;国王掌管失去双亲的未成年人的不动产,并在后者成年之前获得这些不动产带来的收入。国王会把拥有较多财产的受监护未成年人送给他的宠臣当妻子或丈夫,如果其宠臣拒绝国王的好意,那么这位受监护未成年人必须向宠臣缴纳一年的收入,国王通过这种方法来奖赏自己的臣子。国王常常带有目的地进行速配,因为这样做媒可能被拒绝,从而其男性或女性宠臣就能够获得相应的一笔钱财。② 旅行者们注意到,妇女能够得到一笔数额不大的嫁妆。然而,许多像阿伦德尔(the Arundels)这样的家族,是通过母系血统逐渐使自己的财产增值的,其原因是,男性结婚时需将其不动产的 1/3 赠与其妻子,万一女方成为寡妇且没有子嗣,那么她就能随心所欲地处置这笔财产。因此,国王常常试图将他的一位男性宠臣与一位有钱的寡妇速配,要是后者拒绝,那么国王就能以“他想将两者的财产联合在一起”为借口占有女方的财产。许多寡妇因担心这种情况出现,在其丈夫过世后都会立即再婚。③

　　据称,英格兰人在理解力方面有天赋,他们对于所专心的事物反应十分敏捷。16 世纪初,旅行者们注意到除了教士群体之外,几乎没有人对学术研究感兴趣;然而,在这之后的一名作者评论称,有许多女性——主要是贵族——在古典知识方面非常博学。佩特鲁齐奥·乌巴尔蒂尼曾向他的意大利同胞提出一个奇怪的建议,即小心不能用直接反驳的方式冒犯英格兰人,而是应该通过一点一点地给他们说明真理,这样才能使他们产生认同。④

228

---

① Litolfi,前引书信。
② Raviglio, f. 62.
③ Rel. Michele, f. 28.
④ 同上, f. 116。

第六章　在英格兰的意大利商人

I

在中世纪漫长的时间里,贸易在英格兰的意义与其在意大利的意义之间,有着鲜明的对比。英格兰在很大程度上一直是一个农业型国家,其主要出口商品是羊毛;而位于西欧与东方贸易路线之中途的意大利,则在其城邦共和国中发展出了贸易型的生活方式,远远走在为当时欧洲人所知的其他地区之前。贸易大发展的到来,与文艺复兴第一个发展阶段相一致。但是,在此之前很久,威尼斯商人和热那亚商人在东方、意大利商人在西欧,早已使他们的国家成为了世界贸易的中心之一。正当欧洲其他地区仍深陷中世纪时,意大利城邦国家已学会从贸易中获得益处。他们贸易事业的成功带来了财富的迅速积累。他们是第一批将贸易生活及其思想引入西欧国家的人,他们教会西欧人如何运转银行以及其他金融事务方面的知识。如同在文学和艺术方面,意大利在贸易方面

也成为了欧洲其他地区的开路先锋。

意大利商人于中世纪早期就在法国香槟地区的大型定期集市中扮演着重要角色。他们之后逐步扩张至佛兰德斯地区,再越过海峡到达英格兰。类似地,他们跟随被罗马教廷派往外国的教士队伍来到英格兰,为这些教士提供商业和银行事务上的协助,并常常还担任教皇的收税官。

意大利和英格兰之间某种程度的贸易联系从很早的时期就已

经存在。例如一名佛罗伦萨的富商奥托·德格利·盖拉尔迪尼（Otto degli Gherardini）在 11 世纪末就定居英格兰，并拥有大量地产；其子沃尔特·菲茨·奥托（Walter Fitz Otto）则成为温莎城堡的主人。不久之后，约翰王（King John）与当时被称为托斯卡纳商人（*Mercatores Tuscie*）的意大利商人进行谈判，甚至一度禁止他们在英格兰经商，①尽管他向一名威尼斯人授予过贸易特许。又如佛罗伦萨大家族巴尔迪家族（The Bardi）曾将钱贷给亨利二世（Henry the Second）之子亨利王子（Prince Henry），但因为后者从未还钱而陷入困顿。但是，1229 年之前来到英格兰的意大利商人，宁可说是偶然或例外，也不能说是一种已经形成的常规性情况。就在那一年，马斯特·斯蒂芬（Master Stephen）——他是教皇派驻英格兰的宫廷牧师和大使，同时负责收取用于发动针对神圣罗马帝国皇帝弗雷德里克二世（Frederick the Second）战争的什一税——其随行人员中就出现了数名意大利商人，他们在教皇的保护下从事贸易活动。② 这位教皇还引诱不够谨慎的亨利三世（Henry the Third）同意让其次子埃德蒙（Edmund）接受西西里的爵位。教皇为了使其所花费的钱能被安全地支付，实现了对英格兰教会的控制，并且派遣了大量意大利人赴英处理相关事务。同时，越来越多的英格兰财富流入西西里，直至最后，被激怒的英格兰贵族们揭竿而起，意图推翻亨利三世，而教皇则剥夺了埃德蒙的头衔，这最终对亨利三世的统治造成了严重的损害。③

　　对于意大利的商人和贸易家而言，14 世纪的上半叶是商业十分繁荣的一个时期。陪伴着教皇什一税收税官的意大利银行业者，承担着将所收钱款转移至罗马教廷的职责。从此以后，佛罗伦萨、锡耶纳和卢卡的银行家和放债人出现在了英格兰人的文字记

231

---

① 参见 Davidson, *Geschichte von Florenz*，I，798. 以及 Goldschmidt, *Universal Geschichte des Handelsrechts*，I，186。

② Matthew Paris, *Chronica*，IV，410.

③ *Archæologia*，XXVIII，237.

载中,而据说在意大利,无论是谁,只要有可支配的现款,就能立即成为一位银行家。[1] 在英格兰的意大利商人迅速发展,在较短时间内将他们的事业扩展至全英格兰;[2]英格兰的国王和教士阶层尤其向意大利商人借了巨额钱款。

1240 年,英格兰国王发布敕令驱逐外国商人,[3]理由是他们在放"邪恶的"高利贷,但他们中的大多数通过行贿成功地逃避了这一敕令的惩罚。大约 11 年后,当他们再次舒适地在伦敦安居,并在教皇保护之下居住在这座城市最好的房屋中时,英格兰国王——也许是因为缺钱但不满他们不愿"纳贡"——指控他们是异教徒并犯下了冒犯君主(lèse majesty)的罪行。他们被指控通过高利贷玷污了英格兰,通过与教会的训诫相反的做法侵犯了王室的良知;但是与之前一样,他们通过付钱终止了这次迫害行动。[4]

虽然英格兰有许多风险,但这个国家为意大利银行业者和商人的事业提供了一块有利可图的土地,且毫不令人称奇的是,他们中有许多人回到家乡所在城市并在邻近地区购买了城堡和土地,例如锡耶纳的萨贝尼家族(the Salimbeni family)。但是,1262 年,教皇针对锡耶纳人发布了一项谕令,将他们逐出教会,并称在他们与教会和谐相处之前,他们不能获得任何债务的还款。[5] 这一谕令很快就有了例外,不久之后,锡耶纳人再次得到了教皇的保护,尽管他们的利益也受到了极大的损害。大约在此时发生的另一个事件则能说明,来自意大利不同城市的商人之间存在嫉妒,而且与佛罗伦萨人相比,锡耶纳人的能量正在下降。英格兰国王亨利三世在佛罗伦萨人的怂恿下,曾将所有的锡耶纳银行业者和商人逐出英格兰,结果,锡耶纳人向国王的兄弟康沃尔公爵理查(Richard, Duke of Cornwall)——刚被推举为神圣罗马帝国皇帝——写了一封

232

233

---

① 参见 F. Patetta, *Bollettino Senese di Storia Patria*,IV,320 及以下各处。
② Matthew Paris,前引书,III,328 及以下各处。
③ Matthew Paris,前引书,IV,8。
④ Patetta,前引书,p. 331。
⑤ 同前,p. 340。

信,①请求理查的保护,并诬称佛罗伦萨人是人类之敌。1260 年,锡耶纳人向他们的竞争对手认输,从此以后,佛罗伦萨人获得了支配地位。佛罗伦萨人此后长期保持着他们所赢得的领先地位。1375 年,教皇格列高利十一世(Gregory the Eleventh)发布谕令,将佛罗伦萨人逐出教会。英格兰坎特伯雷大主教威廉·科特尼(William Courtenay)将此谕令在英格兰发布后,伦敦人抢劫了所有佛罗伦萨商人的房屋。但结果是,英格兰国王开始将他们置于自己的保护之下,并因而获得了大量金钱,同时国王召唤大主教觐见,要求对其所作所为进行解释。

最初,意大利人仅仅是从事贸易活动的生意人或教皇的代理人。一般而言,他们是之前已成立的、从事一般性贸易活动的商团(companies)的成员。于是,在爱德华一世在位时期,英格兰有 4 个这样的被称为教皇财产(*campsores Papæ*)的锡耶纳商团。他们作为教皇代理人,每年将教会财产所得的 1/10 向罗马汇去。他们为了获得国王对上述活动的默许,常常让国王也能从这份收益中有所收获。② 而且,教皇首先要作为他们的保护人,在他们遇到麻烦时,站在他们立场上向国王求情。在亨利三世统治末期,意大利人已经在英格兰获得了牢固的立足点。他们所享受的便利,使他们能够向外国使节们发出信用证书,③而且他们可能是唯一销售汇票的人。他们也汇出大量钱款,以使涉及英格兰教会的诉讼和案件得到处理,因为这些案子一直是在罗马审理的。④ 另一方面,他们在英格兰购买羊毛;在爱德华一世统治时期,大量羊毛带来的收益为 10 个不同的意大利商团所拥有。⑤ 而且,在以借贷形式筹款一度特别困难的时期,像亨利三世以及爱德华一世、二世、三世等君主利用了这些意大利商人资源。爱德华一世在位时期,意大利商

234

---

① Donati, *Boll. Stor. Pat. Sen.*, V. 257。
② *Archæologia*, XXVIII, 214 及以下各处。
③ 同前,p. 218。
④ 同前。
⑤ 同前,p. 220。

人与王权联系紧密,卢卡商人甚至从英格兰向在巴勒斯坦的爱德华王子汇去了其所需的钱款,[1]并将英格兰本土的最新情报告知爱德华。随后,当爱德华登基时,他对这些商人的贸易活动予以保护,并鼓励他们中有更多人前来英格兰,为的是从他们那里获得他在别处搞不到的金钱。王室向意大利人贷款过程中,利息几乎没有能够兑现的,因为索取利息就意味着"高利贷",而"放高利贷者"则容易被人视为异教徒;但是通过发放一段时期内的无偿贷款的形式,高利贷的费用常常被规避。取代利息的,常常是一定数量的额外金钱,用于补偿商人们遭受的损失和其他花销。爱德华一世就曾向佛罗伦萨的弗雷斯科巴尔迪家族(the Frescobaldi family)拨付 10000 英镑,[2]用于补偿后者所蒙受的损失,而且爱德华一世常常还会给弗雷斯科巴尔迪家族以类似的额外费用。但是,之后随着贷款数额逐渐上升,利息也开始支付。例如爱德华三世因向一名卢卡商人贷了 14 万佛罗林金币而支付相关利息,为此他对自己进行约束,在贷款还清之前他不能渡过英吉利海峡。贷款的担保常常来自王室收入数额的一部分。爱德华三世曾用全英格兰一年的关税向佛罗伦萨的巴尔迪家族作担保,后者承诺每月提供 1000 佛罗林金币以供国王家庭开销。[3] 意大利商人为国王预付一些款项时,常常由大贵族或意大利商人(其他商团)作为英格兰国王的担保人;德比勋爵(Lord Derby)为国王作保时,甚至被限制在法兰西境内,直至莱奥帕尔迪家族(The Leopardi)商团预付所需款项为止。[4] 爱德华一世为了获得佛罗伦萨弗雷斯科巴尔迪家族一笔 11000 英镑的贷款,将全爱尔兰的收入作为担保;[5]因为意大利人在爱尔兰的活动远不如在英格兰那么积极主动。在爱德华一世统治后期,关税的确常常进入了意大利商人之手而非王室金库,而在爱

235

236

---

[1] *Archæologia*, XXVIII, p. 241.

[2] 参见前引书,p. 229。

[3] 同前,p. 230。

[4] 同前。

[5] 同前,p. 290。

德华二世在位时期,所有的王室收入都给了意大利人。①

　　另一条获得补偿的渠道则是王室授予他们的各种商贸特权。要不是国王具有善意,意大利人几乎不可能在英格兰追求自己的事业。某种古代习俗规定他们必须在登陆不列颠岛后的 40 天内卖掉或处置完毕他们的货物,而且如果他们报告自己的交易情况,则据称将得到一大笔奖赏;但只有英格兰商人的请愿书中曾提及意大利商人违反了上述限制规定。② 他们被委任的一些公职,也是一种获利的途径;他们常常成为捐税(subsidies)和关税的征收官,并且他们一般会负责造币厂,而造币工匠则主要是意大利人。不过他们也担任一些责任更大的公职;弗雷斯科巴尔迪家族的亚美利哥(Amerigo de Frescobaldi)曾在爱德华二世统治时期担任波尔多地区的治安官;同时期,阿尔贝托·德·美第奇(Alberto de' Medici)担任阿热努瓦地区(Agenois,又作 Agenais)犹太居民的法官。③ 他们看来也在英格兰境外担任着王室代理人或使者;在爱德华二世和爱德华三世统治时期,热那亚商人安东尼奥·佩萨诺(Antonio Pessagno)和安东尼奥·巴奇(Antonio Bache)多次参与国王的海外事务。④ 在王室把他们推荐给教皇和法兰西国王的书信中,也能看出他们在英格兰所得到的特权。意大利人的天赋使他们特别适合于各类外交工作;举例而言,据称于 1244 年,欧洲不同国家派驻梵蒂冈的使节中,佛罗伦萨人的数量不少于 12 名。⑤

237

　　意大利商人和放贷人在英格兰所享有的巨大成功,激起了英格兰国内的嫉妒和敌意。爱德华一世死后,单弗雷斯科巴尔迪家族就从这位国王的 118000 英镑的财产中获得 56500 英镑,其余的钱则被支付给其他意大利债主。⑥ 爱德华二世时期男爵起义后所制

---

① *Archæologia*,XXVIII,p. 231.
② 同前,p. 232 及以下各处。
③ 同前,p. 233。
④ 同前,p. 234。
⑤ *Delle eccelenze ... della nazione Fiorentina*,p. 18.
⑥ *Archæologia*,XXVIII,p. 249 及以下各处。

定的法令中,有若干条款特别针对的就是意大利商人:关税不再交外国人托管,所有从意大利商人那里获利者将被逮捕并被罚没货物和金钱收入。还有一个特别条款,专门把当时担任波尔多治安官的弗雷斯科巴尔迪家族的亚美利哥作为迫害对象。上述措施在一段时间内遏制了意大利放贷人,在那之后,他们开始主要向修道院和独立个人放出贷款,[①]这类交易安全系数较高一些。

　　最大一次打击是在爱德华三世统治时期发生的。佛罗伦萨的巴尔迪家族和佩鲁济家族(Peruzzi)曾尽其资金所能帮助这位国王,并且是国王与法兰西战争所需绝大部分资金的提供者。虽然国王赢得了这场战争,但还钱的事却一直往后拖延。尽管所有王室收入和羊毛产品都由他们获得,但是他们此前的支出是如此巨大,以至于在战争结束时,国王分别欠巴尔迪家族和佩鲁济家族100000英镑和135000英镑。而这些钱多数不是他们自己的,也是借来的或佛罗伦萨市民及其他外国人交给他们托管的。他们最终因无法偿付债务而丧失信用,进而破产。结果是,佛罗伦萨受到了巨大震动,其财富明显减少,"因为巴尔迪和佩鲁济家族拥有着基督教世界商贸的如此巨大份额,以至于他们失败之后,其他每一名商人的信用都受到了怀疑"。[②]

　　14世纪初,威尼斯人开始在英格兰登台露面,他们驾驶的是"佛兰德斯桨帆船"(Flanders Galleys),而这种船型将长期联结两个地区。[③]威尼斯人于1317年首次航行至低地国家,第一位威尼斯外交代理人兼"佛兰德斯桨帆船"船队队长加布里埃尔·丹多洛(Gabriel Dandolo)[④]就在这次远航中被派遣出使英格兰。从那时起,一些船只定期转至英格兰南安普顿方向航行,他们将东方的产品带到英格兰,并带回英格兰出产的布匹和羊毛。

238

239

---

① *Archæologia*,XXVIII,p. 257.
② Villani,*Cronica*,Bk,XII,ch. LV.
③ *Cal. St. Pap.*,*Ven.*,I,lxi.
④ 同前,I,cxxii。

不过,英格兰国王发现了这些船队的另一种用途。1340 年,爱德华三世致信威尼斯总督(Doge of Venice),①请求雇用 40 条或更多的船只为时一年,目的是在与法兰西之间的战争中帮助爱德华,此外还请求威尼斯总督向热那亚总督施压,敦促热那亚总督不要向法兰西华洛亚王朝的腓力六世(Philip of Valois)交纳任何贡税。英格兰国王的这封信展示出一种骑士风度,例如他写道,为了避免流血和杀戮,他已经拒绝与腓力六世决斗,也拒绝双方各出相同数目的骑士进行战斗,他挑战腓力的方法,是要求后者进入狮穴,如果腓力是一位真正的国王,就能全身而退并证明自己的王权合法性。在信中,爱德华三世还提出,在英格兰的威尼斯人与他的英格兰臣民处于平等地位,他提议威尼斯总督送一个或两个儿子到英格兰宫廷接受教育,他保证将授予他们包括骑士身份在内的所有荣誉。

南安普顿在两百年间一直是意大利与英格兰之间贸易往来的中心。② 1379 年,一名曾向英格兰国王承诺将南安普顿变为西欧大港口的热那亚商人,被伦敦商人所暗杀,因为英格兰本土生意人对意大利人十分嫉妒。热那亚共和国也曾抱怨其商贸活动受到了英格兰官方背景的私掠船的破坏,并因此于 1371 年批准了一个与英格兰的商贸协定。1372 年,乔叟(Chaucer)与两名热那亚人詹姆斯·普罗南(James Pronan)和约翰·德·马里(John de' Mari)组成一个委员会,协商在英格兰海岸线上确定一个地点,以便热那亚人在那里设置一个商贸机构。

但是英格兰商人怀有很深的敌意。他们在议会提出一个议案,禁止威尼斯人运输除本地产品之外的任何货物,其目的在于破坏威尼斯与英格兰之间的贸易;他们还支持另一个法案,即禁止向热那亚人销售任何商品,甚至禁止运输任何货物到热那亚的港口;同时 1439 年的一条议会法案——波利多尔·维吉尔时期仍然有

240

---

① *Cal. St. Pap.*, *Ven.*, I, 8.
② Mrs. J. R. Green, *Town Life in the Fifteenth Century*, II, 290.

效——禁止外国人向英格兰人之外的其他人销售商品,目的是阻止外国人垄断所有贸易。但是,这种嫉妒心在某种程度上是情有可原的,因为英格兰的大多数国际贸易被意大利人所掌控;例如阿尔伯蒂家族的佛罗伦萨商团就控制了所有从英格兰南安普顿运往法兰西加斯科涅的羊毛。① 对于中世纪时期英格兰和意大利之间存在的某种贸易活动的记述,这里已经足够了。经常被引用的伦敦"伦巴第大街"(Lombard Street)之名,仍然见证着那个意大利人掌控银行和汇兑活动的时代。意大利人城市共和国的自由商业,他们的大规模海运,他们所占据的在东方和西欧之间的险要位置,都使他们成为中世纪时期贸易中的主导力量。在欧洲其他地区从中世纪封建美梦和不实际的理想中苏醒过来之前很久,意大利人就已经意识到了贸易的各种益处。意大利人的成功激起了与它们有贸易往来的其他国家或民族的嫉妒和敌意。但是王室的保护和贵族的宠爱使他们占据了很高的地位,同时那些极力谴责他们的人也学到了他们所教授的商业课程。

241

II

意大利文艺复兴时期的商业史与其在中世纪的发展相比,并不存在一种突然的转变。虽然商业发展的成长可能并非十分有条理,但它仍保持着一种持续不停的发展势头。因此,在向英格兰引入人文主义以及意大利商业在英格兰的发展两个方面,"15 世纪"都具有同样的重要意义。同时,15 世纪的结束也标志着英格兰与意大利之间商业交往一个阶段的终止,当时意大利人不再将英格兰仅仅视为一个可以被利用的国家,而是视为一块他们可以定居于此的土地,是一个可以获得市民身份并光明正大地引以为豪的地方。

242

如果我们观察 15 世纪伦敦一家意大利银行的构成,也许会发

---

① Mrs. J. R. Green, *Town Life in the Fifteenth Century*, II, 290.

现一些有意思的地方；比如可以说明这样一家公司建立起来的方式以及合伙方之间所签订的协议，包括他们如何分享利润，每个人投了多少资本，我们还可以研究管理的细节，可能面临的风险，海运中需要支付的保险，以及违约的惩罚形式；简言之，我们可以从中重现 15 世纪一家商业公司的整体组织架构。

　　1446 年 5 月 31 日签订的一份合同就是一个典型的例子，这份合同的一方是科西莫·德·美第奇（Cosimo de' Medici）和乔瓦尼·本奇（Giovanni Benci），另一方是杰洛佐·德·皮格利（Gierozo de Pigli），合同的目的是在伦敦做一桩生意。① 这份协定是为杰洛佐而定制的，他是一位资本不多的年轻人，因这份为期 4 年的合同而被派往英格兰，从事货币汇兑业务和日用品杂货贸易。合同所成立公司的资本总计 2500 英镑，其中科西莫和乔万尼出 2166 英镑，杰洛佐出剩余部分，所有投资应于当年 11 月 1 日到账。如果投资没有按规定时间支付，那么将抽取 12% 的利息。杰洛佐将前往伦敦并亲自操办公司事务，他如果要离开伦敦就必须向合伙人写信征得同意，但可以为了公司工作前往南安普顿或英格兰其他地方出差。如果他未经合伙人同意离开伦敦，则必须自己承担风险和开销；否则就由整个公司来承担。

243

　　科西莫·德·美第奇和乔瓦尼·本奇每人获得 2/5 的利润，杰洛佐·德·皮格利获得剩余 1/5 的利润；如果发生亏损——"上帝不允许这种情况发生"，各合伙人所承担的比例也是一样的。在合同有效期内，所获利润也不能与商业事务分离。但是，科西莫和乔万尼两人一起，或甚至是科西莫单独一人，在他们认为合适的时候，在 4 年合同期届满之前有终止这份合同的特权。杰洛佐每年最多只能花费 33 英镑 10 先令在必要的开销上。而且，根据该合同条款，杰洛佐不能向任何有爵位者（Signori）以任何形式放贷，只能将钱借给具有良好声誉和信用的商人和工匠。但是，由于向教士和朝圣者赊售罗马汇票以及向希腊罗得岛的贵族以及其他贵

---

① *Carteggio Mediceo avanti il Principato*，filza 94，Archives Florence.

族、朝圣者赊售威尼斯汇票往往是必要的,而且这种行为常受到王室宫廷的保护,因此这份合同在某些情况下允许杰洛佐以其他形式放贷,但他在这过程中处处都需要依赖自己的判断力,并保证他自己有承担风险的充分准备。

杰洛佐·德·皮格利还进一步被要求,在未经科西莫·德·美第奇和乔瓦尼·本奇同意的情况下,不得购买价值超过 500 英镑的羊毛或布料。他不得通过佛罗伦萨或威尼斯桨帆船运送价值超过 1500 达克特的货物;超过部分他须购买保险。如果货物用其他国家的轮船运输,他也须购买保险,否则他只能自担风险;而且他不能为其他任何人投保,除非自掏腰包。他必须保证,在合同有效期内不直接或间接从事其他类型商品或汇票的业务,除非他征得了科西莫和乔万尼的书面许可;如果违反合同条款,每违反一次他就得支付 500 弗罗林的罚金。他也须承诺不参与赌博或掷骰子游戏;否则,10 达克特以上的赢钱就得充为公司所有,而同时他必须自己承担所有输掉的钱。而且,他接受的任何价值 10 达克特以上的礼物都将归公司所有。

杰洛佐·德·皮格利需要至少每年一次、或在科西莫·德·美第奇和乔瓦尼·本奇需要的任何时候向佛罗伦萨发送他的资产负债表和账本。在征求科西莫和乔万尼意见之前,他不能与其他任何公司商谈重要贸易业务。在科西莫和乔万尼同意之前,他不能做出从英格兰运出黄金等任何违反英格兰法律的事情,他也不能将公司直接或间接牵扯进入此类事件,每次违反上述规定,他须缴纳罚金 500 达克特。

这份合同也规定了在合同快终止时,在从事任何合同之外的新事务之前的一些细节。除非合同条款有更新,合同签署者必须把自己约束在处理原公司事务上,完成原公司的业务,尽管杰洛佐须由公司出资继续在英格兰待上额外的 6 个月时间。伦敦的房屋和公司的书籍属科西莫和乔万尼所有,但杰洛佐对上述书籍有使用的权利。科西莫和乔万尼将负责看管和处理所有未付清的债权人以及将要付给这些债权人的钱款。

244

245

科西莫、乔万尼和杰洛佐严肃地遵守并执行着上述合同条款，共同面对可能在佛罗伦萨商人法庭（the court of the *Mercanzia*）或英格兰、布鲁日等地任何法庭上遇到的困难处境；他们认可自己所签署的协议，并发誓忠诚地遵守之。

同一案卷中的第二份档案，则包含了科西莫和乔万尼在合同签署的同一天，给正要启程前往伦敦负责新公司的杰洛佐的一些指导。这些指导包括，他如何与其他意大利商人处好关系，他将要放的贷款和卖出的汇票的性质应是如何，等等。由于杰洛佐比较年轻，因此他首先应该对他自己和他所负责的公司有一种小心谨慎的态度。他前往英格兰的旅程也得到提前规划；在他合伙人的判断下，他似乎最好能沿着米兰、日内瓦、勃艮第、布鲁日的路线到达伦敦。他需要将一封介绍信呈给米兰的亚历山大·卡斯塔涅奥罗（Alexander Castagniolo），后者将在他需要的情况下向他提供进一步的建议、协助以及金钱，他还能在日内瓦得到资助。他一开始就被告知，他能够向哪些公司放贷，这些公司的好声誉自科西莫年轻时候开始就没有下降过。在米兰他还能够让自己熟悉一些其他的事务。旅程的下一站是日内瓦，他在那里可以住在公司自己的房屋中，因为科西莫·德·美第奇在许多城市都拥有分公司。他被要求去激励负责这个城市分公司事务的年轻人尽其所能，如果必要的话，他可以亲自向他们提供建议，因为日内瓦公司的经理对公司事务心不在焉；据称，这里的年轻人将遵行他提供的任何他认为合适的建议。在布鲁日，他也能住在公司的房屋中；他需要在那里激励两位名叫西蒙·诺里（Simone Nori）和 J. 波尔蒂纳里爵士（Sir J. Portinari）的代理人不遗余力，使他们能够有一种自知之明，明白他们自己到底在做什么。杰洛佐需要将有关情况以及他所提出的建议向科西莫和乔万尼作报告；同时，后者则会给西蒙·诺里写信要求服从杰洛佐并遵守其指导。

到达伦敦后，杰洛佐被告知住在其两年前取得的那间房屋内，并以公司的名义订立一切必要的商业协议。杰洛佐还有一封写给安吉洛·塔尼（Angelo Tani）的介绍信；塔尼是杰洛佐的下属，遵照

246

247

杰洛佐的指挥行事；科西莫建议，塔尼最适合的工作是记账和办理来往信件。卡尼吉亚尼（Canigiani）是这个公司的另一名成员，可能最常担任的职务是柜员，还有一名公司成员学过英语，将在其他地方工作；杰洛佐被授权以合适的方式使用上述公司成员。杰洛佐受到提醒，他不能在未批准的情况下让其他成员办理汇票和借贷业务。只要某个地方有科西莫和乔万尼的分公司，杰洛佐就只能与他们的分公司做生意；例如在布鲁日，科西莫和乔万尼就认为，杰洛佐最好与西蒙·诺里做生意而不是其他任何人，他俩还认为，杰洛佐将能够在西蒙·诺里的协助下处理一些能够盈利的业务。在这样一些有分公司的地方，杰洛佐应该选择最好的商人，但对那些对他好的人，在给他们完全的尊敬的同时，也须十分小心。杰洛佐应该将那些价值在 1000 或 1500 弗罗林之间的羊毛和布料，运送到美第奇家族分设在罗马、佛罗伦萨、威尼斯的各个分公司，或者运送到本奇家族设在日内瓦的分公司，以及位于阿维尼翁和比萨的联盟旗下公司，杰洛佐还须照办科西莫和乔万尼交给他的所有指示。许多公司，一听闻这个在伦敦新成立的公司时，就希望将货物委托其进行销售。因此，他最初得到建议，他应该与哪些公司产生业务往来。例如在那不勒斯，就并没有具备足够声誉的公司可供杰洛佐进行生意合作；罗马和帕齐（Pazzi）的公司和商人的信誉最佳；这份档案中还提及了其他若干家最多给予 1500 弗罗林信用额度的公司。在佛罗伦萨也有好公司，例如塞里斯托利家族（Serristori）和鲁切拉家族（Rucellai）的公司。科西莫承认，他对威尼斯的公司有所疏忽，并建议杰洛佐在与威尼斯的公司往来时应十分谨慎、稳健，但科西莫还提及了位于热那亚、阿维尼翁、巴塞罗那和巴伦西亚的具有不错声誉的一些公司。科西莫警告杰洛佐，要提高警惕，不要支付超过商品价值的钱款；也不要在未经特别批准的情况下，向任何热那亚和威尼斯的商人汇款或办理汇兑。杰洛佐不能与布列塔尼或加斯科尼的商人有商业往来；但如果有人委托他销售或运输品质优良的酒，那么只要这单业务不那么重要，他就可以接受这批货物。科西莫还认为，杰洛佐最好不要与加泰

248

罗尼亚商人发生联系。至于在佛兰德斯市场中经营的英格兰籍商人,杰洛佐则需要依靠他自己的判断力和辨别力去与他们做生意。

科西莫和乔万尼希望杰洛佐能获得英格兰君主的青睐;如果杰洛佐希望得到"普罗旺斯的雷内"(Réné of Provence)的任何建议,那么只要和科西莫等人说一声,后者就会很快用书信把相关建议寄过来。杰洛佐在伦敦不仅能够负责所有事务,而且那里的年轻雇员将视他为老板,遵照其指示行事。

III

大众对于意大利商人的敌意很难消除,意大利商人在商业上的成功只会增加这种敌意。英格兰人对所有外来事物的厌恶,长期以来都是这个民族的特点,伏尔泰(Voltaire)自己就曾被一伙伦敦人用嘘声驱赶,原因没别的,只因为他是外国人。在早年,大众对外国人的愤怒情绪以频繁骚乱这种较为暴力的形式表现出来,当时,国王不得不将这些外国人置于自己的保护之下。这种对所有外国人的敌意在欧洲大陆广为人知。意大利的贵族曾经向英格兰人威廉·托马斯询问这种敌意到底是怎么回事;[1]托马斯答称,这种敌意在英格兰还没有外国商业的时候就存在,当时无知的人们经常把到英格兰做生意的外国人想象成是来掠夺他们的强盗(而不是去买东西的),并认为只有在原国家生存不下去的外国人才来英格兰掠夺当地人。托马斯继续说,但那都是过去的事了。可是,此后到英格兰的旅行者们仍然在抱怨英格兰民众向他们表现出来的无礼和粗鲁。在威廉·托马斯的时代之前很长一段时间内,这种抱怨声音相当多,在南安普顿,意大利人和英格兰人之间的斗殴频繁发生。[2]一名大约于1500年左右在英格兰旅行的意大利人,就注意到了这种针对外国人的普遍厌恶感,据这位意大利人说,这些英格

---

① *Pilgrim*, p. 6.
② *Cal. St. Pap.*, *Ven.*, I, 5.

兰人觉得外国人如果不是为了征服这块土地上的人民或者夺取英格兰的产品,就不会踏上英格兰;[1]另一名于 1516 年在英格兰旅行的米兰人也就英格兰人对外国人的敌意作出过类似的记叙。[2]

英格兰议会曾数次通过了针对外国商人的近乎无理纠缠的法案。1455 年通过的一个法案禁止意大利商人购买英格兰乡村生产的羊毛或羊毛织的布料,并规定只能在伦敦、南安普顿和桑威奇(Sandwich)3 个城市购买上述商品。[3] 而在这一法案产生数年之前,一些干扰性事件早已陆续发生。威尼斯桨帆船上的羊毛频繁遭到扣押,威尼斯总督曾对此类事件以及不公平的管制性贸易规则进行抗议。[4] 佛罗伦萨商人也遇到不少麻烦事,他们之前享受的王室优待如今被取消,原因是有一名为王室办事的英格兰人在佛罗伦萨还有一些未处理完毕的索赔案件。佛罗伦萨人因此走到一起,推举宾多·达·斯塔乔(Bindo da Staggio)作为他们在英格兰国王那里的"大使",向国王请求续签通行许可证并再次允许佛罗伦萨人购买英格兰的羊毛。[5] 他们为了获得王室的上述特许,就需要付出一笔数量可观的金钱,他们为此投票决定向宾多每年拨付 550 达克特,并连拨 8 年;这笔金钱源自英格兰和托斯卡纳之间来往贸易的桨帆船,这些船因此将上缴其所携货物价值的 0.5%。任何违反这项协议的人将被罚款 500 弗罗林。所有的争议将提交给专门设置的"航海执政官"(the consuls of the sea),其职责即是统辖涉及海洋的贸易。此外,为了赔付一个案值为 4400 达克特的英格兰人提出的索赔,上述桨帆船还须再缴纳 0.5% 的税款。以上都是伦敦的佛罗伦萨商人所宣称的麻烦事。此外,还有其他防范可能发生的"诡计"的措施,以及对违反规定的进一步罚款手段,而所有这类事务的管理都将在"航海执政官"那里进行统筹。如果有佛罗伦萨

251

① *Relation of England*,p. 21 及以下各处。
② Add. Ms. 24,180,Brit. Mus. ,f. 29.
③ Mrs. J. R. Green,前引书,II,293。
④ Beckynton,II,126.
⑤ *Film Sirozziana*,Archives Florence,294 Cte. ,135—136,1448 年 8 月 31 日。

人因为"报仇"的缘故在英格兰被捕,那么只要"解决问题"的花费不超过 500 弗罗林,这笔钱就会从上面提到的税款中开支。还有一位从佛罗伦萨人中选出的行政官员,负责对所有居留在英格兰的佛罗伦萨人进行管理,以使他们呈现良好的组织性。弗朗西斯科·斯特罗齐(Francesco Strozzi)和杰洛佐·德·皮格利这两位常居伦敦的佛罗伦萨人被委任此职,不过他俩需要自己协商具体由

252

谁负责哪一段时间。早在中世纪,某一侨居地的商人群体就会选出一位文官,代表这些商人的利益并进行管理,他的薪酬数由商人们自行决定。而上文提及的弗朗西斯科和杰洛佐就是佛罗伦萨人在伦敦委任的首批此类行政官员。也许有着同样的"不幸经历",其他地区的外国商人团体也以相似的形式组织在一起并制定自我保护的措施。1456 年,一场民众骚乱迫使意大利商人暂时离开伦敦到别处寻求避难。于是,伦敦的佛罗伦萨人、威尼斯人、热那亚人和卢卡人共同签订了一个协议,他们发誓,在 3 年的时间内,不再踏上伦敦这片土地并且不再与那个城市的任何人发生商业联系。这一协议本身值得我们进一步考察。[①]

这份协议以上帝、圣母以及天堂的名义起头,签署人为威尼斯、热那亚、佛罗伦萨和卢卡常驻伦敦商人派出的代表,协议对上述各个地区的商人产生约束,并规定各地区大使或领事有权对任何违反协议者施以 200 英镑的罚款。而如果上述大使或领事拒绝执行这一罚款处罚,那么他们自己将对此负责,并缴纳相同数额的

253

罚款。此外,签署协议的商人一致同意携带自己的所有财产在 6个月内离开伦敦(除非是得了严重的疾病或遭到监禁等等使之无法离开伦敦的恰当理由)并前往温彻斯特或英格兰的其他地方,只要不待在以伦敦为中心半径 30 英里的地域之内即可。只有那些手头还拥有酒类货物的商人能够留下,但他们必须在 6 个月内向各自的大使或领事报到,发誓自己只卖此类商品而不卖其他任何商品。但任何商人都不能在协议签署 8 天后即 7 月 1 日之后再进

---

① *Filza Strozziana*, Archives Florence, 294 Cte., 138,139,1457 年 6 月 22 日。

口任何商品,包括不能以直接或间接的方式接收任何货物。7 月 1
日起的 6 个月后,即 1 月 1 日之后,不得与伦敦的任何人发生任何
形式的商业联系,也不得在伦敦买卖汇票。但有一条特别条款规
定,途径丹麦西兰的货物可以在上述时段进行中转运输。

　　该协议的签署者还须尽其全力劝说所有意大利、西西里、加泰
罗尼亚或西班牙的商人,在协议规定的时段内,不在伦敦从事贷
款、进口、销售商品或汇票等任何性质的活动,而如果这些商人没
能做到这点,那么就会被其他商人排斥或以任何可能的方式受到
联合抵制,甚至于拒绝其货物用其他商人的船只运输。协议签署 　254
者须向各自政府写信,请求后者签字认可协议中的条款并以适当
数额罚款的形式督促各地其他人也遵守该协议。至少威尼斯上议
院在很短时间内通过了这一协议。[①] 各地区的大使或领事需要向
与英格兰进行贸易的商团负责人发出通知,要求这些商人必须遵
守协议条款;而得到通知的商团负责人应在合理的时限内到大使
或领事面前就其管辖运输的货物作证。

　　签署这个协议的四国商人,必须在 3 年的时间里约束自己远离
伦敦,只有在所有四方的一致同意下才能返回;3 年期将满时,必须
由三方以上的多数来决定是否需要延长远离伦敦的时间。在协议
终止的 3 个月之前,每一方将派出 2 名代表开会,以 3/4 的多数票
来决定下步行动。但协议又规定,5 年之后,他们在任何情况下都
有权决定自己的行动。每个地区的商团也被允许派遣一名代表到
伦敦,但只能在那里收取尚未偿还的债务。

　　四个地区商团的代表就这样签署了上述条款,他们举行圣礼,
发誓遵守协议否则将受到永恒诅咒一般的惩罚。这份协议一式 4 　255
份,每个地区商团存留 1 份。最后,他们承诺,即便在履行这些互
相的义务时可能产生一些意外,但如果没有合适理由,他们不能损
害各自的利益。

　　这份协议所显示的是意大利商人针对伦敦愤怒民众的怨恨和

---

① *Cal. St. Pap.*, *Ven.*, I, 84.

暴力的相应自卫措施,因此很有探讨价值。1461 年之前他们就回到伦敦这一事实表明,他们这么做可能并非完全没有效果。[①] 因此,继续远离伦敦被认为是没有必要的,而且从那时开始,再也没有材料表明他们有进一步的强加给自己的"放逐"行动。这一协议也展示了他们所具有的组织力;他们有能力展示他们的力量,而且不仅约束自己,还能约束其他害怕招致他们不悦的商人。他们自己的执政官(Massari)是每个商团的可靠官员,这些官员仍然维系着英格兰与各所在地区政府的官方联系。由于他们和自己家乡之间存在着紧密的联系,在这一商业贸易发展的早期,他们从不试图明确将自己等同于贸易对象地区的公民,决不会切断把自己与家乡连接在一起的纽带。因此,我们就能合理地认为,佛罗伦萨或威尼斯的公民很有可能是比"英格兰人"更为高贵的"头衔";而且英格兰人向外国人所显现出的怨恨,成了外国人向除了自己家乡以外的政权效忠的障碍。

虽然意大利商人在英格兰遭遇了这样那样的困难,但他们还是实现了事业的成功。1465 年,在他们返回伦敦之后不久,一个旨在英格兰做生意的新公司在佛罗伦萨成立:这次最大的股东是皮耶罗·德·美第奇和 J. 波尔蒂纳里爵士。一些与之相关的预备性协议条款也留存至今。[②] 这一协议与我们上文已经提及的协议类似,因此这里不再赘述其细节,在该协议中,英格兰的商业事务被委派给卡尼吉亚尼和乔万尼·德·巴尔迪(Giovanni de Bardi)两人。该公司总资产 2000 英镑,其中皮埃罗·德·美第奇一方出资达 900 英镑;所有的商业谈判都有指导方案,而且须以诚信、正直的精神来开展汇兑和接待业务。而且,利润的 1/10 将被用于慈善救济,包括修建教堂等表明宗教虔诚的活动,但这些活动必须由皮埃罗·德·美第奇和托马索·波尔蒂纳里亲自处理。现在去佛罗伦萨旅游的英格兰人,如果见到他祖先的钱被意大利人赚去之后用

---

① *Cal. St. Pap.*, *Ven.*, I, 84.

② Archives Florence, fliza 99, *Mediceo Avanti il Principato*, 108.

于修建这一城市文艺复兴风格的教堂，也许他会感到些许安慰。

地位相对较低的合伙人，每人每年可获得 15 英镑在伦敦的开支额度，这可能是当时须在伦敦花钱买通关系的一个证据。他们必须约束自己不能以直接或间接的形式从事任何其他类型的商业活动。其他规定则是关于账目汇报、伦敦雇员、请假许可、商业终止以及其他各种可能发生的事件。该协议指导他们，在运输商品过程中需要加上保险金；普通轮船运输的保险额最多是 50 英镑，如果用威尼斯或佛罗伦萨的桨帆船运输，则最高保险额是 100 英镑。他们绝不能给其他货物上保险；他们也须保证，不能把自己的或他们亲友的活动与公司混在一起。所有价值超过 2 英镑的礼物，必须交给公司，否则就在他们自己的账上扣款。他们还须承诺，除非自担风险，否则他们不能做违反英格兰国家法律的任何事。他们忠诚地发誓遵守这一协议，并将所有可能引发的争论交由法庭决定。

上文提及那 2 份协议，很好地说明了那个时代的商业生活以及英格兰和意大利之间存在商业联系的特点。一方面，意大利商人向他们自己的国家进口的羊毛和羊毛布料，英格兰当时正以之闻名。另一方面，他们输出一般性商品，特别是东方的香料和特产，[①]因为那时意大利人是东方和西欧之间的贸易中间人。此外，他们还从事银行、借贷和汇兑活动；他们在文明世界不同地区所拥有的十分突出的便利性，使他们几乎得到了此类金融活动的垄断地位；同时，他们的转口贸易在那个时代可算是体量庞大，意大利的船只长期在海上占据着支配地位。但是，他们在不同商业领域上的成功，激励了一些英格兰商人和水手，后者以意大利商人为榜样，也获得了利润。

1483 年，英格兰国王理查三世发布了一项管理意大利商人销售活动的法令。理查三世限制意大利人贸易活动的原因可能包括：他们批零兼营的行为"侵犯"了本土商人的利益；他们没有在英

---

① W. Heyd, *Geschichte des Levant Handels*, II, 715.

格兰花掉所赚的钱因而他们的成功对英格兰没有益处；他们互相玩弄计谋等等。不过，在亨利七世国王的明智立法下，英格兰于1485年与佛罗伦萨共和国签订了一项贸易协定，①经由该协定，英格兰商人负责每年向佛罗伦萨运送足够的羊毛，供给意大利地区除威尼斯之外的所有城市，同时，佛罗伦萨人承诺不购买由非英格兰船只运输的羊毛。作为回报，佛罗伦萨人也得到了与英格兰人对等的各种特权。1507年，亨利七世更新了威尼斯人的贸易特许状，②但条件是威尼斯人不得再从事英格兰和佛兰德斯之间的转口贸易，后者留给所谓的"投机商人"（Merchant Adventurers）去做。

259

　　文艺复兴在英格兰发展的早期阶段，是与商业贸易的发展和自我保护阶段一致的。当商业活动在封建主义的欧洲仍被轻视时，意大利人已经认识到了它的前景。他们的手法和思想被广泛追随、模仿，领域包括银行、汇兑以及其他行业分支。英格兰在很多方面都依赖于意大利；一个很小的例子就可以说明这一点，英格兰诺丁汉的著名布料长期以来被运往意大利，为的是能够获得后者特产的猩红色染料。③英格兰在商业以及其他各个方面，都从意大利接受到了一种强有力并且持续时间很长的刺激。通过这种交往带来的各种机遇，意大利在其他领域的影响缓慢地向英格兰渗透了进去。虽然据称约翰·弗里在家乡布里斯托尔被一些意大利商人鼓励而前往意大利学习，但是，商业无法单独发挥作用。不过，对商业活动的影响只是这场横扫欧洲的文艺复兴巨浪的一个部分而已。

IV

　　文艺复兴时期在英格兰的意大利商人历史中，并没有一条明显

---

①　Mrs. T. R. Green，前引著作，I，117。

②　同前引。

③　Mrs. T. R. Green，前引著作，II，326。

的分界线。但在不同的时期,我们还是能够清晰地辨别出若干个突出的视角。例如,在早期,我们就会感到,在意大利商人和他们的贸易对象之间存在着一条鸿沟。他们在英格兰居留的时间,几乎可视为被流放的岁月,他们得忍受贫困,待在他们认为是"野蛮人"的当地居民之中,并且必须指出的是,他们常常面临着危险。富商从意大利向英格兰派出涉世不深的年轻人在那里建立商业分支机构,自己则待在家乡;那时,他们除了商业事务之外,决不会努力认同英格兰的生活或与之发生什么实质联系。毫无疑问应该承认,就他们而言,这样一种尝试本来在很大程度上含有一种倒退到旧时代的属性。因为按现代人的思路来说,在中世纪和文艺复兴之间应该有一种清晰的分开两个时代的断裂。而当旧时代的阴影在新时代的光亮前缓缓后退时,我们很难想象出这种渐进的变化过程。但是两者之间的分隔,无论是从空间还是从时间角度讲,都十分明显,而且能够标志出这种分隔的"那几年",在每个民族或地区那里都有所不同,这种分隔出现得越晚,变化所经历的时间反而越长。在英格兰,中世纪的生命力在整个 15 世纪的近 100 年中慢慢衰弱,而当时还没有什么事物能够取代它的位置。意大利那新时代火苗的微光,不时地在阿尔卑斯山上方闪烁,而同时,被意大利文艺复兴早期阶段的氛围培育起来的人们,却离开了自己的故土,前往外国经商。当时在伦敦和佛罗伦萨之间,几乎属于两个不同的时代。无论威尼斯人和佛罗伦萨人在英格兰的中世纪语境中如何体现出"优越性",他们的范例似乎是在无意的状态下推动了英格兰的文艺复兴"事业",并使新知识进入英格兰的速度得以加快。约翰·弗里的故事对于我们明白当时发生的事情具有重要意义。那些商人们在家乡时喜爱彼特拉克和奥维德,如果他们"流放"在外国时,生意的闲暇中没法读这两人的作品,这一定是非常奇怪的事情。因此,我们很容易就可以想象,意大利诗人和人文主义者的一些早期手稿是由意大利商人带来英格兰的,它们至今仍然被收藏在牛津和剑桥的图书馆中。

在英格兰特别是在伦敦的意大利商团,不可能永远与当地人保

260

261

持距离。文化上互相隔离了这么长的时间，可能造就了分隔两地民众的一条天然鸿沟；但是在文艺复兴的第一批种子在英格兰生根之后，以及在新时代的精神通过多种渠道在这里发芽之后，那道鸿沟在很大程度上却弥合了。在各种因素中，最有助于意大利商人和英格兰人之间友好交往的，是牢牢集中并掌握在国王手中的权力。亨利七世采取各种措施使本国民众在商业中获利，并意识到意大利贸易以及与意大利商人之间的友好关系能带来益处。较早期颁布的法令确实对意大利商人有利，如亨利六世的一条命令规定，只有热那亚、威尼斯、佛罗伦萨以及苏格兰贝里克（Berwick）商人可以从英格兰出口锡或铅（但不能运至加莱）。① 必须指出的是，王室对外国人的负面偏见总是最小的，王室还尽其所能保护意大利人免受伦敦民众的暴力威胁；但是直到都铎王朝，英格兰王室才开始试着不仅培养与意大利商人之间的关系，更开始注意与意大利商团搞好关系。1496 年，即亨利七世统治时期，威尼斯和英格兰的外交交往真正开端。② 皮埃特罗·康塔里尼（Pietro Contarini）和卢卡·瓦拉特索（Luca Valatesso）两名威尼斯商人，是威尼斯执政团派驻伦敦的办事人员，他们曾劝说国王加入了反对法国的神圣同盟。③ 1497 年，威尼斯派遣安德烈·特雷维萨尼作为常驻大使，其数年后派驻的另一名大使弗朗切斯科·卡佩罗（Francesco Capello）还被国王加封为爵士。上文已经提及，亨利七世与佛罗伦萨、威尼斯签署有商业条约，并在宫廷中将一些意大利人视若宠臣。在很多方面上述情况都很明显；英格兰与佛罗伦萨的第一批

---

① *Hist. Ms. Com.*, Hatfield House, V，136.

② 意思是，两国之间的定期贸易在那时开始。1317 年，威尼斯的第一位代理人是加布里埃尔·丹多洛。另一位名叫安东尼奥·本博（Antonio Bembo）的威尼斯人曾请求亨利四世下令，要求诺福克公爵偿还从他那里借走的 750 达克特，诺福克公爵借这笔款的目的是于 1404 年前往巴勒斯坦朝圣。当时的威尼斯总督迈克尔·斯蒂诺（Michael Steno）也介入此事，替安东尼奥·本博说项。（Cot. Mss.，Brit. Mus.，Nero B. VII, 5 and 6.）

③ Rawdon Brown, *Four Years at the Court of Henry VIII*，I，xx，注释。

外交书信①就包括了亨利七世致佛罗伦萨市政厅的几封信，②国王在信中要求后者协助自己的意大利籍侍从武官安波尼奥·斯皮诺拉（Ambonio Spinola）取回一定数量的金钱以弥补损失，并宣称他也希望在自己的国民那里有类似的"需求"。另一封信则建议他派往佛罗伦萨的意大利籍侍从安东尼奥·科尔西（Antonio Corsi）③购买足够装3头骡子的金丝布料和丝绸，同时极力表示他可以尽自己所能来报答这位意大利人。

263

　　虽然在很长一段时间内，意大利人不被允许在伦敦拥有店铺，④但是当他们回到那里之后，他们甚至开始比以往具有了更大的重要性，而且在宫廷中几乎有一个属于他们的固定位置。例如亨利八世为托马斯·科尔博（Thomas Corbo）、乔万尼·卡瓦尔坎蒂（Giovanni Cavalcanti）等受他宠爱的商人写推荐信，这些推荐信或是致教皇，或是致其他显贵人物。⑤ 毫无疑问，16世纪早期从意大利前往英格兰的手工工匠，在很大程度上受到了已经在英格兰的商人的鼓励。如今，意大利人通过不止一种方式，与英格兰当地社区很好地融合在了一起。不时会有意大利人因为各种的缘故与某位英格兰当地人成婚，自己也变成英格兰人；例如诗人尼古拉斯·格里马尔德（Nicholas Grimald）的祖父乔瓦尼·格里马尔蒂（Giovanni Grimaldi）就是热那亚商人，后者于1485年成为英格兰的一位外籍居民（denizen）。通常而言，那些在家乡拥有身份地位的意大利人则愿意保留原国籍。但是，他们中有许多人成为了16世纪早期的重要人物。莱奥纳多·弗雷斯科巴尔迪（Leonardo Frescobaldi），也就是莎士比亚笔下的"弗雷斯基博尔先生"（Master Friskiball），在伦敦就广为人知，《克伦威尔生平》（*Life and Death*

264

---

① 佛罗伦萨的市政官员为了巴尔迪家族的利益向爱德华三世求情。（Cot. Mss., Brit. Mus., Nero B. VII, 4）
② Arch. Flor., *Atti Pub.*, 1498年1月12日。
③ 同前，1502年7月6日。
④ Ubaldini, f. 236;以及 Add. Ms. 24,180, Brit. Mus., f. 27。
⑤ *Marini Trans.*, Brit. Mus., XXXVII, ff. 128,616.

of Cromwell）一书也提到了他。托马斯·克伦威尔年轻时曾在佛罗伦萨被迫寻求救济，据称当时被弗雷斯科巴尔迪家族以朋友相待。① 弗雷斯科巴尔迪是当时最伟大的商人之一，向国王出售有纹饰的黄金、镀金的斧子、手铳以及诸如此类的商品。② 当时在英格兰最杰出的意大利人是安东尼奥·彭维希，他是托马斯·莫尔爵士、红衣主教波尔（Cardinal Pole）和其他名流朋友。斯托称，彭维希于 1505 年来到英格兰，教会英格兰人用纺纱杆纺线。③ 他还为政府提供金融和情报服务，将金钱和书信传递给驻外的诸位大使。同时，他是一位学者庇护人和朋友，这一点对于那些希望去意大利访问或学习的人而言尤其如此。托马斯·斯塔基（Thomas Starkey）、托马斯·温特（Thomas Winter）、佛罗伦萨·沃鲁塞努斯都是彭维希的伙伴，而托马斯·莫尔爵士（彭维希曾从莫尔处买下自己位于利物浦克罗斯比宫的住宅）则在最后几封书信中提到，自己"与其说是彭维希宅邸一位客人，不如说是接受了彭维希家的长期哺育"。因此安东尼奥·彭维希是将两个国家绑在一起的多条纽带之一；他的家庭并未返回意大利而是定居在英格兰这一点，值得我们注意。"流放"在海外的意大利旧思想正在迅速消失；英格兰用快速的步伐赶上了文明前进的队列，阿尔卑斯山另一侧的黑暗正在让位给一个新的黎明。同样地，意大利人如今能够感到，第二家乡已经向他们开放。从这时起，他们越来越认同英格兰的生活，尽管主要在平民中存在的排外嫉妒心理在很长时间内一直没有消散，但是再也没有能够分隔开两国人民的无法跨越的障碍了。

同时，意大利人并没有在短短一天内就放弃他们作为"外国商人"这种几乎是遗传得来的权利。亨利八世的家务档案④记满了向弗雷斯科巴尔迪家族、科尔西家族、卡瓦尔坎蒂家族、巴尔迪

① 这个来自邦戴罗的故事，虽然是虚构的，但仍然值得再说一次。
② Stowe Mss. , Brit. Mus. 1216, .
③ Burgon, *Sir Thomas Gresham*, II, 453.
④ Brit. Mus. , Mss. 2481 各处可见。

家族等等诸如此类的商人进行支付的记录；此外还有许多类似的授权敕令，如其中一条是指示向佛罗伦萨商人"查罗孔"（"Charowchon"）支付钱款[①]以购买"3件金线织物"。同样的名字一次又一次地出现，这可能表明，伦敦的意大利金融业者和商人与英格兰王室有持续不断的交往，他们既是商品供应者也是放贷人。据称，国王频繁地将钱款借给佛罗伦萨商人，目的是准许他们扩大贸易活动；后者有时欠国王多达 300000 达克特。商人们通过这种方式，便能够以一个公平的利息获得活动基金，同时，国王常常授权其宠臣为他收回这些这债务，并准许收债人自己留下利息。[②] 意大利人与红衣主教沃尔西及托马斯·克伦威尔的良好关系，对前者起到了进一步鼓励的作用。特别是沃尔西可能在 1517 年对国王施加了影响，导致后者镇压了排外骚乱。当时有许多对外国人的抱怨，称外国人带来了现成的商品，夺走了英格兰人的工作，伤害了英格兰人——

266

> 可怜的生意人那时做着小买卖；
> 　为什么只有外国人收获成功？
> 他们在这座伦敦城安居乐业，
> 　对英格兰人来说却是一场灾难。[③]

骚乱可能是某一名在民众中布道的牧师煽动的，后者咒骂外国人，指控他们不只是剥夺了英格兰人应得的劳动成果，更使英格兰人的家庭走向放荡堕落。他强烈要求人们不能再允许事情这样下去，人们被煽动后，威胁要屠杀外国人并洗劫他们的住所。5 月 1 日，2000 名由手工业学徒和其他歹徒组成的骚乱人群，先洗劫了法国人和佛兰德斯人的聚居区，之后转向意大利人聚居区，并叫嚣要

---

① Stowe Mss. ，前引手稿。
② *Cal. St. Pap.* , *Ven.* , II, 562.
③ 转引自 Digby Wyatt，前引文献，222。

267 杀死同情支持外国人的红衣主教沃尔西。但是意大利人做好了武
装防御准备,骚乱人群几乎无法对他们造成什么损害。① 国王之前
已经被预警这场骚乱可能会发生。虽然国王仍在伦敦西郊的里士
满(Richmond),但他仍派军队前往伦敦,下令逮捕街上的所有暴
民。之后绞刑架遍布城市,60 名参加骚乱者被绞死,还有其他许多
人以各种方式被处决。"陛下向他们实施了严厉的复仇,而对外国
人则展现出爱与善意。"②

　　红衣主教沃尔西雇佣了大量意大利情报线人,其中就有安东尼
奥·彭维希和安东尼奥·格里马尔蒂(Antonio Grimaldi)。③ 托马
斯·克伦威尔也宠信外国人,威尼斯商人曾给他写信,请求他从国
王处获得在英格兰经商证书的续签;④著名的意大利文学家阿雷蒂
诺甚至将年轻人推荐至克伦威尔处获得庇护。⑤ 但并不能因此这
样认为,意大利商人和银行家仍然保持着他们一度拥有的实质垄
断地位。不仅汉萨同盟的商人是他们的竞争对手——尽管主要是
在其他贸易领域进行竞争;而且,英格兰人也从外国人的成功中获
268 益,并且从后者那里迅速地学到了东西。英格兰本土的商业在 15
世纪正处于静悄悄的准备期,而在下一个世纪中,英格兰本土商业
将迎来快速的觉醒,而且,英格兰人不再十分需要借助外国人来开
拓自己的贸易事业了。英格兰人目前完全具备了经营自己业务、
发展民族工业的能力,同时精明的保护性举措对他们海外贸易的
发展也有着培育作用。16 世纪标志着意大利商业某种程度上开始
走下坡路。意大利商人不再在每个领域都成为无可争议的主宰,
在方方面面都涌现出新的竞争对手。意大利正在迅速接近衰落,
其所具有的重要地位也难以维持。虽然在伊丽莎白统治时期,意
大利人在商业和银行业中仍占据着许多关键的岗位,但是他们的

---

① Brewer, *Letters and Papers*, *Henry VIII*, II, Pt. II, 1031.
② *Cal. St. Pap.*, *Ven.*, II, 385.
③ Cot. Mss., Brit. Mus., Vitellius, B. XIV, 173.
④ 同前,Nero, B. VII, 21.
⑤ 同前,Nero, B. VII, 123。

状况却与以往完全不同。在 15 世纪末，他们更是一些孤立的个
案，或者其意义只有在提到其他大量的英格兰竞争对手时才具备。
在另一方面，一度让他们以往在英格兰的旅居显得具有临时色彩
的"与本土人相异"的人生价值观，也不再存在；尽管他们仍长着意
大利人的相貌，但他们融入了英格兰的生活，与英格兰人一起享有
着特权，履行着相应义务。有的人成了英格兰公民，还有的人娶了
英格兰女子为妻。有一位意大利人曾是当时英格兰的意大利社区
中最显要的成员，当英格兰民族面临"危险"时，他自费准备了一只
船舰，加入到与西班牙无敌舰队的战斗之中。

269

V

　　一名同时代的英格兰观察者这样描写意大利商人：他们"遍布
各国各地，无论他们来自何方，他们总是最富裕者，他们的皮肤、智
慧、事业和吝啬同样如此，总是超过其他所有人"。[①] 为了说明英格
兰和意大利当时的商业联系以及意大利商人所具有的普遍特征，
在此有必要提及若干 16 世纪时期在英格兰的意大利商人代表。
我们能发现 3 种类型的在英意大利商人：一是安东尼奥·圭多蒂
爵士（Sir Antonio Guidotti），亨利八世向佛罗伦萨科西莫公爵借款
的中间人，他被爱德华六世封为爵士，后来又回到意大利，把他的
英格兰妻子和与其所生的几个孩子抛下，并使之陷入贫困；二是鲁
贝托·里多尔菲（Ruberto Ridolfi），他既是银行家，又是教皇派遣的
阴谋家和非正式代理人，受命执行针对伊丽莎白一世的计谋；三是
霍雷肖·帕拉维齐诺爵士（Sir Horatio Pallavicino），他是商人和政
治代理人，奉梵蒂冈之命赴英格兰，他希望将英格兰作为自己的第
二故乡，为此以各种方式让自己与这个国家的利益联系在一起。

　　安东尼奥·圭多蒂爵士属于 16 世纪上半叶。他于 1536 年写
了一封信给托马斯·克伦威尔，信中他请求从意大利墨西拿带一

---

① Sandys，*Speculum Europæ*，Sig. M，2b.

些丝绸织工到英格兰；①但此事的后续情况并不清楚。但是,他作为佛罗伦萨商人之一,其贸易投机活动使他与英格兰国王建立了紧密的联系。亨利八世曾为了入侵法国的经费需要,向佛罗伦萨科西莫公爵（Duke Cosimo）借款 15000 英镑,安东尼奥·圭多蒂就是这笔贷款的中间人兼谈判人。公爵似乎一度不愿意借钱,但圭多蒂以此事对身处意大利的公爵有利为由对公爵进行了劝说。

所借的金额将用 30 年以分期的形式偿还；②需要支付的利息是 12％；安东尼奥·圭多蒂向公爵表示,这是一桩可靠、有利可图的投资。而圭多蒂还试图让公爵明白,圭多蒂自己所得的那一份,将只是公爵和国王赏赐给他的感谢性费用,而且这笔费用足以对其曾遭遇的麻烦以及敌人的中伤进行补偿。他还告诉公爵,亨利国王作为交换已经给了他镀金的钱币,这种钱币在威尼斯和比萨需求量很大,可从中赚取利润。英格兰王室财务官布莱恩·图克（Briam Tuck）与圭多蒂关系也较近,圭多蒂曾与他一起促成贷款相关业务。在公爵的伦敦代理人乔万尼·卡瓦尔坎蒂和吉拉尔蒂（Giraldi）的担保下,圭多蒂曾在布莱恩·图克处成功贷到了 5000 达克特。③ 在后续的一些书信中,圭多蒂似乎与公爵的伦敦代理人发生了一场争吵,因为他向公爵表示,他对代理人发出了警告。他害怕,如果他作为中介的这次贷款业务最后失败,他就可能完全丧失英格兰国王对他的关照；但他能够确定的是,这项贷款的有利因素太多了,以至于失败的可能性极小。他自己承认,他将通过谈判的方式从此次贷款事务中获得上千达克特的佣金,他还希望将这笔佣金用作他 18 岁女儿的嫁妆,他想要尽快把当时还在修道院的女儿嫁出去。他向佛罗伦萨公爵保证,英格兰国王对科西莫有着很大的善意,并且,与其他意大利籍君主和贵族相比,国王对科西莫的关照更多一些。他称,这绝不是对公爵的奉承,因为基本上没有

---

① Cot. Mss., Brit. Mus., Vitellinus, B. XIV, 241.

② *Carteggio Universale Mediceo*, Arch. Flor., 341.

③ 参见 *Filza Med.*, 371 Cte., 3/4, 55。

人能比他更熟识国王了。他已经为这项贷款事务花费了 3 年时间，几乎全身心投入于此。要是贷款在这个节点落空，他就会受到严重打击，因此他恳求公爵对他以及他年少的孩子抱以怜惜之心。在所有书信中，可以看出一种个人诉求与商业考虑两者奇特的结合：他一度声称自己对此事毫无兴趣，之后则承认，如果贷款不成功，他实际上就会变成一个废人；在其他书信中，他又提及自己的私人事务，并试着让公爵对之发生兴趣；然而，一位处于统治期的君主完全忙于商业事务，而且以一个有利可图的利率向另一名君主贷款，这不能不说是一个奇特的景象。

圭多蒂最后向科西莫公爵写信称，要是葡萄牙国王（King of Portugal）借钱给英格兰亨利国王，会有重大的风险。这明显成为将上述贷款最终敲定的因素，因为科西莫在写给他伦敦代理人的一封信中[1]写道，他明确赞同圭多蒂的建议。卡瓦尔坎蒂家族和吉拉尔蒂公司的伦敦代理人巴塞洛缪·弗尔蒂尼（Bartholomew Fortini）负责将款项支付给英格兰国王。[2] 在写给王室财务官布莱恩·图克爵士的拉丁语书信中，则包含了相关的指引和解释说明。[3] 安东尼奥·圭多蒂在为英格兰王室牵线搭桥过程中于 1550 年收取了一笔酬金，[4]此后他又被爱德华六世国王封为爵士。[5] 据说他回到佛罗伦萨时，受到了公开的欢迎，并接受了全城的祝贺。但是，他把自己的家庭留在了英格兰，一封由玛丽女王写给科西莫公爵的信[6]请求公爵注意一点：曾收取一笔丰裕酬金的圭多蒂应该赡养他的妻子桃乐茜·圭多蒂（Dorothy Guidotti）及其 3 个孩子，他们目前正穷困潦倒。这之后有关这笔贷款的历史则可以讲得稍许快一点。伊丽莎白女王于 1558 年向科西莫公爵写信，表示她愿意

272

---

① Arch. Flor. , *Arch. Med. Minute del* 1545，fliza No. 6.

② 同前。

③ *Arch. Med.* , 372 Cte. , 258 及以下。

④ *Lit. Rem. of Ed. VI*，Ⅱ，256.

⑤ *Correspondence of Sir Thomas Copley*，p. 112.

⑥ *Arch. Med.* , 4183，f. 9.

偿还这笔贷款。① 最初并没有什么马上就开始的还款举措;但数年之后,她开始偿还这笔以及她父亲曾经借过的其他款项。② 可以说,伊丽莎白女王很重视保护并培育英格兰的贸易和海洋运输,尽管当时这两者刚刚起步。她与托斯卡纳大公的许多通信往来都涉及商业,并且她曾尝试为她的臣民获得一些专属的贸易便利。③

银行家兼政治阴谋家鲁贝托·里多尔菲属于拒绝将自己的利益同英格兰的利益捆绑在一起的那一类意大利人,尽管他在英格兰安家并居住了许多年。他利用他在银行界获得的地位,针对伊丽莎白女王实施阴谋行动,尽管他足够狡猾,能够逃脱调查,但是他的一些同谋者却死在断头台上。他由威廉·塞西尔爵士和国王以不同的方式所雇佣,同时,他向法国和西班牙大使提供英格兰的情报,而且敌对双方都会支付他酬金。对他来说,信奉新教的英格兰就是敌国,他过的是一名密谋者兼间谍的生活,虽然一些更高贵的人因为天主教信仰而献出生命,他却完全把自己所从事的工作掩盖了起来。里多尔菲的生涯与帕拉维齐诺完全不同,这就能够解释为什么我们很难对在英格兰的意大利商人作出一个总体性概括。这两位意大利人在英格兰都很杰出且著名,其中一人完全拒绝自己被同化;另一位则几乎成了英格兰人。

霍雷肖·帕拉维齐诺爵士出生于热那亚,是他那个时代最有意思的人物之一。他最初到英格兰时,被推荐给当时的女王玛丽。他被任命为教皇税务官之后,改宗新教,将自己所收的税款截留下来,④成为当时的一名大商人,并用高利贷将钱借给伊丽莎白女王和纳瓦拉的亨利(Henry of Navarre)。他甚至自称,自己曾经拯救过英格兰国王,使他们免于灭顶之灾。除了他的银行事务,他也是一位重要的政治情报搜集人员。许多与他通信的人使他能够在其

---

① *Arch. Med.*, f. 16.

② 同前。

③ 同前,4183, ff. 26,54。

④ 他的一条墓志铭是这么写的:"这里躺着的是霍雷肖·帕拉维齐诺,他把从教皇处抢来的钱借给女王。"

他人之前获取信息，他常常被政府机构雇佣，以提供外国情报。①
他加入英格兰国籍，在与西班牙无敌舰队战斗时期，他自费组装了
一艘船舰，并以志愿者的身份出现在战场。他在一封写给塞西
尔的信中说，他渴望展示他对女王和英格兰的忠诚，他觉得他能够在
海上提供最佳的帮助；他不费什么力气就为自己准备了一场海上
战斗所需要的一切，并相信英格兰海军司令（曾向他作出承诺）会
委任他指挥一艘女王的船舰。② 1589 年，他尝试实施属于他自己
的政治计谋，目的是打击西班牙在荷兰的统治；③他写给塞西尔的
几封关于政治事务的密码信件保留至今。④ 但是，他的主要工作是
为英格兰和荷兰政府洽谈贷款事务。他去世时，女王欠他 29000
英镑，可政府方面从未能向他的继承人完全还清这笔钱。一些债
务早已到期，我们还能在历史档案中看到许多有关此类债务的备
忘录。1593 年，女王已经欠他 30000 英镑，两年之后，他要求还
款⑤但并没有立刻得到他应得的这笔钱。他写道，他的兄弟因为女
王陛下的缘故，在意大利生活困苦，那些有争议的债务，既占了他
们遗产的一大部分，可同时也是维持他们"尊严"的一种手段。关
于贷款利息，虽然一点也不低，但他还是完全以讨女王的欢心为标
准，他虽然要求钱款能迅速还清，可同时却害怕他的兄弟们会将英
格兰人的商品扣为抵押，并因此引起女王的不悦。在这封信中，他
还提到伦敦城的债券在当时的欧洲是最多的。

　　在帕拉维齐诺的一生中，他扮演的是"爱国的英格兰人"的角
色，并始终以尊严和荣誉维持着自己的身份地位。他与塞西尔保
持着良好的友谊，塞西尔曾在一封信中⑥提醒他要注意在宫廷内的
名望；巴克赫斯特勋爵（Lord Buckhurst）也在一封写给伊丽莎白的

275

---

① *Hist. Ms. Com.* , Hatfield House, IV.
② 同前，IV，563。
③ Motley, *United Netherlands*，II，539.
④ *Hist. Ms. Com.* , Hatfield House, III.
⑤ 同前，IV，444；V，462。
⑥ 同前，IV，609。

信中提到帕拉维齐诺是自己的好友。[①] 在帕拉维齐诺和塞西尔的通信往来中,帕拉维齐诺曾告诉塞西尔,他希望将自己的儿子亨利交给塞西尔监护,[②]并在不久之后再按照自己以前的承诺将另一个

276

儿子爱德华[③]送到塞西尔处服侍他。他相信,他不仅能发挥自己笔杆子的作用,也能发挥自己身体的作用。很明显,他渴望在一切方面都变得英格兰化,甚至在他写给塞西尔的信中称,[④]他希望将妻子的姐妹按自己的安排嫁给英格兰人,可她们太胆小了。他自己的家族则与克伦威尔家族进行了世人瞩目的政治联姻,并完全切断了他们的意大利亲属关系。

帕拉维齐诺在许多方面看来都是一个引人注目的人物。他不仅是一名银行家兼政治代理人,而且对伊丽莎白女王而言是一位意大利建筑师。他去世时,西奥菲勒斯·费尔德(Theophilus Feild)编撰了《一位意大利人之死》(An Italian's Dead Body)一书,收集了一些哀悼帕拉维齐诺的诗歌,其中还包括霍尔主教回忆他的诗。虽然他的发迹某种程度上说难以令人接受,但是他是一位忠诚而爱国的英格兰人、随时准备为"收养"他的国家尽到义务这一点,使他在当时十分显眼。与安东尼奥·彭维希的时代相比,思想观念已经发生了巨大的改变。意大利被外国势力所征服,发生了倒退;英格兰则在向前进步,并使自己维持着最强大国家之一的地位。英格兰击败了无敌舰队,她的水手燎去了西班牙国王的胡须。英格兰在欧洲大陆的黄金和武器装备,如今向法国和低地国家的新教徒们提供着援助。意大利人因此没有必要再羞于加入另一个国籍了。除了威尼斯(即便它也处于衰落之中)之外,意大利的其他

277

城邦,连他们此前所拥有力量的阴影都无法维持。他们早期的商业霸权已经成了过去;伊丽莎白也许仍然在从某位"帕拉维齐诺"

---

① *Hist. Ms. Com.*，Hatfield House，IV，552.

② 同前，V，248。

③ 同前，VI，175。

④ 同前，V，2。

或"斯皮诺拉"那里大量贷款,[①]但是王室不再仅仅依靠意大利银行家了,因为王室在前些年中已经积累起了属于自己的资本。英格兰正在增长的财力开始发挥作用,英格兰的工业和商业在深谋远虑的谋划下,正在稳步缓慢前进。因此不用再惊奇的是,居住在英格兰的意大利人会把他们自己认同为一个新国家的人,而不是仍然依附在本土那正在衰落的城邦之上。虽然像鲁贝托·里多尔菲这样的狂热分子仍然与英格兰势不两立,但是较明智、眼光较长远的意大利人,则看到了老年的太阳正在落山,一颗新星已经在地平线升起。他们能够与英格兰分享自己的份额、共同发展,并自豪于自己的英格兰公民身份。

Ⅵ

意大利人影响英格兰商业贸易,还有另一条途径。一方面,意大利银行家和商人以自身为范例,教会了英格兰人一些他们当时闻所未闻的商业手法;另一方面,意大利的航海家、探险家、地理学家、游记作家,都为英格兰人模仿追随起到了铺设道路的作用,正是他们的壮举使他们在 16 世纪末期凸显出了自己。

278

在这里详细叙述数量众多的意大利探险家和航海家是没有意义的。哥伦布虽然将一个新的大陆给了西班牙,但他仅仅是一长列最伟大的意大利航海家之一。在英格兰,老卡伯特(Cabot)同样知名,他生于热那亚,国籍是威尼斯,成长在英格兰,其从布里斯托尔出发,试图找到印度,最后发现了美洲大陆。在他勇敢的儿子塞巴斯蒂安·卡伯特指挥下,第一艘英格兰船舰到访了西印度群岛和南美洲,小卡伯特之后还成了伦敦"商人冒险家公司"(Company of Merchant Adventurers)的负责人。但是在卡伯特父子第一次率领英格兰水手踏上探险之路之前很久,威尼斯和热那亚的船舰就已经在南安普顿和其他港口之间扮演着英格兰商品货物的运送

---

① *Hist. Ms. Com.*，Hatfield House，II，356.

者。毫无疑问,这一范例以及英格兰民族天生的航海倾向,引领着英格兰人去从事曾使意大利人成功发家致富的贸易事业。而且,英格兰航运业得到了亨利七世那些深谋远虑的法令的很好鼓励,这位国王试着培养并保护国家财富的新来源。

　　但是上述"影响"和"范例"更应该说是文学性的影响或范例,它们源自关于探险和旅行的书籍。众所周知,佛罗伦萨人阿美利哥·维斯普西(Amerigo Vespucci)是第一个写书记叙美洲大陆的人,这片新大陆也以他的名字来命名。意大利地理学家和宇宙志学家的水平当时远远超过其他国家和地区的同行学者。因此,几乎可以肯定的是,文艺复兴时期第一批有关旅行的英语书籍都是译自意大利语。在 1550 至 1551 年,威廉·托马斯就曾向国王献上一份新年礼物,即他翻译的原作者为约萨法特·巴尔巴罗(Josaphat Barbaro)的《东方旅记》(*Account of his Voyages to the East*),此书最早于 1543 年在威尼斯出版。但更有意思也更为重要的一部著作,是即将于数年之后出版的《几十年来的新世界》(*The Decades of the New World*),其作者是安吉埃拉的皮埃特罗·马蒂尔(Pietro Martire d'Anghiera),[①]此书至今为止仍然是关于欧洲人驻美洲定居点的主要权威著作之一。[②] 此书的第二版,也是更为完整的一个版本(尽管其略去了若干早期的叙述文字)于大约 20 年后问世。[③] 此书的主要内容是哥伦布时代以来旅行和探险的历史,其作者皮埃特罗·马蒂尔生于意大利,他与许多同国人一样,曾经为西班牙国王效力,成为西班牙王室为西印度群岛而专设的枢密院的负责人,为西班牙收集著名探险家留下的文字材料。与理查

279

280

---

① 此书由 Richard Eden 译为英语,1555 年。

② 参见 J. G. Underhill, *Spanish Literature in the England of the Tudors*, p. 124, 其论述了西班牙对伊丽莎白时期游记、旅行类书籍的影响。

③ 书名更改为 *The History of Travel in the West and East Indies, and other countrie .... With a discourse of the northwest passage*(《在东、西印度群岛等地旅行的历史……附关于西北航道的专论》),译者为 Richard Eden 和理查·威里斯(Richard Willes),1577 年。

德·伊登（Richard Eden）翻译的原版相比，理查·威利斯的译本既添加了罗马的路易吉·维托曼诺（Luigi Vertomanno）在阿拉伯、波斯、叙利亚及其他东方国家的游记，也添加了一位叫做盖勒提乌斯·布奇盖利乌斯（Galeatius Butrigarius）的意大利学者所记录下来的、莫斯科大公国大使向其讲述的关于严寒的东北方海洋（*Northeast Frost Seas*）文字。此外，新增的内容还包括"杰出的老前辈塞巴斯蒂安·卡伯特"的航海旅程，以及若干也译自意大利语的游记类文字，例如盖略托·佩雷拉（Galeotto Perera）对中国的描述——他曾在那里当过一段时间的因犯。此书有少量英格兰人的文字，它们是对安东尼·詹金森（Anthony Jenkinson）于 1561 年出版的《波斯游记》（*Journey to Persia*）的摘编，詹金森曾作为大使被派往那里，"携带着女王陛下写给大苏菲和波斯国王的信，这些信用拉丁语、意大利语和希伯来语书写"。

　　此书最令人感兴趣的部分是哥伦布对美洲的发现。书中描述了新大陆概况及其丰富的物产，这足以点燃伊丽莎白时代英格兰人的想象。译者理查·威利斯在其"告读者书"中，建议他的读者"想象一下西班牙人从哥伦布第一次到西印度群岛的旅行之后，就带出来了多少水果、制药原料、珍珠、财宝和数以万计的金子和银子……只要我们的旅客带回来大量的银子、丝绸和珍珠，那么曾经充满着不计其数的艰险的西北航路将和其他任何路线同样值得一去。让哥伦布、阿美利哥和科尔蒂斯再次动身出发并获得丰富的奖赏吧，你将听说更多过去闻所未闻的新疆域"。

　　还有其他从意大利语译为英语的书籍，例如威尼斯商人切萨雷·费代里奇（Cesare Federici）在东方的游记。① 这位作者在远东待了 18 年，他认为这一主题是全新的，以前无人涉猎，因此他记叙并描写了东印度地区的王公贵族、宗教信仰、典礼仪式、风俗习惯和当地特产。此书的新鲜感和主题的罕见性吸引了译者，译者为

281

---

① 　*The Voyage and Travel of M. Cesare Frederick, Merchant of Venice into the East India, the Indies, and beyond the Indies*，译者为 Thomas Hickok，1588 年。

其学识的欠缺和语言的拼写问题感到抱歉；他希望英格兰商人及其同胞能从此书获益，并预测：到书中所提及地区旅行的人将得到巨额财富。

意大利的地理学也如同其他艺术和科学那样受到刺激，这一点也走在欧洲其他地区之前，并且意大利人在地理学研究水平方面长期保持领先。在文艺复兴时期，意大利仍是地理学作品的家园，当时，探险家几乎都来自西欧国家。在 16 世纪上半叶，意大利人的地图水平超过其他任何地图，即便在这很久之后，乔万尼·博泰罗关于世界地理的名著的一部分仍被译为英语。①

在伟大的意大利航海家和探险家引领伊丽莎白时代的水手作出类似的壮举方面，例子不胜枚举。同样没有疑问的是，某位"哥伦布"、某位"卡伯特"或某位"维斯普西"的描述在很大程度上激起了这些水手对探险的难以抑制的热爱。这个民族有着热爱冒险的倾向，一旦它听到或看到其他人的事迹之后，就再也无法被隐藏或被压制。在这一点上，意大利也为西欧预先铺设了道路。米开朗基罗或达芬奇的艺术作品、马基雅维利的治国术、阿里奥斯托的诗歌、哥伦布的发现，如今乍一看似乎各自是独立的；但它们只是同一运动的不同阶段。无法被限制住的精力、无穷无尽的勇气、踏上未开垦土地的渴望、向某种尽善尽美境界的努力，都是意大利文艺复兴的特征。

在意大利，一旦"行动的年代"结束，紧接着就是一个更为重要的时期：以往的探险被消化、吸收和研究，地理学则通过众多探险发现的丰富，从而成为一门真正的学科。当西欧国家派遣探险队前往偏远的海洋寻找黄金，或寻找前往马可波罗笔下的中国的西方航线时，意大利的此类活动则几乎已经精简成一项更为单纯的事务。它们的地理学家代替了它们的航海家，占据了最高的宝座。

因此，在这个时期，意大利人有关旅行和探险的作品被译为英

282

283

①　译后题为 *The Traveller's Breviat*, *or an historical description of the most famous kingdoms in the world*，译者为 Robert Johnson，1601 年。

语,他们那描写财富和征服的故事,激发了伊丽莎白时代英格兰人的想象。正如意大利银行家和商人首先向英格兰人展示出商业生活的可能性一样,他们在探索和冒险方面也成了强有力的典范。但即使在吃苦耐劳的伊丽莎白英格兰水手主导的时代,意大利的贸易也并未死去。威尼斯在很多方面就如同当代的英格兰;她的众多殖民地形成了一个由贵族政体所掌控的殖民帝国。尽管大西洋贸易和好望角新航路的开辟使威尼斯与东方的直接交往之路不再成为唯一捷径,但是她曾花数百年建立起来的地位并未在旦夕之间丧失。关于东方的知识首先是从意大利来到英格兰的。英格兰外交使节和商人是经由威尼斯前往君士坦丁堡以及东方各国的。正是威尼斯通过贸易的手段将东方和西方联结在了一起。

意大利通过商业贸易对英格兰的影响是十分重要的。例如具有众多外国商人的伦敦城,由于这些商人受过专门训练,而且掌握着当时英格兰人所不知的商业技巧,因此单单是这些商人的存在就不可能不通过他们的榜样影响着当地的民众。甚至直到今天,英语用法中仍保留了许多意大利商业术语:例如"借方"(debtor)和"贷方"(creditor);"现金"(cash)一词源于 cassa;"日记账"(journal)一词源自 giornale;"银行"(bank)和"破产"(bankrupt)两词源自 banco 和 bancorotto;在英格兰银行笔记中出现的意大利货币单位里拉(liri)、索耳多(soldi)和第纳尔(denari)的缩写,以及更常出现的同上(ditto)一词,当然这个词应更准确地拼写为 detto。[①] 在16世纪末期,英格兰人成功地摆脱了他们的外国竞争者——一度垄断银行及与其他国家的贸易——的约束,其中的原因,既有他们不断发展的技术和商业水平,也有英格兰政府所实施的贸易规则。[②] 在英格兰本土公司壮大、本土商业思想得到发展的同时,在英格兰的意大利商人中也发生了剧变。这些意大利商人最初认

---

① Burgon,前引书,I, 282 注释。

② 参见 Richard Ehrenberg, *Hamburg und England in Zeitalter der Königin Elizabeth*, 1896。

为,他们所暂时旅居的这个地方是蛮夷之地,这里的居民则对稍稍广泛一点的商业性元素完全无知,并对外国人的成功生出不满;而如今,他们逐渐在这片土地上定居,他们中的许多人不论情感上还是忠诚心上都已经成了英格兰人。同时,通过他们的定居和榜样,他们教会了英格兰人贸易的思想。当商业在欧洲其他所有地方都遭到轻视时,意大利人已经成为了商人。当其他国家都处在中世纪时,他们在意大利之外的事业和公司,已经为他们逐年逐月积聚起了财富。如同在艺术和科学领域一般,他们在商业领域发现了一种新生活,他们察觉到了各种开放着的可能性,如同发现了人的新基础一样,他们也发现了自己国家事业的新基础。意大利的城邦共和国是近代最先掌握航海思想的,他们以此来保护自己的船只,支持自己的利益。意大利文艺复兴的活力和勇气,不仅在其画家和诗人的作品那里得到体现,在其商人和探险家的历史中同样得到反映。意大利不仅在艺术、科学领域,而且在商业领域,都是欧洲其他地区效仿跟随的典型。

第七章　意大利政治和
历史思想对英格兰的影响

I

　　转折性的玫瑰战争为亨利七世治下的都铎王朝奠定了坚实的基础,同时标志着英格兰从封建政体向中央集权政体的转变,国王在这一政体中拥有着名副其实的绝对权力。这是一种时代特征;因为几乎在同时,法国和西班牙也发生了类似的变化,中世纪的腐朽思想在新观念的对照下逐渐失色,而古典时代的复兴成为新思想的理论基础之一。

　　如今,对古典时代的研究很大程度上意味着对雅典民主和罗马共和的研究,而在过去,也就是说从罗马法在意大利博洛尼亚和帕多瓦的复兴开始,学者和政治空想家的头脑中呈现的是罗马帝国的记忆,这可以说是人类文明史上最具意义的变化之一。这也许能够解释新兴的人文主义首先得到的是意大利独裁统治者庇护的原因,随后,欧洲其他国家的君主们纷纷仿效意大利人的这种做法。对他们而言,古典知识并非一种可能煽动他们的臣民为自由而斗争的危险先例,在这个理性的时代,它反而成为独裁统治得以实施的一个正当理由。在一个先例和传统占十分重要地位的时代,他们求诸历史上的伟人,为他们常常是不择手段获得的权力想方设法寻求一种"认可"。而在意大利尤其如此,因为意大利的古典传统甚于其他所有国家。但是，很难说其他国家的统治者意识不到庇护学者的好处，因为被庇护者将为他们的当前政体寻找一种古代的起源。在当代统治和古典时代君主的统治之间所发现的任何相似之处，必然对他们具有吸引力，因为他们为了将权力集中于自己一身，正在努力剥夺封建贵族们的特权。而且，在这一庇护过程中，他们感觉自己正追随着屋大维或哈德良的步伐：在建立帝制的同时，并未禁绝对知识和艺术的支持与鼓励。

288　　从另一个角度看，很明显，意大利的学者和人文主义者可能希望在外国的宫廷中找到一种早已准备好的热忱欢迎。蒙泰费尔特罗家族或马拉泰斯塔家族首先为这些学者和人文主义者提供了庇护和支持，而且这种支持也促使后者前往阿尔卑斯山以北开展类似的事业。在阿尔卑斯山另一侧，他们面对的是整个欧洲，而同时，由于学者数量的减少，学者之间的竞争也没那么大了。而且，由于他们是外国人，在当地没有天然的人脉关系，完全依赖于其庇护人的好意，因此，他们十分受欧洲国王们的欢迎，这些国王并不敢完全信任自己那些不那么顺从的贵族子弟。

　　大约1460年起，宫廷的权力开始集中，这对文化的发展发挥了鼓励支持的作用。爱德华四世在英格兰为新型君主制奠立了基础；他终止了国会召开，并暗中致力于获得绝对权力；他引进了间谍系统，并干涉司法领域的一些纯行政性事务。但是他鼓励卡克斯顿发展新型印刷技术，并指示不得阻止任何在王国内部进出口书籍的"陌生人"。当时，有一批新型君主，他们摆脱了中世纪的封建传统，努力将权力集中到君主一人手中，使自己既成为拥有绝对权力的统治者，又成为艺术和文学的庇护者。爱德华四世就是这种新型君主在英格兰的第一人，尽管像不少意大利独裁统治者那样，他将极度的狂妄与文明的修养结合在了一起。但很快，日子又变得风雨飘摇起来。直到亨利七世继位后，学术才开始进入安稳

289 阶段。虽然生活给予亨利七世接触文化的机会很少，但他的品味仍然因为他对文学和艺术的庇护而发生了倾向性的变化。他做的最成功之事即是在英格兰发挥了一名意大利独裁统治者的作用。

可能正因为如此,同时代人对他施政措施及其个性的肯定,正来自于意大利人波利多尔·维吉尔。

爱德华四世曾将英格兰最高的荣誉称号"嘉德勋章"授予乌尔比诺的弗雷德里克公爵(Duke Frederick of Urbino)。之后,亨利七世将同样的称号授予了同属蒙泰费尔特罗家族的圭多巴尔多公爵(Duke Guidobaldo)。还有其他的证据可以表明,他希望与意大利统治者形成一种友好的关系,即便他几乎不会因此从他们身上获得直接的好处。他与来自费拉拉的埃斯丹西家族(the Estensi of Ferrara)进行通信、并常常邀请意大利人为他服务等事例,似乎表明这些意大利人都十分赞同他的品性。而且,他的各项政策稳稳地朝着绝对专制迈进,由于有意大利范例在先,因此他的做法让我们觉得很眼熟。如果说他在创建都铎王朝的过程中是自觉运用了意大利的范例,可能言过其实,但仍然可以说,他在极力加强自己的统治时,意大利的政治手法和思想好像就装在了他的头脑之中。

波利多尔·维吉尔开始在伦敦居住后不久,便与亨利七世变得关系亲密起来,据称他是在亨利七世邀请下撰写了关于英格兰历史的著作,他将花去 30 年来完成它。它并非是由意大利人完成的第一部有关英格兰历史的作品;弗利的蒂托·列维奥(Tito Livo of Forli)——"格洛斯特公爵(Duke of Gloucester)的诗人和演说家",在很久之前就曾写过亨利五世的传记。[①] 尽管波利多尔·维吉尔在诚实性上名声不佳,[②]但他仍是在英格兰历史著作史中第一位使用近代撰史方法的作者,他试图在多份权威材料中进行权衡取舍并概括人物性格,还试图讲述一个连贯的故事。他使用的撰史方法远远超前于英格兰人所知的方法。这部著作的第一部分意图纠正英格兰民族史上的一些成见;他以著名的英格兰创始人布鲁图

290

---

① Voigt,II,255.

② 例如:"Maro and Polydore bore Vergil's name;/One reaps a poet's, one a liar's fame"(马罗和波利多尔都叫维志尔;一位是诗人,另一位是骗子)。

斯是想象的人物为由而予以舍弃,他认为蒙默思的杰弗里(Geoffrey of Monmouth)所写的历史是事实与虚构的结合体,因此几乎无法依赖于它。[1] 但是,维吉尔的著作不仅记录了政治事件,还记录了新知识传入英格兰等诸如此类的史实。它对亨利七世统治时期的记述特别有价值,维吉尔对亨利七世的目标和个性持同情立场。虽然由于他不了解英格兰方言和习俗的缘故而导致了许多错误,但他的作品仍具有重要贡献。他给苏格兰国王詹姆斯四世写的一封信体现了他在撰史中运用的方法,因此这封信具有重要意义。[2] 他在信中说,他为了实地观察那片土地及其古迹而亲自访问了英格兰。他惊讶于它的历史处于混乱状态,甚至连英格兰人都很无知,因此他决定写一部短篇的编年史,"如今这部历史业已完成"。由于没有好的作品可供参考,因此在这部历史中几乎没有提到苏格兰。他请求詹姆斯国王向他提供苏格兰的年代纪或包括詹姆斯四世自己在内的苏格兰诸国王的传记。

这部历史作品虽然有着不少后人看来愚蠢的错误,但仍具有相当大的影响力。但是,维吉尔对沃尔西的个人敌意,使他对这位红衣大主教的人格有所中伤;他的这一观点从一位英格兰史学家传递至另一位,如从维吉尔传至霍尔主教又传至理查德·福克斯,从福克斯又传至博内特(Burnet)和斯特莱普(Strype),最后从博内特传至大卫·休谟,等等。[3] 但是英格兰的历史作品的确在很大程度上得益于波利多尔·维吉尔。维吉尔在给亨利八世的题献辞中,将比德和吉尔达斯(Gildas)的早期编年史比作"未放盐的肉",维吉尔自己的目标则是加盐;但当维吉尔认识到上述编年史的价值后,又于 1525 年成为了编辑吉尔达斯编年史的第一人。正是他使用的方法以及选择的史料,让新的史学方法进入了英格兰。

① *Three Books of Vergi's English History*, Camden Society, 1844. Introduction.
② *Cal. St. Pap.*, Henry VIII, I, 105.
③ Brewer, *Henry VIII*, I, 264 及以下各处。

291

第七章 意大利政治和历史思想对英格兰的影响

II

马基雅维利的影响是随着托马斯·克伦威尔一同首次进入英格兰的。如同当时的许多其他英格兰人一样,克伦威尔也许参与了意大利的战争并在意大利学习了相关语言。战争结束后他开始经商,并成为一位威尼斯商人的代理人。在随后的岁月中他又成为英格兰的廷臣,似乎意大利在他身上留下了最深的印记。据称,他的行动谋划不仅是迅速且无所忌惮的,而且有着更为宽广的视野、更为清晰的目标以及令人钦佩的组合方案,意大利的治国术就这样随着克伦威尔进入了英格兰的政治。[①] 为了让英格兰国王打败国内的所有竞争势力,实现将国王抬升至绝对权威的位置这一伟大而坚定的目标,英格兰需要一种稳定的政治运转,这种运转可以一直追溯到克伦威尔。他的政策密切地按照马基雅维利所布局的轮廓来实施。当克伦威尔仍受命于沃尔西时,他建议雷金纳德·波尔(Reginald Pole)阅读一本可以作为政治指南的《君主论》(*The Prince*);克伦威尔甚至在这部书于意大利出版之前就有其手稿,他认为这是一部关于政府事务的、比柏拉图著作更有实际功用的务实作品。[②] 他本人的目标是,通过将所有权力集中在国王处并加强国王的用权手段,来保卫英格兰的和平与秩序。从玫瑰战争中存留下来的唯一阻挠国王获得绝对统治的因素是独立的教会,于是他的坚忍不拔的努力和工作精力都集中在了破坏教会权威方面。他的现实研究兴趣则表明他是马基雅维利在英格兰的第一位伟大信徒。

马基雅维利的著作在英格兰为人所知之前,或说是在马基雅维

---

① J. R. Green, *Short History of England*, p. 335. 关于马基雅维利对英格兰其他政客的影响,参阅 W. Alison Phillips 于 1896 年 12 月在 *Nineteenth Century* 上发表的文章。

② 波尔对马基雅维利的观点,参阅 *Epistolæ Reg. Pole*, 1744, p. 151。

利的影响力在政治哲学领域显现之前,若干意大利的其他思想家早已家喻户晓。值得注意的是,托马斯·莫尔爵士非常熟悉意大利思想家中的佼佼者,他也十分愿意将皮科·德拉·米兰多拉作为自己的理想人物之一。托马斯·艾略特爵士受到意大利哲学的影响甚至可能更深。艾略特在其论政客教育的著作《论官员》(*Governour*)中,①追溯了庞塔努斯、皮科·米兰多拉以及许多不那么知名的作家;此书献给亨利八世,同时也让他获得了驻查理五世宫廷使节的职位。《论官员》是最早的关于道德哲学的英语论说著作之一,尽管类似的著作之前已由 15 世纪的福特斯克(Fortescue)以及意大利的蓬塔诺和贝罗尔多(Beroaldo)写过了。艾略特十分乐意承认自己的著作参考了蓬塔诺的观点;但他真正视为典范并大量参考的,是弗兰切斯科·帕特里齐在当时一部十分流行的著作。② 帕特里齐的著作和《论官员》总体上相似,且后者的很多段落逐字翻译自前者,或者可以说是相同的。艾略特的这部书表明他十分熟悉一些意大利人文主义者的著作,例如瓦拉、佩罗托、卡雷皮诺(Calepino)和其他许多名声较小者。③ 他写此书的中心是认为上层阶级的后代应受到更良好的教育,以使他们有资格有能力担任政府或宫廷官员;而这完全是文艺复兴的时代特征。但马基雅维利的影响还没有触及他,他似乎也并未意识到前者的存在。

294

　　某种程度上在年代上较晚一些的另一位英格兰政治思想家,是温彻斯特主教博内特,他也熟悉意大利作家,并翻译了奥奇诺(Ochino)的《悲剧》(*Tragedy*)。在他关于政治权力的论说文中,④他讨论了政治权力的成长动因、支持它的理由、如何恰当运用它以及相应的义务。他在自然法则中为之找到了一条正当理由,即所有动物都应由一个更高级的造物所统治。他像亚里士多德那样将

---

① Sir Thomas Elyot, *The Governour*,H. H. S. Croft 编辑,p. lxiii 及以下。

② 书名:*De Regno et Regio Institutione*。

③ *The Governour*, p. cxxxv.

④ *A Short Treatise of Politic Power and of the True Obedience which Subjects owe to Kings*,1556.

政体分类为君主制、贵族制和民主制；以他的判断而言，在这 3 种政体下的国家中，权力都是最美妙的。随后他讨论道：国王、贵族和其他统治者是否拥有绝对权力？是否拥有超越他们臣民的权威，换言之，君主应该服从上帝的法律还是他自己国家的法律？他自称在《圣经》中找到了答案并称：君主必须服从他自己的法律。于是问题就演变为：臣民在多大程度上必须服从他们的君主？而且，如果"臣民的财产属于君主"这一前提成立，那么臣民就不能将这财产视为自己的合法所有。在"废黜一位邪恶的统治者以及杀死一名暴君是否合法"的问题下，博内特自称他本人可能是英格兰国内支持杀死暴君的最早支持者之一。他作为论据举出的例子表明，他对意大利特别是威尼斯的历史很熟悉。

　　我们能够在伊丽莎白时代的文学作品中零散地发现数以百计提及马基雅维利的文字，[①]他的名字在其中几乎等同于"背叛"和"暴政"，甚至许多从未读过他作品的人也这么讲。同时，在另一个并没有那么多人熟知的领域，他的影响体现在英格兰的政治哲学之中。他的方法和思想尤其反映在威廉·托马斯、约翰·莱斯利（John Leslie）、托马斯·贝丁菲尔德和查尔斯·墨伯里的作品中，甚至弗朗西斯·培根也受他影响。

　　16 世纪专制君主所偏爱、英格兰作者也普遍接受的理论，讨论的是能够给国家安宁带来较少危险的政体类型。马基雅维利在《君主论》中即论证了这一点。对这位曾经在其他作品中倡导"共和国"的伟大的佛罗伦萨人来说，与取得和维持权力所要运用的手段相比，政体类型本身的作用几乎可忽略不计。由于这种手段与专制主义相互契合，因此他的思想就好像是在为专制统治者作辩护。他并非有着现代眼光的意大利爱国者，而是强力统治的鼓吹者；他认为不管是朋友还是敌人，为了获得权力都会不择手段。他的思想指向的就是专制政体，同时代的意大利政治哲学也

295

296

---

① 参阅 E. Meyer, *Machiavelli and the Elizabethan Drama*, *Litterarhistorische Forschungen*, 1897，书中各处。

是如此。① 我们也能在英格兰追溯这种思想的源头,它在英格兰为国王的君权神授说提供了理论基础。

当时英格兰的作者们在对各种类型的政体进行客观调查之后,就出现了支持君主专制的观点。他们讨论并权衡民主和贵族两种政体的优点和缺点。一般而言,他们会把国家的公民分为贵族和平民两个阶层,贵族倾向于要求统治他人,平民则倾向于要求不受他人统治。因此需要回答的问题是,在希望尽力维持自身地位的贵族还是希望尽力为自己争取权力的平民之间,何者不利于国家安宁?换言之,何者的政治要求更大,是害怕失去既得权力和财富的那一方,还是一无所有却想要得到一切的那一方?作者们认为,两者要求相等同,但所起效果并不等同;因为有产者要获得更多东西易如反掌,而无产者只有付出大量努力才能有所收获。但是,如果无产者不用努力就能变富,而有产者无法安全地保有财富,那么这个世界就会因为无人工作而走向野蛮。因此,"国民政策"(civil policy)的基础在乎劳动者群体之中。既有必要强求贫困者劳动,也有必要维护有产者的权利。只要贵族和平民都不逾越自己的"边界",那么国家自然会和谐有序。但两者中如果任何一方"越界",那么平民政党就会显得更为危险,因为他们是愚昧无知和反复无常的。而且,很多个体不可能长久地保持同一种观念。他们可能会同意你,但这只能维持一小段时间,一旦他们冲动起来,那么多数人狂暴起来的样子是难以形容的。他们的偶然成功,与其说是来自智慧,不如说是来自好运。威廉·托马斯认为,平民一旦获得权力,不仅会毁了贵族,也会毁了他们自己。② 其他作者对民主政体也表达了类似的观点。然而,作者们也论述了民主制的优点。他们发现,民主政体有着看似完美的平等性,或许可以将国家的宪政体系削弱到仅靠自然法则就能统治的状态。正如自然在赐予一个人财富、荣誉和地位时不会赐予另一个人更多此类事物一样,平

---

① 比较 Castiglione, *Courtier*, p. 312。
② *Works*, p. 157 及以下各处。

民政府倾向于使所有人都能平等,没有特权也没有豁免权。民主
制似乎除掉了贪财心理和上层人物的傲慢。它在人类社会中培养
友谊和平等,并允许每一个人享有自由和平等的正义,无需恐惧
暴政或压迫。尽管如此,那些作者们认为,民主仍是弊大于利。
他们发现,在任何平民政体下都不存在真正的平等,它与另一条
自然法则相对立,这条法则使某些人比另一些人更聪明,某些人
将要发号施令而另一些人只得顺从。而且,由于政府官员和政府
机构的存在,总体的平等似乎也不可能。[1] 民主制的特点是,应该
由"工匠"和"较低阶层"来管理公共事务。其主要的缺点是,它伴
随着平民对贵族的嫉妒,也伴随着认为自己不可能犯错的强烈自
负。一言以蔽之,民主政体看起来是一头"莫名有着很多脑袋的可
怕怪物"[2]。

　　如果不把平民政体纳入考虑范围,那么作者们就将着手处理贵
族政体的问题。据他们观察,多数民众的苦难以及频繁的压迫行
为都源于贵族群体的贪婪之心。这可以解释为何只要平民获得权
力,执政官就会谨慎地限制贵族一些过分的做法,同时促进公众的
福利。如果社会总是有序,法律总是能正常运转,那么上述情形必
然会向良好的趋势发展。但平民政体凭什么才能维持 30 年的无
暴乱、无暴力和无内讧状况呢?凭什么才能使政府在 30 年中免于
被推翻的危险呢?[3] 而贵族政体的最大危险之一也是可能发生内
讧。统治者的数量越多,内讧和争吵就越频繁,[4]而且国家机密也
越容易遭到泄露。

　　政党政府是一个相对来说较为现代的概念。甚至对于美国宪
政的初创者而言,政党政府的存在,将是困扰刚成立的共和政体的
重大危险之一。威廉·托马斯思想中的政党政府观念却使他倾向

298

299

---

[1]　Bedingfield,*Florentine History of Machiavelli*,序言,1595。

[2]　Merbury,*Brief Discourse*,1581,p. II.

[3]　Thomas,前引书,p. 166。

[4]　Bedingfield,前引书。

于单个专制统治者下的暴政,他认为与因为内讧导致政府倾覆的危险相比,这种暴政是更为优先的选择。他赞成专制君主制的论证如下:一位明君,虽然削弱了平民的权力,但他却同时通过削弱贵族权力的方式来保护平民免于贵族的暴政;这样一位明君,既对统治多数人感兴趣,也对统治少数人感兴趣。相反,如果暴君当政,那么他的暴政实际上是针对贵族的。在贵族制下,可能会存在许许多多的暴君;而在专制君主制下,施行暴政的只有君主他自己。因此,君主的暴政优于贵族的暴政,并无限优于多数人的傲慢无序。威廉·托马斯得出结论:由君主来拥有至高无上的权力乃是最佳选择。君主如果不应压迫臣民,那么他就应施以规训,直至他的名号使后者战栗。① 臣民甚至不应讨论君主的行为和律法,因为作为"一切错误之源"的蔑视和拒绝服从的行为,都会随着对君主的批评一同到来。

类似地,约翰·莱斯利也赞成单一君主的专制权力。"全世界由单个神灵的旨意统治;人类的肉体由单一的灵魂支配;为船舶导航的只能是一位行家里手。"单一的国王代表着和平与团结,所有的好臣民都应该盼望他的到来。② 查尔斯·墨伯里也试图表明,最好的政体乃是合法君主的统治。这位君主的头衔来自王族的世袭。而被选出来的统治者则会造成许多不利局面,不仅可能形成无政府状态(只有在新君主登基之前,无政府状态才能被容忍),而且这样的统治者会把国家带向贫穷和衰弱。外国人也可能被选出来成为国家的统治者。例如意大利人将非意大利人称为"野蛮人",那么你可以想象,如果由意大利人担任另一个国家的统治者,他就会试图改变这个国家的语言和风俗。单一君主只要对他的所有臣属拥有绝对权力,那么这就将对他在世期间的国家主权带来巨大好处,这种好处还会延续给他的子孙后代。他的权力由上帝

---

① Thomas, p. 169.

② *Treatise touching the Right of Mary Queen of Scotland*,1584,p. 65 及以下各处。

授予，因而不用对任何人负责。他只服从上帝之法，因而不用服从任何世间法律。任何有悖于上帝之法者，他都无需遵守。他不能被国内的地主和贵族所控制，否则这种做法将从整体上威胁君主统治。他也不能完全顺从平民大众，后者一旦获得更高地位，不仅会变得更为无礼而且也易于发动叛乱。所以，在一切运转得当的王国中，平民只能请愿，贵族只能协商，而国王有权决断；"我们的君主是上帝在世间的化身，是全能之力的较低级别模范，他不承认比他更伟大者，也不承认比他地位更高者"。① 君主政体的完美，在乎君主的绝对主义统治之中。托马斯·贝丁菲尔德翻译了马基雅维利的著作，并祝贺英格兰人在上帝指引下，命中注定要服从一位世袭君主；这位君主要求他的臣民像他自己遵从自然法则那样顺从于他。贝丁菲尔德在其《国民政策》（*Civil Policy*）中——理查·罗宾孙（Richard Robinson）将此书翻译为英语——追随帕特里齐的观点，认为专制主义是唯一合乎逻辑的政体，他像拥护上帝统治整个宇宙那样拥护君主制。君主制是最好的政治形态，而且据他说，所有的民族最初都采取这种政体。在所有政体中，它是"最为合理、最合乎自然、最为高贵也是最有必要的"。② 国王的权威对其臣民有着一种直接的好处；例如西班牙人虽可能衣不蔽体，但仅仅因为他臣属于西班牙国王而生发出一种自豪感。墨伯里则说，也可以看看意大利人，他们已经失去了"民族的光荣与高贵"。如果一位英格兰绅士在国外能与最为傲慢的西班牙人和最为自负的法兰西人肩并肩地平起平坐，那将是莫大的安慰。

　　其他作者也论证支持君主专制。约翰·莱斯利就通过引用马基雅维利、康塔里尼和波利多尔·维吉尔的作品来阐明国王的权力与所有其他人的权力之间有何不同：只有国王本人才不受该国

302

---

① *Treatise touching the Right of Mary Queen of Scotland*，1584，p. 43 及以下各处；比较 Castiglione，p. 314。
② Bedingfield，前引书。

225

的普通法所管辖，当然也不受任何其他法律的约束。①

值得注意的是，赞成国王拥有专制权力的这些作者，都在某种程度上与意大利有关联。威廉·托马斯一度是熟知几乎每一位意大利人的英格兰最高权威。查尔斯·墨伯里以一篇给伊丽莎白女王的意大利文献词作为其著作的序言，并在书后附上了意大利格言集。约翰·莱斯利从若干意大利权威著作中进行摘引；托马斯·贝丁菲尔德将其关于政体的论点写成一篇引言，并放在马基雅维利《佛罗伦萨史》（*History of Florence*）的一个英译本之前。即便是不识意大利文的英格兰人也可引用帕特里齐的著作来证明：因为所有造物只有一个上帝，所有只能有一位统治者。而所有作者的论证逻辑都彼此相似。其中一般都会有对政体形式的历史考察，这种考察常常显得理性而不带偏见；总是偏向于认为专制主义是最合乎逻辑的政体，理由是这种政体将国家主权授予了最合适的人选。作者们趋向于认为，专制政体的基础乃是神授的君权。当时的政治哲学中，论及约束王权的古代制度的文字正在消失；国家主权在君主的手中即将具有单一、绝对并只向上帝负责的特性。

当时，意大利政治思想的发展方向是专制君主制。如果在英格兰法学思想中追溯这一意大利的影响，那就需要提及阿尔贝里科·真蒂利（Alberico Gentile）的著作；真蒂利于 1580 年来到英格兰，7 年后被任命为牛津大学民法皇家教授。他在担任牛津教授之前，曾就西班牙大使门多萨（Mendoza）密谋反对伊丽莎白女王一案，向英格兰政府提出咨政建议；在他建议下，门多萨仅仅是被勒令离境。之后他就开始在伦敦定居并参加各类法律实践活动。他的著作不仅给英格兰民法学带来了新生，②而且他尝试在非神学基础上开创对罗马法和国际法的研究，③先于格劳秀斯（Grotius），因

---

① *Treatise*，p. 21 *b*，及以下各处。

② Fulbeck, *Direction to the Study of Law*，1620.

③ *Il Principe*，Burd 作序版，p. 63。

此为该研究领域带来了新鲜空气。据称,他的《战争法》(*De Jure Belli*)第一次将天主教神学家的实践与新教的自然法理论结合起来。此书将战事规则进行了系统化梳理并加入了自己的批评,被其他学者称为从法学角度对 16 世纪各类政治军事事件的评论。除此之外,他撰文为马基雅维利辩护,[①]并将该文题献给国王詹姆斯一世,[②]赞同君主拥有至高无上的权力。他在文中试图证明君主的专制性质,对于其臣民的生命和财产具有任意权力。既然臣民将规则与权力授予君主,既然上帝意志具有充分的理性,并且上帝的理性就是绝对的律法,那么除了上帝之外,君主无需承认任何人比他更高一等。君主能够拥有并支配一切事物;他高于民法,只是低于上帝之法、自然法和国际法(law of nations)。但作者也警告称,君主必须公正地运用他的权力,否则麻烦接踵而至。

　　没过多少年后,真蒂利的这部作品就引起清教徒的愤怒反驳。[③]"作者叫阿尔贝里科斯,……我不认识这个本国同胞,但他的名字和他的信条似乎证明他生来就是外乡人。"赞成君主专制的那些论点并非来自英格兰本土;它们的根系在外国,不列颠岛与之水土不服。在很多处,马基雅维利都被视为此类观点的发起者和主要推动者;因为当时的英格兰读者从他的作品中只截取了支持君主专制统治的那些话。对 16 世纪的欧洲而言,马基雅维利所代表的形象与我们当今的认识截然不同;在文艺复兴时期,他似乎就是暴政的辩护者,是教授如何以精妙手段奴役自由人民的大师。实际上,当时不少人首先是通过他对手的图书而不是他自己的著作来了解他;他的作品译为英语则更为晚近。法兰西胡格诺派信徒英诺森·冈蒂耶指责马基雅维利的著作是当时最出名的;他认为马基雅维利对那个时期的政治运转和治国术可能产生了影响,从

---

① 收录在 *De legationibus libri tres*,London,1585。

② *Regales Disputationes Tres de Potestate Regis Absolutis*,1605.

③ *England's Monarch*,*or a conviction and refutation by the Common Law of those false principles and insinuating flatteries of Albericus ....* *Together with a general confutation ... of all absolute monarchy*,London,1644.

而应该对圣巴托罗缪（Saint Bartholomew）大屠杀事件负责。大量对马基雅维利的指责就源自冈蒂耶的作品。冈蒂耶作品英译本[①]译者这样认为：马基雅维利从君主们那里取走了信仰，从法律那里取走了权威和尊严，从人民那里取走了自由，因此马基雅维利的书乃是"从意大利挥发出的致命毒药"。关于马基雅维利的类似观点在当时的英格兰普遍存在。文学作品中充斥着这类说法。作者们更多是从道听途说而非他实际所写的文字出发来作出评判，尽管他的作品在英格兰已经为人所知。一个夸大马基雅维利治国术的学派也成长起来，可是他们所依据的基础却是虚假的。[②] 而真蒂利在自己作品中所特别摘选出的那些段落，使英格兰人更加相信马基雅维利的"罪恶"。他对格林、马洛等剧作家的影响，下文还将进一步阐述，但他的名字在日常的生活和会话中已逐渐成为一个代名词。我们可以从一封写给在意大利的年轻英格兰人的书信中[③]一窥马基雅维利当时的声誉；这封信在如何从意大利的旅行中获益方面提出了一些建议：作者先鼓励收信人学习意大利语和民法，之后建议阅读《论李维》（Discourse on Livy），但提到这部书的作者乃是"卑鄙、邪恶、狡诈、阴险之人，你可以称他为恶魔，他就是马基雅维利"。收信人必须注意的是，如果谁用"马基雅维利"来称呼你，那等同于一种侮辱或是说你已声名狼藉。可见，马基雅维利的影响在某种程度上是一个想象的产物，不少他从未倡导的事却被归之于他。与此同时，理性研究国家事务的新精神，历史主义的表达和论述，甚至以专制主义为目标的政治趋势，都被视为源自马基雅维利作品的影响。还有一个例子也能体现出马基雅维利在英格兰的流行：加布里埃尔·哈维刚从剑桥大学毕业时，声称马基雅维利作为"政策的伟大创建者和大师级人物"，其作品首屈一指，因此

---

① A Discourse upon the means of well-governing a kingdom against Nicholas Machiavell the Florentine（by I. Gentillet）. 由 Simon Patericke 译为英文，London，1602。

② Janet, Science Politique, I, 542.

③ All Souls Library（Oxford），Ms. CLV, f. 77 b, 1599 年 2 月 27 日。

希望能找到他的书;而另据研究表明,正是在这个时期,《君主论》和《论李维》都已在伦敦印刷出版。①

Ⅲ

当时大量意大利著作的英译本之一,是纳尼尼(Nannini)的《论国内事务》(*Civil Considerations*),此书基于圭恰迪尼(Guicciardini)的观点来论述实践型的政府(practical government)。除开该著作所讨论的问题以及所提供的有操作性的国家方案(认为此类方案优于理论上的理想方案)之外,它通过历史例证来进行论述的方法更为重要。相关问题都与实际政治生活相联系,而不是讨论理想化的可能政体。

该时期的另一部受到意大利方法影响的著作是托马斯·史密斯爵士关于英格兰的书,此书的撰写计划类似于加斯帕·康塔里尼的《威尼斯》(*Venice*)。值得注意的是,托马斯·史密斯曾在帕多瓦追随阿尔恰蒂(Alciati)学习,并听过阿科兰博尼(Accoramboni)和鲁比奥(Rubeo)的讲话,还在这座城市获得了法学博士学位。之后史密斯就完成了这部著作,该书体现了在当时意大利作品中十分典型的系统分析方法(systematic analysis)。例如他在讨论各类不同政体时,列举了每一种政体的优点和缺点,以此来得出结论认为,最好的国家应该与其国民的自然特性相契合。

意大利历史学方法的实际影响,不仅来自书本,也来自当时的一些作者;弗利的蒂托·列维奥和波利多尔·维吉尔是在英格兰的意大利历史学家中的早期例证,随后则有彼得罗·比萨里(Pietro Bizari)。又如英格兰的辩论家和历史学家尼古拉斯·桑德斯(Nicholas Sanders)长期在罗马红衣主教莫罗内(Cardinal Morone)的庇护下生活。

威廉·托马斯的历史学作品受意大利的影响较为明显。他的

308

―――――――

① *Nineteenth Century*,December,1896,p. 915.

229

《意大利史》(*History of Italy*)在描述每一座城市的风景名胜之前，都加上了一段对该地的记叙文字，据他自称，①这段文字是通过同时比较多作者的作品的方法来撰写的；他也十分坦率地承认自己特别借鉴了马基雅维利对佛罗伦萨的记载。马基雅维利的历史学著作后来由贝丁菲尔德译为英语，②后者为该书所作的序言中包含了赞成专制君主制的论点。贝丁菲尔德认为，马基雅维利的这部著作已经等同于或超越了到目前为止的所有史著，这表现在它的表述方法，以及马基雅维利为了展现真相而抛弃一切偏见和秉承的那种观察力；马基雅维利较少赞美或指责他笔下的人物，而是倾向于阐述人物一切行为的原因和结果。其他译为英语的意大利语历史学著作包括杰弗里·芬顿(Geoffrey Fenton)翻译的弗兰切斯科·圭恰迪尼的《意大利战争》(*Wars of Italy*)，③以及有关葡萄牙、④低地国家、⑤土耳其和波斯⑥的作品。上述作品提供了如何书写历史的范例；它们除了对事件进行编年而外，还描述了相关国家或地区的宗教、军事实力、政府、殖民地和财税经济。

309

---

① 该作者前引书，p. 140。

② *The Florentine History*，托马斯·贝丁菲尔德英译本(该版本仅注了他姓名的缩写 T. B.)，1595 年。

③ *The History of Guicdardin ....* 杰弗里·芬顿译为英语时有所缩写，1579 年伦敦版。

④ *The History of the Uniting of the Kingdom of Portugal to the Crown of Castile ...* 原书为意大利语，原作者是康斯塔乔(Conestaggio)，由爱德华·布朗特(Edward Blount)翻译，英译本于 1600 年在伦敦出版。

⑤ *The Description of the Low Countries ...* 原书为意大利语，作者是洛多维科·圭恰迪尼(Lodovico Guicciardini)，由达内特(T. Danett)翻译，英译本于 1593 年在伦敦出版。

⑥ *The History of the Wars between the Turks and the Persians*，written in Italian by John Thomas Minadoi，and translated into English by Abraham Hartwell，London，1595. 原书为意大利语，作者是约翰·米那德瓦(John Minadoi)，由亚伯拉罕·哈特韦尔(Abraham Hartwell)翻译，英译本于 1595 年在伦敦出版。*The Ottoman of Lazaro Soranzo ...* 也由亚伯拉罕·哈特韦尔翻译，英译本于 1603 年在伦敦出版。

第七章　意大利政治和历史思想对英格兰的影响

帕特里齐和雅各布·亚肯提奥的一个作品选集①展现了来自意大利的历史哲学和历史撰写方法；亚肯提奥是作为信奉新教的意大利"宗教难民"来到英格兰的，在经验主义研究方法方面，他是弗朗西斯·培根的前驱者之一。上述著作虽然几乎无人知晓，但它是 16 世纪最值得注意的同类型作品之一，它的思想预示了我们这个时代的到来和现代科学方法的创立。它对历史进行了分析，希望以此让君主们以史为鉴，防患于未然。它认为任何事情都有其"前因"，而"前因"则由开端、发展、高潮、衰落和结局构成。因此，考虑任何问题都应该注意问题内部存在的那些联系。此外，还应该时刻注意贸易、公共税收、军备和政体等 4 个主要方面的情况。

简单来说，该著作认为，历史由很多行动（deeds）构成，这类行动既可能由一个国家发起，也可能用来反对一个国家，它们就这样轮番上演，其背后既有像军力或财富这样的外因，也有像理性或欲望这样的内因。某个人在符合时空条件的原因下，运用各类手段和工具来实施每一个行动。这的确无关行动本身的大小轻重。总是存在一个首要的行动者，他超越或高于其他次要的行动者；类似地，也总是存在一个支配着次要因素的首要因素，还总是存在一个首要的时间点、一种首要的手段或工具。某一行动的外在条件亦是如此；但在行动的内部则存在着成败的各种可能和机会。需要考虑行动者的地位和能力，这首先取决于他来自什么家族或国家，其次取决于他本人具有何等的实力、技能和勤勉之心。除非一个人能同时拥有上述若干品质，否则难以想象他能在一瞬间取得成功。甚至情绪也是终极因素，这是因为愤怒情绪的对象是复仇行动，而慈悲情绪的对象则是帮助和安慰性的行动。

①　*The True Order and Method of writing and reading Histories according to the Precepts of Francisco Patricia and Accontio Tridentino, two Italian writers . . .* 作者为托马斯·布朗德维尔（Thomas Blundeville），1574 年伦敦版。亚肯提奥（Acontio）的手稿今存伦敦的档案局（Record Office）从未出版（Dom. Ser., Vol. XXXIV，1564 年 8 月）。他将该手稿题献给莱斯特伯爵。

该书还提到,"在世者应得到记载"。撰写人物传记的作者,首先应该叙述英雄的家庭出身和祖国所在地,接着应探寻推动英雄完成事业的首要因素;无论这一因素是像命运或运气那样的外因,还是像个人选择或品性那样的内因。传记作者还需要确定上述首要因素的源头是激情、习俗还是理性。如果行动为外在条件所迫,那么它既不配赞美也不配指责,但只要这类行动推动或阻碍了其他源自内因的行动,就应该提及而且值得单独记叙。因此,历史学家就应该分析每一个行动的原因和理性,如果行动来自某一个选择,那么就要分析行动者的教育水平在多大程度上影响了选择,这是由于教育在一个人的成长过程中,既构建了他的偏好,也训练了他的头脑。历史学家的目的就应该是说明环境的影响以及通过外在行动表现出来的案例。不过,英雄人物的品性也应在分析范围之内,他的事迹、演讲等各个方面都毕竟只是其品性的"结果"。

所有地点的所有公开行动,都取决于和平、叛乱和战争3件事。和平既表现在外在行动上,也存在于内在的思想结构中。行动的恰当基础乃是臣民的满足;行动不是被一些内在原因(诸如饥荒,又如某一阶层的正当权利遭到剥夺)破坏,就是被战争破坏。对革命和战争的分析,以及对整个16世纪各类阴谋事件的记录,进一步阐明了作者的观点。

该书提出,历史学家的责任就是"联系"所有事物,同时,既不在这种"联系"(relation)中添加什么,也不在其中拿掉什么。每一个行动(action)源自某个个体的活动(activity),因此历史学家就应该提到具体的行动者(doer)以及导致此人行动的原因;如果有多个原因,那么所有的原因都应囊括在上述"联系"之中,从而共同导向某一单个行动。

如果读者在阅读历史过程中想要观察到秩序(order)与方法,那么他首先应该了解这部历史的写作目标或曰宗旨。这之中又有3大目标:首先,承认上帝的旨意;其次,从贤者的榜样中习得智慧;其三,引导人类通往更高的善同时避免走向恶。该书认为,只有让人见到邪恶者受到的惩罚,才能让人更加远离对恶的欲望,而

312

历史正是将此清晰地展示给了世人。历史使人更有智慧，从而可以指导他自己的行动，同时向他人提供建议。使读者及其所在的国家同时受益，正是历史恰如其分的效果。对于那些花费毕生的经历仅仅钻研帝王将相的血统和家谱的人们，亚肯提奥不知道是该同情他们还是嘲笑他们。

313

　　上述历史方法已经被遗忘，这是不应该的。从很多角度都可以说明它是一部非凡的著作，它清晰地展现了环境对个体的影响，以及作为时代产物的人的影响。这部著作也表明 16 世纪意大利人的善于分析、善于系统化的思维趋势。就像在其他方面那样，在历史学方面，意大利也向欧洲的其他民族提供了可操作的范式。

IV

　　在 16 世纪，意大利人做了很多事教导英格兰人如何根据一种与中世纪编年史不同的方法来书写历史。波利多尔·维吉尔的《英格兰史》（*History of England*）尤其有影响力，据称它是到当时为止第一部把英格兰历史用长长的链条串在一起的著作。圭恰迪尼和马基雅维利的著作译为英语之后，成了伊丽莎白时代历史家的范本和榜样，同时，亚肯提奥和帕特里齐的哲学和文学批评作品则为历史书写提供了分析的方法。

　　就意大利在文艺复兴政治思想方面对英格兰的影响而言，我们应该寻找政治行动的智识下层建筑与理论基础。钟摆早已从封建主义思想摆向了专制君主统治的思想。在金雀花王朝和斯图亚特王朝的第二位国王之间乃是由都铎王朝搭建的桥梁，都铎王朝的统治为查理一世的专制尝试铺设了道路。在文艺复兴时代的早期，爱德华四世已经开始运用君主的那种绝对权力。亨利七世则通过各种途径为这样的君主制奠定了坚实基础。但是为它进行智识上的辩护，当时在英格兰仍属少见。这便是意大利及其思想所提供的东西。约翰·提普托夫特（John Tiptoft）从意大利为英格兰的政治实践带来了"帕多瓦法"（Paduan Law），而且由于此种手法

314

那冷酷无情的一面已在15世纪的意大利专制统治者那里形成先例，所以更具借鉴意义。而支持都铎王朝第一位国王——亨利七世在构建新式君主制过程中的思想和行动的也是一位意大利人，他也成了亨利七世的朋友与传记作家。红衣主教沃尔西爱好艺术和富丽堂皇，其对学问的鼓励和他所运用的手段，与文艺复兴时代意大利的那些知名红衣主教有着诸多共同之处。不久之后则出现了读过马基雅维利著作的托马斯·克伦威尔，他摧毁了胆敢挑战国王权威的教会的最后一点权力。

同时，意大利在思想领域为那些都铎王朝的辩护者们提供了素材。马基雅维利的确向所有在他著作中寻找论点的人们提供了一种现成的回应。他的冷静，他的不带感情的叙述，他那冰凉的判断，本身就具有巨大的效力。然而，至少在16和17世纪，这位伟大的佛罗伦萨人却遭到了大量的诋毁，同时毫无疑问的是，文艺复兴时代的人们在他的著作中发现了一个富矿，从中可以产生大量支持国家（state）绝对权力的论据；对于那时的英格兰人而言，国家（state）意味着君主政治（monarchy）。威廉·托马斯、约翰·莱斯利、查尔斯·墨伯里和托马斯·贝丁菲尔德作为意大利治国术的学生，其著作中都展现了对君主绝对权力的赞同。马基雅维利的历史方法、平衡力和判断力，也都为他们所采用；但是他们经过对所有可能制度的权衡，却倾向于认为最佳的政体乃是专制主义统治。其他意大利人——其著作或被译为英语或就在英格兰写作——也都赞同这种政体。古典文化的复兴已经带来了关于"国家主权应是绝对的"这样的观念，而对并不熟悉意大利城邦共和制和其他政体形式的英格兰而言，国家主权即意味着君主的权力。实际上，在英格兰革命时代到来之前，英格兰人没有意识到上述观念对他们自己的思想而言，其异域和异质特征有多么地强烈。

第八章　意大利对英格兰诗歌的影响

I

　　文艺复兴运动之最初及最基本意图,在很大程度上是模仿古典时代生活及相关情形的一种尝试。其次,它远不是对另一个时代的自卑模仿,而且是在另一个方向成为重新塑造文明世界的一股强大力量,几乎所有现代思想都可以说是在文艺复兴运动中找到自己的渊源,并归结于意大利的巨大影响。阿尔卑斯山以北国家的文艺复兴通常是开始于意大利土壤的那场运动的某种延续,而延续的方式是多样而非单一的。伊拉斯谟(Erasmus)、霍尔拜因(Holbein)、洛佩·德·维加(Lope de Vega)、蒙田、卡蒙斯(Camoens)甚至是莎士比亚,都应对意大利的艺术、文学和文明成果表示感激之情。

　　在英格兰诗歌中,上述意大利影响有着双重特征。一方面,它带来了新的诗歌体裁并象征着精确、匀称与优雅;它使诗人对艺术性与高贵性产生了更深的感悟,并要求诗人具备更扎实的学识。另一方面,它为诗人的生活创造了一种鲜活氛围。意大利文艺复兴的新精神通过移除既存的界线而丰富了人们的生活,同时,在一种相类似的过程中,人们感到自己的本性脱离了所有的道德约束。因此,意大利在教授人们体裁上的尺度与艺术性的同时,注定要在精神层面成为无拘无束和人类本性解放的象征。它在美学层面使英格兰诗人学到了一种新的诗歌艺术;它在生活层面则为英格兰剧作家营造了一种浪漫气氛。

值得注意的是，"英格兰诗歌之父"也许是第一位表露出意大利影响的诗人。乔叟使他的民族意识到，一个新时代已经来临。在英格兰，他第一批阅读托斯卡纳诗人作品；他自己的作品，正如彼特拉克的作品那样，第一次挣脱了神学价值观的束缚。他预见了随后将被英格兰人感受到的那种意大利影响，当然他也远远超越了自己的时代。但他所点亮的新时代的微光在他去世后再一次熄灭。他之后的高尔（Gower）、利德盖特和"苏格兰乔叟派诗人"（Scotch Chaucerians）虽然对若干意大利作者有所知晓，但并没有能够领会到后者的真正精神。他们将彼特拉克视作学者，而把薄伽丘视作职业教师。在整个 15 世纪中上述观点很流行，这种情况下，托斯卡纳诗人的价值未被英格兰人意识到。[①] 新诗学的真正重要性尚不能被阿尔卑斯山以北的人们所领会。那时的英格兰人似乎有受某种"教育"的必要，以便以他们的品位和理解能力能够对那些伟大的托斯卡纳诗人产生兴趣。斯蒂芬·霍斯（Stephen Hawes）和约翰·斯凯尔顿（John Skelton）都没有感受到文艺复兴的精神，而且把彼特拉克仅仅视作一位"著名的教会人士"。[②] 除了诗歌之外，所有的方面当时都在进步。但那正应该是离开中世纪"枯燥乏味"传统的时代了。亨利八世表面上十分热衷外国流行事物，喜爱意大利的学术、音乐和艺术，在他的宫廷中，如果只有诗人群体重复着已经垂死而毫无意义的神学寓言式表达，是很难想象的。罗伯特·弗莱明、约翰·弗里及其他英格兰学者已经创作出了具有人文主义精神的拉丁文诗歌，在大量旅居在都铎宫廷的意大利人的实践下，这种做法取得了巨大成功。诗歌体裁应该尽量与时代精神相和谐，这在当时就是自然而然的观念。在学术、艺术

① 虽然两位名叫哈拉姆（Hallam）和巴勃威斯（Bubwith）的英格兰主教曾在康斯坦斯宗教大会期间，曾劝说赛拉沃的约翰（John of Serravalle）为但丁的《神曲》撰写一部评注。见 E. Moore, *Dante and his Early Biographers*, London, 1890, p. 65。

② Skelton, I, 377.

和宫廷生活方面向整个欧洲提供范式的意大利,诗歌创作也将毫不逊色。

对拉丁诗歌的优雅化,是意大利人文主义者群体最早期的贡献之一。他们之中,像波利齐亚诺这样天赋较高、不那么迂腐的人文主义者,还使用意大利方言创作诗歌。英格兰学者远远逊色于他们的大师级前辈,便把这件工作留给廷臣去做。因此新诗歌在英格兰宫廷成长起来,就像新学术在大学中繁荣起来一样。无论在哪个案例中,周围环境的约束性氛围通常会导致发展速度的缓慢;例如新学术花了整整 75 年才获得成功。它最终的胜利同时也标志着意大利诗歌体裁融入英格兰诗歌,尽管新诗歌体裁直到伊丽莎白统治时期才站稳脚跟。

纳瓦吉罗与博斯坎(Boscan)的著名对话,在英格兰文学史上仍是独一无二的。然而,有大量的事件让我们认为,促使托马斯·怀亚特爵士与萨里伯爵开始诗歌改革的第一动因并非偶然。旅居在英格兰宫廷的意大利人文主义诗人也许对此有鼓励之功。希尔维斯特罗·德吉利、阿德里安·德·卡斯泰罗和安德里亚·阿莫尼奥都可视为诗人,他们必然认识怀亚特。特别是曾经在托马斯·莫尔家中住过一段时间的阿莫尼奥,是伦敦文学小圈子的成员,而这个小圈子里还有其他意大利人以及若干曾在英格兰之外访学过的其他牛津大学学者。① 最初阶段,新诗歌是宫廷中的独特产物,只在宫廷一隅成长发展。在意大利,每一位廷臣都曾是诗人,而每一位诗人也都曾是廷臣。曾访问过英格兰的卡斯提里奥尼就在其著作中规定,作为廷臣就有责任使自己的母语或方言更为优雅。"让他在诗人群体中锻炼自己⋯⋯要写韵文和散文,而且尤其要用我们的母语来写。"②

英格兰的新诗歌充满着宫廷的感受和思想。实际上它不是大多数人、而只是一个狭窄圈子的一种文学体裁。但是在学者群体

319

320

① Giustiniani, II, 68.
② *Courtier*, p. 85.

和诗人群体之间存在着一种独特的联结。学者群体中的若干人离开牛津前往伦敦,后者为他们预备了更广阔的活动平台。托马斯·莫尔爵士也是一位杰出的拉丁语诗人,深受国王宠信。诗人和学者怀有类似的野心,通过不同的途径完成着相同的任务。皇家博学好古学者约翰·利兰把两个群体连在了一起。利兰与怀亚特在剑桥期间相识,并在后者去世时写了一首题献给萨里伯爵的纪念诗,在诗中利兰称赞怀亚特将英语运用于诗歌,并认为怀亚特可与但丁、彼特拉克相媲美。①

宫廷诗人的任务并不简单。在早期流派中常常见到一些带有缺陷的诗歌作品,或者含糊暧昧,或者漫无边际,或者冗长啰嗦,或者无谓反复。这些缺陷并不是一朝一夕就得到纠正的。意大利新的诗歌体裁被引入英格兰后,斯凯尔顿和霍斯的追随者仍按照传统进行创作。但他们的影响力大大变小,同时,诗歌的高贵性则得到再一次树立;它再度在宫廷中兴盛并受到国王喜爱的基本事实,充分说明了它所得到的肯定与支持。在英格兰出现了"一个新的宫廷创作者群体,年轻的托马斯·怀亚特爵士和年长的萨里伯爵亨利是两位带头人,他们曾经在意大利旅行并在那里品味到了意大利诗歌那甜美而庄严的音律与风格,他们小心翼翼地向但丁、阿里奥斯托和彼特拉克学习,将我们本土诗歌的粗俗与平凡进行美化,因此,我们可以说他们是我们英格兰诗歌韵律与风格的第一批改革者"。②

怀亚特和萨里的重要性,在于在英语中对意大利文艺复兴时期的诗歌体裁的运用。他们在文学领域完成的任务,类似于威廉·格

321

---

① *Næniæ in mortem Thamæ Viati*,1542. 原诗(意译):
  英格兰与意大利
  但丁赞美着佛罗伦萨的战事,
  高贵的彼特拉克歌颂着罗马的居民。
  怀亚特的母语并不比他们低贱,
  同样散发着雄辩的光辉。
② Puttenham, p. 74.

罗辛与托马斯·林纳克在学术领域的贡献。不过怀亚特和萨里在诗歌方面的各自地位有很大区别。首先，没什么疑问的是，怀亚特是开拓者，而萨里是两位诗人中的较伟大者。但怀亚特生于 1503 年，年长萨里伯爵 13 岁。年长者不太可能向一位年轻人学习。而且怀亚特曾在意大利旅行①，而萨里事实上则从未去过那里。再者，约翰·利兰在一些纪念怀亚特的诗文中曾将萨里（下面引文中的霍华德）视为怀亚特在诗歌方面的继承者。他是这样说的：

> 前进吧霍华德，还有怀亚特的绝妙之处，
> 辉煌的荣光仍然照耀。

最后，他们诗歌创作的技术表明怀亚特是较早先的一位。萨里的作品在每一个方面都明显超越了他的前辈和老师。怀亚特的确是近代英格兰诗歌之父；萨里则是怀亚特最直接的继承者中最杰出的一位。怀亚特的意义在于，他的诗歌标志着彼特拉克对英格兰文艺复兴时代诗歌影响的启幕。

322

II

如果某一个人的影响能够持续若干世纪但其性质又发生完全变化，那么这就称得上是文化史上一项极其值得注意的事件。对同时代人而言，彼特拉克首先是一位人文主义者。他带来了对旧经院学术的厌恶，并开启了接受古典世界知识的新时代，在这两点上，他比其他所有人都做得更为出色。但随后的若干代人却主要因为他的十四行诗与柏拉图主义思潮相契合而欣赏他。彼特拉克因为那些描述他对劳拉之爱的诗歌而闻名，人们认为他的这些拉丁语长诗使他得到不朽的声誉，而这却是他自己极不看重的一部分作品。

---

① 参见 *Gentleman's Magazine*，September，1850 中的文章。

尽管如此,彼特拉克仍然使十四行诗成为了属于他自己的体裁,即便他并非十四行诗体的创造者。这一诗体即将在意大利,而且将在法国、西班牙、葡萄牙和英格兰流行开来。也许它那准确的遣词造句,以及它所流露的精神,正迎合了那个时期的古典主义思潮。在每一个人都熟悉古典时代的文学之后,中世纪时代那冗长而枝叶蔓生的诗歌就不再流行了。中世纪旧精神的残余仍然通过各种途径留了下来,例如男子会向其爱人表达一种绝对自我奉献的感情。但是外在形式已被彻底重塑;尤其是风格与韵律变得更为优雅了。旧时代的粗俗语言无法满足表达意义精细变化的需要,因此诗歌中必须包含丰富的想象或意象以及精妙的安排和设计。彼特拉克为新诗歌提供了出色的范式与案例。彼特拉克诗歌艺术中的新颖性和创作技术的完美性,以及后世的人们所坚信的他创作激情的热烈程度,加上这种激情伴随着的新柏拉图主义,都使他成为西欧宫廷诗人的模仿对象,这些宫廷诗人在人文主义和古代骑士精神的背景下受到训练,十分愿意改良和美化自己本土的诗歌。

这种诗歌体现的实际上是一种关于爱情的精心谋划的创作,但这种爱情并不是从灵魂的真正感情中生发出来的,这样的创作是为了假装对一位想象出来的女士有某种热烈的激情,在某种固化传统所构造的若干诗行中,以韵文的形式讲述一段虚构的故事情节。[1] 只需要在一幅合乎情理的画面中具体地表达爱情的抽象概念就行了;为了成功地做到这一点,精巧的设计和创作技术就比学识水平和想象力重要得多。通常的创作过程,就是先接纳彼特拉克的思想,再模仿他灵感和诗歌措辞的素材,以达成对某种并不自然的风格的再现。彼特拉克对十四行诗的最初选择使他一直被约束在有关思想和感受的一个狭窄范围之内。这迫使他使用重复手法并最大程度利用自己的文学天赋,以较长的篇幅徘徊往复,但这种做法并未使他所经历的残酷的灼心感显得过于单调。为这种感

① 参见 M. Piéri, *Pétrarque et Ronsard*, p. 88。

情而限定下来的狭窄范围需要多样的隐喻来进行表达，于是，某种夸张修辞就显得必要。彼特拉克流派的模仿者们很容易就能领会到他的写作方法，包括对思想的美化，对作者感受的提炼以及在风格上的夸张。他们以一种老练的修辞学者那种习惯性的从容态度借用彼特拉克的创作技巧。这样，彼特拉克的主题得到保留，新的细节也加了上去，但是表达方式却朝着过度美化或过度夸张的方向变化，以达到避免被人指责为剽窃的效果。模仿者们还有一种技巧，就是从既有的十四行诗中挑选一些短语，再加上自己储备的其他素材，从而使这些短语按照自己的方式向前推进。

彼特拉克流派包含着某些非常不同的侧面。例如，它的爱情观是将严肃庄重与感官感受融为一体的表达方式，这与过去骑士文学时代的文学残余并无太大区别，亦即在对女性的柏拉图式爱情中找到了其最高贵的理想——认为爱情可以净化人心，升华灵魂，简而言之，爱情是所有美德的源泉。

由于骑士精神当时至少从外在形式上讲已在宫廷中成为一种消遣，因此上述文学爱情观是一种复兴，其流行程度更为提高；它是对立于亚里士多德哲学和教条化宫廷爱情的一种反应，它肯定的是有关柏拉图哲学的彼特拉克式的表达方法。 325

爱情的苦楚、恋爱者的羞怯及其激情的持久，总是在此类诗歌中得到表达。除此之外，彼特拉克的追随者后来过度使用了措辞和文体方面的某些创作技巧。这虽然成了一种风格特色，但它带来的副作用就是一种文学畸形化，即对夸张想象、有意设计、上下对照和一语双关的滥用。不过它也有好的一面，即它在创作上的推敲、简洁化、优雅化和高贵化，使此类新诗作与之前的诗歌相区别，这在阿尔卑斯山以北的文学史中尤其明显。最后，它为诗歌艺术的技术性发展和创作技艺方面提供了无穷无尽的可能性。

在当时的英格兰诗人中，怀亚特与萨里可说是所有人的"两盏明灯"。用普登汉姆（Puttenham）的话来说，"他们的想象是崇高的，他们的文体是庄重的，……他们的遣词是恰到好处的，他们的诗韵是甜美的且比例也是均衡的，他们对大师彼特拉克的模仿是

图 9　萨里伯爵。霍尔拜因作。温莎古堡藏。

极为自然而勤奋的"。[1] 但怀亚特与萨里的诗歌作品都不是对彼特
拉克的自卑仿效。怀亚特那较为新潮的英语头脑反抗着对无意义
想象的重复,同时他所利用的这一语言,如果作为传递产生微妙变
化的意义之准确性的中介来说,就太不完美了。他从彼特拉克那 326
里借鉴了体裁,并且还翻译了彼特拉克的很多十四行诗,有的是全
文翻译,有的是部分翻译,[2]尽管其中很少见到逐字翻译的作品。
他希望能够充分表达彼特拉克的大胆想象,但这一举动常常以失
败告终;他承认这一点,于是作诗时往往以一段对彼特拉克诗歌的
翻译开始,并意识到他没有能力继续下去,只好创作出属于他自己
的新鲜思想。[3] 在其他一些十四行诗中,他从这位意大利人(彼特
拉克)那里只借鉴了少数的诗行。没有理由说他在僵硬地选择诗
歌体裁方面感觉到什么轻松自在;对他的作诗技巧与熟练性而言,
自我强加的约束显得过多了;他也无法"重现"建造彼特拉克式十
四行诗的、由连续性步骤所搭建而成的架构。他繁忙的公共事务
足以支持他的生活,却几乎无法提供更多的闲暇供他美化自己的
诗作。他的那些诗作很少有流畅之作,与他的师父(彼特拉克)的
优雅诗行形成十分明显的对比。但怀亚特的文学意象总体上比彼
特拉克要简单明了一些,不那么复杂。他在技巧上无法与彼特拉
克相比,他尝试的大胆想象则通常显得笨拙而不太"合身"。甚至
他所勉强"重现"的十四行诗韵脚并不理想,产生的韵律效果完全
无法让人感到舒适。他无法恰如其分地掌控它,同时他对诗歌的
翻译并不准确,他的技术也可说是贫乏的。他尽可能使用像警句 327
体的对句为其十四行诗收尾,而不是运用彼特拉克诗歌通常的收
尾方式,这一点他与自己的模范相差得更远。[4] 很有可能的是,怀

---

① Puttenham,前引著作,p. 76。
② 比较:怀亚特十四行诗 1,2,4,5,9,11,13,14,18,19,20,22,24,31 与彼特拉克
十四行诗 109,61,220,136,81,12,104,156,44,99,19,188,229,120。
③ 比较:怀亚特十四行诗 4 与彼特拉克十四行诗 220。
④ 法国人文主义诗人梅林·德·圣加莱(Mellin de Saint Gelays)都只是偶尔使用
对句来收尾。

亚特和萨里都没怎么意识到那位意大利诗人（彼特拉克）处理十四行诗过程中的那种神圣而庄严的精神要义。他们可能将此与当时流行的意大利古韵文（*strambotto*）相混淆了；①但是他们所犯的这一错误却造成了一个英格兰新典范的树立，并为伊丽莎白时代的人们所追随。

虽然怀亚特缺乏原创性，但是他在英格兰诗歌史上则占据着极其重要的地位。许多人在天赋上超过了他，但几乎没有人影响比他更大。尽管怀亚特在母语文学上体现出的力量以及所具备的爱国主义崇高理想使他一直成为英格兰诗歌爱好者的崇拜对象，但是他的历史意义却更多来自于他作为英格兰第一位彼特拉克流派诗人的这一点。他对于意大利人文主义者的研究使他认为，意大利人提供了诗歌的新希望，于是他尝试用自己的语言来重现他们的文学体裁与风格。用约翰·利兰的话来说，英语以前是粗俗而无"旋律"的，怀亚特则迫使英语承认那位大师（彼特拉克）的优雅性。他是"宫廷诗作者"的真正老师，这一群体以他的诗作为榜样学到了新的体裁。② 诸如弗朗西斯·布莱恩爵士、罗奇福德勋爵、沃克斯勋爵（Lord Vaux）、莫利勋爵以及特别是像萨里伯爵这样的人，即将在怀亚特工作的基础上继续前进，追寻胜利。

328

关于萨里所处的文化圈我们知之甚少。传说萨里曾在意大利旅行并在佛罗伦萨遇到挑战他骑士精神的事件（那些胆敢否认美丽的杰拉尔丁［the fair Geraldine］的人们），纳什与德雷顿自称被这些故事所激励，但实际上他们没有什么根据。而唯一可以确定的，是他本人从未到过意大利。因此，他对彼特拉克及其流派的认知来自于出过国的怀亚特、利兰等人以及在英格兰宫廷的那些意大利人。他一生的大多数时间都与浪漫主义的兴趣有关，这或许与他作为年轻人生活的环境有关，但遗憾的是他去世太早。

---

① *Nuova Antologia*，July 1，1895，德·马尔奇（De Marchi）的文章。

② "英语是粗糙的，其韵律也如此……高贵的学者们拒绝承认不列颠岛的作者也能写出不同体裁的诗歌。"—Næniæ.

但是,作为一位诗人,与怀亚特相比,萨里展现了对新创作技巧的更大适应性;体裁没有成为他的负担,语言也没有成为严格约束他的因素。而创作素材就摆在他的面前;他的任务就是在过去没有美的地方添上美,并赋予它风格、个性与优雅。他和怀亚特都翻译了同样一些彼特拉克的诗歌,两相比较,就可以看出两者的区别以及萨里在艺术上的更胜一筹。萨里更加符合彼特拉克流派传统。他的"劳拉"就是杰拉尔丁,而怀亚特的作品中则找不出任何理想女性。在思想和内容的外在形式方面,萨里更接近彼特拉克,尽管在于韵律结构方面他并没有跟得那么紧。在他全篇诗作中会 329 有一个单独的主题思想,围绕这个主题会有几组同类的观点和意象,收尾也常常使用警句,也就是说用不同的形式重复同样的主题。他最喜爱的主题中就有关于爱情的多样情绪与阴晴不定的描写,他在创作这类主题时表现出的美与个性,正来自那位意大利人(彼特拉克)。正如怀亚特那样,萨里通过将意大利韵文体裁引入英格兰,为英格兰正在衰败的诗歌带来了新鲜的生机和活力,他引入了意大利的艺术意识,也就是对优雅与风格的偏爱以及完美无瑕的创作目标。尽管怀亚特也努力向着正确的方向前进,但是他却误解了意大利十四行诗的本质。与怀亚特类似,萨里忽略了意大利文学的语言结构,但他所运用的那种范式为后来的托马斯·沃森(Thomas Watson)和莎士比亚所继承。萨里主要是在体裁方面进行革新。在某一首诗中他运用了"三行诗押韵法"(terza rima),这种体裁并不是在英格兰土壤中天然生长出来的。在翻译《埃涅阿斯纪》(Æneid)的过程中,他也是第一次在英语中使用了十音节无韵诗的体裁,也就是所谓的自由体(versi sciolti),这种体裁曾经在若干年前由意大利红衣主教伊波利托·德·美第奇(Ippolito de' Medici)和莫尔扎(Molza)以接近的方式使用过。他的其他革新是在诗句结构和格律方面,这里不再赘述;他和怀亚特一同可称作彼特拉克流派的拥护者和鼓吹者,他们使彼特拉克影响了他们所建立的英格兰诗歌新流派。

"彼特拉克运动"在英格兰扎根的最初进展较为缓慢;无论是

330　它的语言还是它的思想一开始都显得水土不服。迟钝的英格兰人最初曲解了彼特拉克流派中的修辞，而只是在很大程度上从字面上，把它当作关于恋爱中人的苦闷与遭遇的"素材大全"来使用。乔治·加斯科因（Gascoigne）痛苦地抱怨这种缺乏肯定和缺乏读者的情况，他认为这些读者"把丘奇亚德先生（Mr. Churchyard）与卡梅尔先生（Mr. Camel）之间的文学争论，解释为两位邻居间的争吵……其中一人养了一头骆驼（camel），另一人负责看管墓地（churchyard），读者们认为由于骆驼进入了庭院而导致两人开始争吵。① 不仅如此，尊贵的萨里伯爵那令人愉悦的以'冬天刚刚回来'（In Winter's just return）的小诗，也被人以为真的是牧羊人所作。② ……我亲爱的朋友们，实际上是只有这点儿学识的人们在阅读英语作品，他们甚至根据他们自己本土的观念和幼稚的技巧，转译着拉丁语、希腊语、法语和意大利语的短语与比喻。"③然而，当大量从意大利游学回国的英格兰人带回关于已经横扫整个意大利的托斯卡纳的文化复兴时，当关于皮埃特罗·本波（Pietro Bembo）及其流派对其本国诗人的尊重一点也不亚于对古代人的尊重时，彼特拉克式十四行诗也就在英格兰生根发芽了。

　　作为第一部英格兰诗集的《托特尔诗集》（Tottel's Micellany）于1557年问世，这种类型的出版物当时在意大利却较为常见。这部书中许多新体裁的诗歌第一次在英格兰出版，但其中若干诗作者
331　实际上并未受到意大利抒情诗的影响。例如尼古拉斯·格里马尔

----

① 指文学史上英格兰诗人托马斯·丘奇亚德（Thomas Churchyard，约1520—1604）与同时代文人托马斯·卡梅尔（Thomas Camel，生卒不详）之间有关本土英语民谣创作的争论。——译注
② 萨里伯爵这首诗歌题名为《一位临死的男性单恋者的抱怨：他所爱的女士不公平地误解了他的作品并因此拒绝了他》（Complaint of a Dying Lover：Refused Upon His Lady's Unjust Mistaking of His Writting），该诗的第一句话是"当冬天刚刚回来，北风之神再次开始他的统治"（In winter's just return, when Boreas gan his reign）。由于该诗是以一位牧羊人的第一人称口吻来写作，因此可能就出现了乔治·加斯科因所提到的那种情况。——译注
③ Gascoigne's Posies，1575，序言。

德虽然有意大利血统,其诗歌却属于古典流派。在巴纳比·古奇
(Barnabe Googe)的诗作中可以发现对想象性修辞的偶尔运用[①],但
是他对彼特拉克式十四行诗严格的体裁与结构并没有真正的概
念,尽管几乎他的所有抒情诗,不管有多长,都可以用中世纪时代
不准确的"十四行诗"一词来统称之。类似地,乔治·特布维尔尽
管对意大利十分熟悉,[②]却并没有真正地运用十四行诗体裁;被一
位意大利朋友称作"彼特拉克模仿者"的乔治·加斯科因,[③]尽管有
一些十分传统的十四行诗作品,却更喜欢创作结构不那么严格的
民谣体(canzone)抒情诗,他对托斯卡纳抒情诗的再现更多是精神
上的而非形式上的。然而,彼特拉克越来越被确认为该流派的领
袖,"所有诗人的首领和君主"。[④] 当时有人认为,彼特拉克作为诗
人,没有人可以与他媲美,也没有任何人能够实现他那样崇高的风
格。[⑤]《托特尔诗集》中有若干首十四行诗就是仿照彼特拉克相应
的作品而写,虽然它们已由怀亚特翻译过。[⑥] 此种原初的文学类型
到目前为止已紧密地在英格兰廷臣的头脑中建立起来,许多贵族
当时都在模仿彼特拉克式十四行诗进行写作。然而,对十四行诗
体裁的运用一度在英格兰地区保持在某种停滞状态。最初,它只
是在宫廷中为人所知。它被普遍接受之前还要经历一段时间。

　　托马斯·沃森在其《爱的激情世纪》(*Passionate Century of
Love*)中重启了十四行诗的复兴。他的崇拜者们发现他确有能力创
作出彼特拉克流派的诗歌:

　　　　在彼特拉克诞生时高悬天空的星星
　　　　在汝降临于世时再次升起,

332

---

① 　*Poems*, p. 94 及以下各处。
② 　参见 *Anglia*, XIII, Koeppel 的文章。
③ 　Gascoigne's *Posies*, 1575,序言中的推荐信。
④ 　*Tottel's Miscellany*, p. 178.
⑤ 　同前引, p. 178,第二首十四行诗。
⑥ 　同前引, p. 260;比较彼特拉克十四行诗 156 与怀亚特十四行诗 14。

> 预示着你就是那托斯卡纳的诗人，
>
> 用崇高的十四行诗丈量天空。①

他努力发展着这种体裁，并加上了一种四行为一节的形式；同时他把彼特拉克的十四行诗翻译为拉丁语，②以此开始了自己的诗人生涯并视自己为彼特拉克的继承者之一。

沃森成为当时最知名的诗人，并可能是十四行诗在英格兰流行的最大推动因素。在当今，我们很难解释他的诗作为何如此受欢迎，除非认为其中原因是他重新在英格兰引入了彼特拉克流派。他所谓的"激情"甚至不是真实情绪也不是感受的虚饰，实际上完全等同于对国外彼特拉克流派诗作的拼接式再创作。他在所有的地方都公开承认所用的典故，因为这种做法可以展现作者的博学。特拉克、塞拉菲诺（Serafino）、斯特罗扎（Strozza）、菲伦佐拉（Firenzuola）等等，都以类似的方式被"集合"到一起以展现沃森的智慧。他特别模仿了在彼特拉克流派的"宝库"中占据较大篇幅的幻想类修辞。这类诗歌主题中有关爱情的内在感受并没有带来表达方式的多样化。因此，彼特拉克的继承者们为了避免千篇一律，运用了过度的比喻与夸张手法。沃森从上述意大利人那里借鉴的幻想和矫饰的例子之一是：丘比特从作者的女性恋人那美丽的眼中射出一支箭，怀着爱情与欲望的诗人是如此受伤以至于完全无药可救。③ 有时这种矫饰也会带有一种外在的韵律形式，整个诗歌就好像是在"帕斯金柱"（A Pasquin Pillar）上写出来的古怪形态一般。④ 沃森并没有真正地在原创性和表达的创新性上做什么尝试，

333

---

① 伯克（G. Burke）针对沃森作品写的评论性十四行诗。

② Watson，*Passion*，VI.

③ *Passion*，XXIV，此诗借鉴 Serafino。

④ "帕斯金"（Pasquin）的字面意义是"讽刺作品"，其词源是"Pasquino"，指的是罗马一座靠在奥西尼宫（Palace of Orsini）墙上的残缺雕像，人们习惯在这座雕像上张贴讽刺性的文字。——译注

而是从头到尾展示着博学，在某一首诗中[1]他引用了 12 条以上的典故。彼特拉克流派的传统中蕴含的体裁和精神大概就是沿着上述途径传到了他手上。他的唯一任务就是用英语重新拼贴意大利语汇的马赛克砖。

伊丽莎白时代的十四行诗，粗略地来看似乎是产生了丰富的私人思想和情感，带领读者进入诗人内心的秘密，把诗人的灵魂赤裸地展示给读者。[2] 只有在把英格兰、法国、西班牙和意大利的诗歌放在一起比较，并把它们回溯到彼特拉克及其追随者的源头那里，我们才能发现贯穿其中的一个共有的表达方式与意象的储备库。无论诗人的个人天赋为他自己的诗作增加了多少程度的美，在其表面之下，某些外在形式或思想模式仍然维持不变。当十四行诗被移植到英格兰土壤上时，意大利作者们高度的艺术严肃性可能已经消解了。一种对感官感受的更大青睐，以及可能是一种对人天性的逐渐接近感流露了出来，但是所有作品的根基仍然维持着同一性。在女性情人及其爱慕者之间的相同关系依旧存在。在当时的诗歌文学模式化表达中，她是冷酷的、对爱慕者麻木的，爱慕者则是羞怯的且对她而言一文不值的。彼特拉克已经为每一位爱慕者预设了需要经历的一系列状态；他的"劳拉"成了所有诗人的一个范式。[3] 为了展现为爱情献身的真正精神，他们不得不忍耐几个必然会出现的困难经验：灼热感与冰冻感的交替，女性情人消失在眼前的悲伤感，只在她目光中的存活感，以及所有灵感都来自于她一个人的感受。习惯上认为必须要求某些事物在诗行中的存在；彼特拉克式的女性情人的魅力和善良程度，就如同她对爱慕者的冷酷与麻木的程度。此种类型从未变化；她不具有个体性，不具有生命，也没有行动；她实际上就像一轮静止的太阳，散发着幸福的所有光热却完全无视自己所具有的吸引力。

334

---

① *Passion*，LXXXIX.
② 比较：Lee, *Shakespeare*, p. 427。
③ 比较：Daniel, *Delia*，十四行诗 XLIII。

335　　　　16世纪的彼特拉克流派诗人运用着一种共同的诗歌语言。相似性不仅存在于精神之中而且也存在于表达之中。在对对仗、双关、想象甚至偶尔的怪异风格的频繁使用中，我们可以发现同样的文学技巧。列举事物的技艺，对博学的不断炫耀，对形而上思想和抽象概念的运用等等，都是这一流派的特点。在彼特拉克自己的诗歌中，存在一种对双眼和头发、泪水和悲伤、火焰和冰冷的不断运用——或者更应该说是滥用。所有这些都被他的追随者们大大夸张了；人性的快乐被用来与爱慕者的痛苦进行比较，同样的风格和技巧被一次又一次地重复。①

　　　　彼特拉克诗作中的一些明显缺点是一种过度的文学提炼和对感受的夸大，前者对真实生活的偏离超出了必要限度。他的追随者，特别是意大利的追随者发展了他在思想和表达上的这种矫饰。为了避免直接的模仿或翻译，意大利以外的彼特拉克流派诗人却可能陷入品味方面的失误或对比喻的滥用，这会导致他们对神话的过度运用，只是为展现他们头脑中的意象。因此他们在诗歌文学方面的努力被导向了外在形式而非表达的原创性上。彼特拉克式的风格技巧很容易就能掌握；它的表达、思想和感受类似于一种"诗歌技术工人"（poet-mechanic）的处理方式，而寓言这种形式提供了表达想象激情的简易手法；对最高级词汇和冗长措辞的使用能

336　够膨胀开来，凑齐所需的那总计14行的诗歌。诗人只需要选择某一位女士并称赞她的魅力；于是，菲利普·西德尼（Philip Sidney）选了他的"斯黛拉"（Stella），托马斯·洛奇（Thomas Lodge）选了他的"菲利斯"（Phillis），贾尔斯·弗莱彻（Giles Fletcher）选了他的"莉西亚"（Licia），亨利·康斯塔波选了他的"黛安娜"（Diana）。模仿彼特拉克成了每一位诗人最大的抱负。托马斯·丘奇亚德曾把罗伯特·巴恩斯称为"彼特拉克的门徒"；加布里埃尔·哈维曾把爱德蒙·斯宾塞（Edmund Spenser）称为"英格兰的彼特拉克"，并给予了他尽可能高的赞美，并且为他模仿彼特拉克的做法进行辩护，因为

————————

① 参见：Piéri，前引书，pp. 88,137。

"每一位极高贵的意大利、法国和西班牙诗人的血脉都在某种程度上彼特拉克化了；即便是最挑剔和最出色的缪斯女神成为他的门徒也丝毫不会玷污了她，最出色的创造和最美丽的雄辩都承认他是它们的老师。"①西德尼对这种模仿的抗议其实是徒劳的；他嘲笑道，那些追寻"从古希腊帕纳塞斯山侧壁涌出的每一条潺潺泉水"的人，把"词典中的方法"带到了他们的韵律之中，并且：

> 可怜的彼特拉克悠长而渐弱的悲伤，
>
> 伴随着新生的叹息，而实际上是假装的智慧在吟唱。②

虽然他自己声称他完全不是"其他人智慧的扒手"，③但事实上他的作品完全遵照着彼特拉克流派诗歌的所有规则。他文学想象的精神也与之十分类似，而且在他的十四行诗与意大利彼特拉克流派诗人的十四行诗之间的相似点不止一处。④"斯黛拉"代表着传统的女性爱人的类型，"冰冷而无情"，从男性爱慕者的痛苦中找到乐趣；他同样感到了灼热的心⑤与爱情的能量；他的心弦在丘比特的弓上被拉长。⑥他许多体裁上的技巧都完全与彼特拉克流派类似。那些炫耀优美语汇的作者被他称作"品达的猿猴"，⑦尽管如此，他自己也频繁地使用文学想象，在不同场合运用该学派的不同文学技巧：列举、重复、双关、对仗以及在十四行诗收尾时总会有的精妙的比喻。他在歌词创作中点缀性地加上十四行诗，这种做法也是与彼特拉克范式一模一样的。不过，虽然西德尼的作品有上述模

337

---

① G. Harvey, *Pierce's Supererogation. Works*，II，93.
② Sidney, *Astrophel and Stella*，十四行诗 XV。原文为："Poor Petrarch's long deceased woes/With new-born sighs and denisened wit do sing."
③ 同前引，LXXIV。
④ *Romanische Forschungen*，V，90. E. Koeppel 的文章。
⑤ Sidney，十四行诗 LXXVI。
⑥ 同前引，XIX。
⑦ 同前引，III。

仿的情况,但仍然与彼特拉克作品有别;西德尼作品有更多的生命与活力,而刻意的艺术性相对较少。他更为年轻,风格更为清新和自然,受到更少的约束;而且更为追求感官感受,这一点的确也在所有英格兰彼特拉克流派诗人那里体现了出来,他们不满足于远距离崇拜自己的爱人,而是同时也渴望获得爱人的吻。[①]

　　大量伊丽莎白时代的十四行诗集,与他们的意大利文学素材与思想渊源相比,都有一至两处体裁方面相似性的无意流露。如1569 年在范·德·努特(Van der Noodt)的《剧场》(*Theatre*)中出版的诗集《彼特拉克的视野》(*Visions of Petrarch*,此书现在认为是斯宾塞所著)。[②] 这本集子中除了彼特拉克的影子之外,还可以找到阿里奥斯托、萨那扎罗(Sannazaro)和塔索的踪迹,斯宾塞还为它取了一个叫做《爱情小唱》(*Amoretti*)的意大利语书名。我们甚至可以在莎士比亚的十四行诗中找到被改变或被模仿的文学意象,因为他吸收了伊丽莎白时代彼特拉克流派诗人的思想和辞藻,正如他吸收同时代人的戏剧和小说时丝毫不感到愧疚那样;[③]他认为理想之美独立于时代,认为爱情的力量超越它所带来的不幸,他希望这可以为他所叙述的人物带来不朽性(这正是他所自豪的),等等,只是重复着已经成为欧洲诗坛的一些老生常谈。[④]

　　英格兰彼特拉克流派诗人的表达都是同一原则的不同变形。他们之间只是程度上有所差别,其中一些人的诗作比另一些人更为精巧和优雅。所有诗作都显示出他们的诗学发展所根据的那个共同的思想和环境基础。有时候,"意大利化"在某些诗人身上表现得比其他人更为明显;例如在《塞尔菲亚》(*Zepheria*)诗集的开始和末尾都是意大利格言,这本集子中也包含了表达"缪斯女神真正的孩子"(*Alli very figliuoli delle Muse*)之类意思的诗行;这部诗集

---

① Sidney,LXXIX,LXXXI-II.

② *Englische Studien*,1891. E. Koeppel 的文章。

③ S. Lee,*Shakespeare*,p. 109 及以下各处。

④ 同前引,p. 114。也参见:G. Wyndham,*Poems of Shakspeare*,p. cxiii 及以下各处。

中的某些"歌"（Canzons）[①]里面，甚至可以见到萨那扎罗田园诗和彼特拉克十四行诗的怪异结合体；然而，模仿彼特拉克的英格兰诗人常常以一个对仗的警句结束全诗，这一点与他们的老师有所不同。

339

亨利·康斯塔波也许是沃森之后最为出色的彼特拉克流派诗人。他的十四行诗作品充满了各种各样夸张的想象（concetti）与表达。他称，他爱人的眼睛就像一面镜子，他从镜子中见到了自己的心灵，而他自己的眼睛就像一扇窗户，她或许可以从这扇窗户中观察他；[②]他写下的唯一思想就是把他的叹息献祭给诗行[③]。他对自己思想的表达整体上说是属于传统类型的；他是焦虑而忧郁的爱慕者，而她则是冷酷的女主人。那个时代的其他十四行诗作者，例如巴恩菲尔德（Barnfield）、丹尼尔（Samuel Daniel）、格里芬（Griffin）、德雷顿、托马斯·洛奇等等，也显露出同样的倾向。[④]贾尔斯·弗莱彻公开承认他的十四行诗是模仿之作。罗伯特·托夫特（Robert Tofte）则是在意大利完成了他《劳拉：旅行者的消遣物》（*Laura, the Toys of a Traveler*）诗集中的大部分文字。[⑤]几乎所有的英格兰诗人当时都出过国，罗伯特·达灵顿甚至向那些前往意大利渴望追随缪斯女神的旅行者们提出了自己的建议。[⑥]

然而，对彼特拉克支配地位的反对声音也出现了。感受到彼特拉克极大影响的那些诗人即将揭竿而起。贾尔斯·弗莱彻在诗歌《莉西亚》（*Licia*）的序言中抗议那些"如此轻视英语并视自己为蛮族的人们……要不然他们就从意大利、西班牙、法国那里进行借

---

① 歌11。
② 十四行诗5。
③ 同前引，1。
④ 比较洛奇的十四行诗11、彼特拉克的十四行诗156和怀亚特的十四行诗14。洛奇的诗歌创作还借鉴了多尔切、马泰利（Martelli）、帕斯卡尔（Pascale）等人。（*Edinburgh Review*, January, 1896, p. 51）
⑤ *Laura, the Toys of a Traveler*, 此书题献给"尊贵而美丽的女士阿丽亚"，署名是"神圣美人的充满着爱的仆人，R. T.（托夫特简写）"。
⑥ *Method for Travel*.

340　鉴,转变为他们自己所谓最好、最经过仔细推敲的文学想象"。类似地,莎士比亚则取笑他自己也曾实践过的那种做法,[①]甚至约翰·戴维斯爵士(Sir John Davies)故意地拙劣模仿过在一系列"易使人上当受骗的十四行诗"中的那种"疯狂"。

Ⅲ

　　对本土创作闪光点的发掘在英格兰逐渐出现。弗朗西斯·米尔斯(Francis Meres)即是其中一例,他将英格兰本国的诗人和艺术家与古希腊人、古罗马人和意大利人进行比较。威廉·克拉克(William Clarke)也类似地写道:"让其他国家羡慕和称赞亲爱的剑桥……属于你们的'斯特拉克'——亲爱的斯宾塞吧。"他希望英格兰人的作品能如同阿里奥斯托那样,"但是要隐藏你们的缪斯女神最不值一提的那个部分,要让塔索的戈夫雷(Godfrey)无法与你们那真正永恒的伊丽莎白风格相提并论"[②]。曾到过意大利并见过瓜里尼的塞缪尔·丹尼尔期待看到"伟大的西德尼和我们的斯宾塞"能够与意大利诗人站在同样高度——

> 我们亲爱岛屿的旋律,
> 现在可以让台伯河、阿诺河与波河听到了;
> 这样她们可以知道泰晤士河在多大程度上超越了
> 已经衰落的意大利音乐。[③]

341　斯宾塞本人完全意识到他期待完成的任务的重要性,他视自己正处在荷马、维吉尔、阿里奥斯托和塔索这条史诗一般的传承线

---

① 《维洛那二绅士》,Ⅲ,Ⅱ,68;《亨利五世》,Ⅲ,Ⅶ,33 及以下各处。也参见 Lee,前引书,p. 107 及以下各处。
② *Polimanteia*, 1595.
③ 致彭布罗克伯爵夫人的信,引自其 *Cleopatra* 的前言。

254

上。他不仅按照意大利诗人的英雄体（*ottva rima*）塑造自己的诗歌体裁，而且在其作品《仙后》（*Faerie Queene*）的整体结构中，他总是能够记得意大利浪漫主义史诗的范例。他在写给加布里埃尔·哈维的一封信中提及他想要"超越阿里奥斯托"。对于斯宾塞而言，意大利诗人们的目标不仅地位崇高，而且符合伦理道德标准。他从自己的理想化视角来阅读阿里奥斯托的《疯狂奥兰多》（*Orlando Furioso*）[1]；他将阿里奥斯托中的事实性素材，非常严肃地进行借用，而完全不顾素材本身具有的反讽性，就好像是对他自己的讽刺一样；不过他的模仿在很多情况下是有意的，他改编或者直接从意大利语翻译了包括《疯狂奥兰多》和塔索的《耶路撒冷的解放》（*Gerusalemme Liberata*）中的许多段落。[2] 他也只是频繁地借用阿里奥斯托作品中的一些显而易见的事实，但用另一种方式重塑它们，移除了所有具有幽默色彩的暗示；于是，比如塞尔比诺（Zerbino）与马菲萨（Marfisa）胜过老年女巫加布里娜（Gabrina）的那场比武，就被斯宾塞以十分严肃认真的态度进行了改编。[3] 而且，偶尔他能够将一个带有色情意味的场景成功地向完全相反的方向进行改编，[4] 从而以一种对礼仪道德的完美恪守态度处理着阿里奥斯托作品中那些最为大胆的段落。

342

　　意大利对斯宾塞影响的重要性常常被夸大，特别是被欧洲大陆的批评家夸大，后者观察的是表面而非精神，他们在斯宾塞诗作中只见到了意大利文艺复兴在艺术和美学意象上的反映。甚至在斯

---

[1] 参见：*Spenser's Imitations from Ariosto*, Proceedings Modern Language Association, 1897, p. 70 及以下各处。又参见：Warton, *Observations on the Faerie Queene*, I, 272 及以下各处；J. Schrömbs, *Ariosto und Englische Literatur*。

[2] 参见：*Anglia*, XI, 其中 E. Koeppel 的文章。可比较《仙后》, I, II, 30—31 与《耶路撒冷的解放》, XIII, 41—42；《仙后》, III, 31 与《耶路撒冷的解放》, III, 4；《仙后》, VII, 31 与《耶路撒冷的解放》, IX, 25；《仙后》, XI, 44 与《耶路撒冷的解放》, VI, 8；《仙后》, XII, 21 与《耶路撒冷的解放》, XV, 60 等处。

[3] 《疯狂奥兰多》XX, 113 及以下各处；比较《仙后》IV, IV, 9。

[4] 《疯狂奥兰多》VII, 21 及以下各处；比较《仙后》III, I, 47 及以下各处。

宾塞运用阿里奥斯托作品中提及的人物和场景、运用塔索作品中
描写的地点,《仙后》的写作精神仍然与那些意大利浪漫主义史诗
非常不同。它的朴素性更倾向于彼特拉克的柏拉图主义,而非阿
里奥斯托的轻易的自我放纵或者塔索的具有艳丽色彩的一本正
经。意大利文学的影响,只能在斯宾塞的外在形式而非内在精神
中见到。对于沃森或康斯塔波而言,他们缺乏原创性,把自己从来
不曾具有的感受和思想拿来就用。不那么知名的十四行诗人也以
类似的方式从他们的意大利素材库中直接"偷窃"。不过较为知名
的、像莎士比亚那样的诗人,则在意大利寻找英格兰本土并不具备
的那些元素;外壳、框架和结构,在意大利比在本土更易获取。像
斯宾塞这样博学的诗人还将在意大利找到一种关于诗歌高贵性的
更为严肃的观念,一种艺术的自觉意识,以及发自内心的对美的热
爱,并且他能够很好地对这些元素进行仿效。但是如果我们要更
深入地发现《仙后》的过人之处,也就是说,在它"壮丽的画廊"和
"美丽的编绳"的背后,还必然会发现斯宾塞尚未受到外国影响的
那部分精神所体现的天赋。作为一名艺术家,他欣然遵守浪漫主
义史诗的"军规";他将阿里奥斯托的某些技巧性细节借鉴于一些
引入性的诗节中。他的模仿甚至延伸到了剧情中的人物身上;亚
瑟(Arthur)就像奥兰多,只是一位假装的英雄;他的罗多蒙特
(Rodomonte)和曼德里卡多(Mandricardo)对应的是阿里奥斯托的
布拉加多乔(Braggadocchio),他的亚特兰特(Atlante)对应的是阿氏
的阿基马哥(Archimago);类似地,他的阿特加尔(Arthegall)和布里
托马特(Britomart)在某种程度上基于的是阿氏的卢吉耶罗
(Ruggiero)和布拉达曼特(Bradamante);《仙后》中人物的不同言行
都能在《疯狂奥兰多》中找到对应。[1] 斯宾塞诗歌的结构表明,在创
作的每一个阶段他都受到阿里奥斯托题材与方法的影响,正如在
描写方面他受到塔索的影响那样。[2] 然而,斯宾塞的兴趣既不在故

343

---

[1] Proc. Mod. Lang. Assoc., 1897, p. 128.

[2] Courthope, *English Poetry*, II, 259.

事中也不在他的人物中;《仙后》既是反思性的也是独创性的,基本上与它的模板不同。两者之间的相似性是表面上的,不同点是内化于精神的。其中一方是继承了中世纪寓言体的英格兰文艺复兴清教主义者兼柏拉图主义者;另一方则是由 16 世纪意大利孕育的,即马基雅维利和阿雷蒂诺的同时代人。其中一方非常希望表现出"经过有男子气概训练的"完美绅士,其道德品质是唯一需要考虑的因素;另一方则只是希望消遣读者,其自觉性仅仅在艺术性方面。于是艺术成了联结他们的共同纽带;它把斯宾塞拉向意大利,使他作为一名诗人的伟大性体现在其精神的朴素与纯洁上,表现在他艺术的审美中。

344

　　艺术是意大利必须教会英格兰的一门伟大课程。活力、新鲜感、想象、纯净、悦目等等也都属于 16 世纪的英格兰人。但是,他们在体裁、韵律和风格的艺术特性上仍有欠缺。而意大利人所引领风骚的恰恰是这些方面。在意大利,两个世纪的发展带来的是艺术技巧的完美性;在另一种文学形式涌现之前,旧文学形式从未枯竭过。当抒情诗没有更多进展时,浪漫主义史诗和田园诗取代了它的位置,先后探索到了自身所能达到的完美表达方式。而且,古典时代范式的继续存在加强了意大利诗歌创作的艺术自觉性,同时生活中的无拘无束也为人们提供了将精力集中于艺术的条件,而同样的情形在北部欧洲则导向了对道德操行的追求。斯宾塞精神方面受到意大利影响的,只能说是柏拉图主义了。剑桥大学当时的智识氛围是柏拉图主义的,这不仅指柏拉图本人的影响,还指 15 世纪新柏拉图主义者的影响,后者的目标是将柏拉图学说与基督教思想调和起来。斯宾塞本人极为熟悉意大利的柏拉图主义,并在其称赞神圣的爱和美的诗歌中重现了其最新思想。

345

　　从科利特的时代起,费奇诺(Ficino)和皮科·德拉·米兰多拉的柏拉图主义著作就为英格兰人所知了。之后,曾在帕多瓦居留过的约翰·切克爵士(Sir John Cheke),以及罗杰·阿斯克姆都在剑桥大学教授柏拉图主义。哲学主题的其他意大利语著作也被翻译成了英语。① 乔尔丹诺·布鲁诺在爱情方面的学说就是新柏拉图主义的,他在英格兰居留过两年,在牛津大学讲授灵魂不灭学说并引爆了一场公开哲学辩论;这也是意大利哲学影响英格兰的案例。在辩论中,牛津大学一方批评布鲁诺是无知而胡思乱想的,②但布鲁诺却在西德尼、富尔克·格雷维尔为主的文人圈子中如鱼得水。在这个圈子里,布鲁诺详细阐述了来自哥白尼的新哲学,而且还把自己的两部著作题献给了西德尼。③

346

IV

在意大利,对古典时代文学体裁的再发现所造成的影响在一百年左右的时间内减缓了本土文学的发展进程,但在复兴拉丁语诗歌创作方面铺就了道路。彼特拉克的拉丁语作品《阿非利加》(*Africa*)成为了一个范本,其继承者包括维达(Vida)、弗拉卡斯托罗(Fracastoro)和萨那扎罗。值得注意的是,有数位意大利的古典派诗人来到了英格兰。布雷西亚的彼得·卡米里亚诺(Peter Carmeliano of Brescia)为亨利七世之子亚瑟王子的出生创作了一首诗歌体的书信;可能是意大利人的约翰内斯·欧比修斯以古典题材写了一些王室使用的颂诗;担任伍斯特主教的乔瓦尼·德吉利则以英格兰主题为背景写了一首拉丁语的祝婚诗。在这之后,阿莫尼奥与阿德里安·德·卡斯泰罗都因为他们的古典体诗歌而受到肯定。笔名为"马塞路斯·帕林杰尼乌斯"(Marcellus Palingenius)的

---

① *Circes of John Baptiste Gello*, *Florentine*,由 Henry Iden 自意大利语译为英语,1557 年。*The Fearful Fancies of the Florentine Cooper written in Tuscan by John Baptist Gelli*, *one of the free study of Florence*,由 W. Barker 译为英语,1568 年伦敦出版。

② *La Cena dei Ceneri*, ed. Wagner, p. 179.

③ 布鲁诺最重要的一些著作也是在伦敦印刷的: *Spaccio De La Bestia Trionfante ... * Parigi (London),1584; *Giordano Bruno Nolano*, *Del gl' Heroici Furori Al molto Illustre et eccellente Cavalliero*, *Signor Phillippo Sidneo*, Parigi (London?), 1585。

意大利作品在阿尔卑斯山以北最为著名。他的《生活的十二宫》①
(*Zodiac of Life*)由巴纳比·古奇译为英语并再版 6 次。读者们认
为该书中蕴含了新教思想，批判了教士阶层的散漫，该书因此在英
格兰以及其他新教国家成为一部经典。②

347

托马斯·莫尔爵士、乔治·布坎南(George Buchanan)和亚历
山大·巴克利(Alexander Barclay)由于他们的拉丁语诗作而在英格
兰诗人群体中非常显眼，莫尔擅长的是讽刺短诗，布坎南擅长的是
古典悲剧(尽管他在其他体裁上也很出色)。但是，创作拉丁语诗
歌的风尚并非一场源自英格兰本土的运动，而只是对已经长久地
存在于意大利的一场运动的延续。在许多事例中，与古典时代原
始著作相比，英格兰人似乎更易接受由意大利人所阐释过的"古
典"。这一点或许可以解释为何巴普蒂斯塔·曼图阿努斯(Baptista
Mantuanus)的田园诗在英格兰如此流行，③以至于莎士比亚小时候
也曾在语法学校中读过它们。④ 亚历山大·巴克利在自己创作的
田园诗中，⑤公开模仿曼图阿努斯和埃涅阿斯·西尔维乌斯，并称
赞曼图阿努斯是"有史以来最优秀的田园诗作者"。

古典时代的文学体裁在经历了数百年的荒芜后，与文艺复兴运
动一起再次在文学家们的笔下呈现。古典时代典范作品的影响将
为文艺复兴时期的诗歌注入新的生机。众多古典体裁先在意大利
被模仿，之后又在其他欧洲国家盛行，田园诗体裁只是其中之一。

348

例如，巴纳比·古奇通过西班牙人加尔西拉索·德·拉·维加
(Garcilaso de la Vega)的中介而显示了萨那扎罗对他的影响。⑥ 另
外，意大利与英格兰之间的中介是法国。对于斯宾塞而言，上述影
响是直接性的，其《牧人月历》(*Shepheard's Calendar*)组诗中的《十

---

① *The First Six Books of Marcellus Palingenius*，Barnabe Googe 译，1561。
② Warton, *English Poetry*，IV，282。
③ *The Eclogues of the Poet B. Mantuan*，译者为 George Turbervile，1567。
④ Lee，前引书，p. 13. 又参见 *Love's Labour's Lost*，IV，2，100。
⑤ Alexander Barclay, *Eclogues*，序言，1570。
⑥ Underbill，前引书，p. 242。

月》(October)就直接模仿的是曼图阿努斯。[①] 从署名为"E. K."的引言性书信中容易看出,曼图阿努斯、彼特拉克、薄伽丘和萨那扎罗都被视为直接源自忒俄克里托斯(Theocritus)和维吉尔的文学传统。德雷顿称作"大改革家"[②]的斯宾塞引入英格兰的田园诗,实际上最初是在意大利复兴的。

英格兰田园诗的后续发展在很大程度上受到塔索的《阿敏塔》(Aminta)和瓜里尼的《忠实的牧羊人》(Pastor Fido)两部田园体戏剧的影响。《阿敏塔》由托马斯·沃森于 1587 年译为拉丁语的六步格体。另一个未经原作者授权的英译本是由亚伯拉罕·弗朗斯(Abraham Fraunce)完成的,但这个英译本的流行程度远高于沃森的拉丁语译本。《忠实的牧羊人》则要再过若干年后才被译为英语;[③]它与《阿敏塔》一样,最初在伦敦印刷的都是意大利语原版。塔索与瓜里尼的影响仍可进一步追踪;它不仅表现在托马斯·洛奇和贾尔斯·弗莱彻的田园诗中,而且也表现在戏剧作品中;这包括约翰·百合(John Lyly)、罗伯特·格林和皮尔(Peele)的田园体戏剧以及多年之后的《忠实的女牧人》(Faithful Shepherdess)和《悲伤的牧人》(Sad Shepherd)。

西德尼在《阿卡迪亚》(Arcadia)中的若干歌词作品可能是向那不勒斯的"维纳内拉"(Villanells)[④]时代致敬。托马斯·怀亚特爵士最成功的文学"冒险"则是他的歌词作品,但也常常是对意大利相关作品的模仿。这类歌词的音乐伴奏也常常选自阿尔卑斯山以南的既有范例。"无伴奏合唱曲"(madrigal)在英格兰也特别流行,但大部分作品也源自意大利。[⑤] 意大利无伴奏合唱曲在英格兰印

---

① 关于曼图阿努斯对斯宾塞的影响,参见 *Anglia* III, 266, and IX, 205,由 F. Kluge 所撰写的论文。

② *The Barons' Wars*,序言。

③ *The Pastor Fido*,Sir Edward Dymock 于 1602 年译。

④ 维纳内拉(Villanelle),指的是那不勒斯 16 世纪的一种 19 行二韵体的合唱歌曲。——译注

⑤ 参见 T. Oliphant, *Madrigals*, 1836。

刷的首个集子，是由尼古拉斯·杨（Nicholas Yonge）编辑的。[①] 在他之后，则是托马斯·沃森的歌曲集，其中包括了卢卡·马伦齐奥（Luca Marenzio）、纳尼奥（Nannio）和康沃索（Converso）的作品。[②] 托马斯·莫利（Thomas Morley）与约翰·道兰继续从事着这类工作，[③]而尼古拉斯·杨随后又印刷了第二本集子。[④] 约翰·道兰在意大利时曾经与乔瓦尼·克罗齐（Giovanni Croce）、卢卡·马伦齐奥等著名作曲家结交，他可能是当时英格兰最著名的作曲家之一。在那些从阿尔卑斯山以南带回新课程的"音乐家链条"上，上述英格兰音乐家构成了最后一环。他们在意大利发现了一门需要学习的新艺术，他们中有些人因此被彻底意大利化了。例如库珀在到过意大利之后把自己改名为乔瓦尼·科佩拉里奥（*Giovanni Coperario*）。他是最早一批从起源地带回有关新"齐奏派"（homophonic school）的音乐家，这个流派在英格兰又被他的两位学生——威廉·劳斯（William Lawes）和亨利·劳斯（Henry Lawes）——进一步发展。在音乐剧起源的时期，约翰·库珀、尼古拉斯·拉尼尔（Nicholas Laniere）和弗拉博斯科等人在意大利和英格兰之间系上了纽带。弗拉博斯科本人则是一位意大利音乐家之子，其在博洛尼亚学习音乐的过程中，对当时正在成长阶段的上述新流派产生了浓厚兴趣。

　　在考察这一时期英格兰的无伴奏合唱曲的集子时，我们不可能不对它们将源头唯一指向意大利这一点留下深刻印象。尼古拉斯·杨提到，他曾"在意大利最好的音乐作品中进行小心挑

350

---

① *Musica Transalpina ... with the first and second part of 'La Verginella' made by Master Byrd upon the two stanzas of Ariosto, and brought to speak English with the rest*, N. Yonge, 1588.

② *The First Set of Italian Madrigals Englished ...* by T. Watson, 1590.

③ *Alto di Thomaso Morlei. Il primo libro della Ballatte a cinque voci, in Londra appresso Tomaso Este*, 1595（题献给罗伯特·塞西尔爵士；题献词和正文都是意大利语）。*The First Book of Songs or Airs*, by John Dowland, 1596.

④ N. Yonge, *Musica Transalpina*, 译自多位意大利作者，1597。

选"——这里指的是有人每年从意大利寄给他的音乐类图书。托马斯·莫利、道兰、伯德（N. Byrd）和沃森都类似地承认他们所编集子的共同源头，并提及他们在英格兰重印的歌曲均由意大利作曲家所创作。在这一时期，音乐作为意大利文艺复兴的最后一件产品，其发展达到了顶峰，道兰曾提到这种艺术形式在他所访问的所有意大利城市中都十分流行。在英格兰，像巴萨尼家族成员（The Bassani）、卢波和老阿方索·弗拉博斯科等意大利作曲家都在宫廷现身，他们同时也向英格兰大贵族提供音乐服务。[①] 如同在科学和美术领域，意大利在音乐领域也为欧洲其他地区铺好了道路。

V

意大利对英格兰讽刺诗的影响始于托马斯·怀亚特爵士，他模仿的是阿拉玛尼（Alamanni）的书信体讽刺诗及其三行押韵法（*terza rima*）。[②] 怀亚特是第一位模仿在意大利复兴的古典讽刺诗的英格兰诗人，他根据自己所处时代和环境对古代风格进行了适应性调整。但是，16世纪的英格兰讽刺诗所经历的发展过程，与当时的抒情诗（特别是十四行抒情诗）相类似。尽管怀亚特把古典体例引入英格兰，但它直到16世纪末霍尔主教与约翰·马斯顿（Martson）继承这一做法之后才繁荣起来。同时，讽刺诗继续依照较早的范例进行创作；例如爱德华·黑克（Edward Hake）几乎可算作中世纪的讽刺诗人，他完全不遵循古典时代的作品，而加斯科因的《铁玻璃》（*Steel Glass*）则几乎没有能够显露出新时代风格的什么迹象。

意大利对英格兰讽刺诗的影响有两个方面。其一，是阿拉玛尼与阿里奥斯托作品中古典传统的复兴；其二，则是阿雷蒂诺作品所

---

① Cot. Mss. Brit. Mus., Titus B. VII, 155.

② 比较：怀亚特的 *Satire* II 与阿拉玛尼的 *Satire* XII。

梳理的讽刺散文的标杆。阿雷蒂诺是英格兰人频繁谈起的意大利人之一，成了"追求感官感受"（sensuality）的代名词。他曾将一卷书信题献给了亨利八世，后者在多年以后给了他一笔赏赐。① 威廉·托马斯则将自己的《朝圣者》（*Pilgrim*）题献给阿雷蒂诺，并将阿雷蒂诺称为"真正自然的诗人……他的美德极其自然，不加修饰"。② 阿雷蒂诺影响的明显化大约是在 16 世纪末，他受到"波西米亚小册子群体"（Bohemian group of pamphleteers）的特别关注，这个群体中包括罗伯特·格林，尤其包括人称"英格兰的阿雷蒂诺"（English Aretine）的托马斯·纳什。纳什将阿雷蒂诺描述为"上帝从事创作的最具智慧的仆人"，说他的笔像一把匕首一样锋利；说他没有哪一行诗句不能使人完全陶醉的。③ 类似于阿雷蒂诺，纳什毫无束缚地运用自己的母语来实现幽默效果，但在他觉得英语无法符合其品味时，则根据意大利语来创造新词。纳什也采用了阿雷蒂诺作品中的辱骂性措辞。加布里埃尔·哈维就曾责备过这种"无法无天"，④尽管他也试图模仿这位自己称为世上独一无二的阿雷蒂诺（*Unico Aretino*）的智慧。

　　古典讽刺诗最初由文奇圭拉（Vinciguerra）复兴于意大利，但这种体裁在 16 世纪 90 年代之前，并未在英格兰真正开始繁荣。就像如此之多的其他外国文学体裁那样，它最初无法在英格兰地区普及。在讽刺诗流行之前，十四行诗、田园诗和塞涅卡（Seneca）式悲剧均已经流行过了；在怀亚特和但恩（Donne）之间相隔了半个世纪。都铎时期英格兰的讽刺诗实际上从未能够完全适应当地的环境。即便霍尔主教所受到的贺拉斯风格的影响十分明显，但伊丽莎白时代的讽刺诗人由于将遵循拉丁语诗歌传统几乎作为一项规矩，因此他们更应该归于尤维纳利斯（Juvenal）

352

353

---

① 参见 Letters，II 各处，IV，53。

② *The Pilgrim*，dedication.

③ *Jack Wilton*，p. 107 及以下各处。

④ *New Letter of Notable Contents*，Works，I，272 以下各处，289。

和佩尔西乌斯（Persius）的流派。不过，英格兰的讽刺诗中包含了大量意大利语词汇和表达方式。吉尔平、马斯顿（Marston）、洛奇及其他诗人多次用到"堕落的阿雷蒂诺"（filthy Aretine）这一表达，暗示意大利所存在的邪恶与犯罪事件。霍尔主教甚至在其讽刺诗前加上了一段意大利语格言①，并不止一次地从阿里奥斯托处进行借鉴②。

从怀亚特和萨里伯爵开始，英格兰人还常常在意大利诗歌作品中寻找宗教诗的范本；如怀亚特的赎罪主题圣歌类似于他的讽刺诗，是从阿拉玛尼的作品改编而来的。这一类型诗歌的流行同样也来得相当晚。例如乔治·查普曼（George Chapman）将彼特拉克的宗教赞美诗译为了英语。另一方面，一位牛津大学学者劳伦斯·伯德里（Laurence Bodley）曾将不少圣歌译为意大利语。③ 但在斯图亚特时期，克拉肖（Crashaw）效仿马里尼（Marini）时，上述在诗歌中的宗教影响很快就超出了以往。

类似地，伊丽莎白后期的英格兰叙事诗也在一定程度上受到了意大利的影响。《赫罗与利安得》（*Hero and Leander*）、《维纳斯与阿多尼斯》（*Venus and Adonis*）、《皮格马尼翁》（*Pygmalion*）与《赫马佛洛狄忒》（*Hermaphrodite*）都是用华丽的、追求感官感受的意大利文学风格进行创作的。有时候，这仅仅意味着伊丽莎白时代的作者们阅读过这类古典主题的故事，而这些故事源自比古代语言版本流传更为广泛的意大利语版本。在意大利语版的古典故事中，既有逐字的译本，也有诗歌化的译本。

如莫塞欧斯（Musæus）的《赫罗与利安得》先有巴尔迪（Baldi）逐字译本，再有伯纳多·塔索（Bernardo Tasso）的自由意译本。伯纳多·塔索的意译本无疑曾由西班牙人博斯坎所借鉴，④而且马洛也

354

---

① Book IV, i.

② Alden, *Rise of Satire in England*, p. 113. 也可参见 Hall, *Satires*, I, iv.

③ Ms. Bodleian Library.

④ 参见 Flamini, *Studi di Storia italiana e straniera*, Livorno, 1895。

许不会不知道这个译本,因为马洛的文字描绘完全是意大利化的。举例而言,莫塞欧斯在描绘利安得首次在赫勒斯滂海峡(Hellespont)中游泳时用了2行诗;塔索和博斯坎都用了超过20行诗,马洛则用了更长的篇幅来详细叙述这一情况。一些并非源自希腊语原文的诗行,在意大利语和英语两个版本之间显然是相似的。如塔索的——

> 涅罗的女儿们在浓密的波浪间
> 与特里顿嬉笑着,

类似于《赫罗与利安得》第二章第162节——

> 唱着甜美歌曲的美人鱼与他们的爱人消遣玩乐。

伊丽莎白早期的学者很难见到古典学术著作的原本面貌,意大利人则向所有人提供了一种便利之道。意大利在文字方面的影响具有更多渗入英格兰的途径,这指的是从意大利语翻译而来的数以百计的英译本。[①] 在16世纪,剽窃并不认为是违悖道德的,从怀亚特开始,英格兰人以这种方式拿取了大量意大利文学作品,其中一些有"致谢",而另一些则没有。特别是在16世纪的最后25年中,每一种类的作品都有被译为英语者。托马斯·霍比爵士曾经指责英格兰人在学术上自私自利,并毫不顾及他们本国同胞的智识需求,相反意大利人则从本国不那么幸运的同胞们的角度考虑而翻译了大量来自外国的作品——但这种指责已经不再符合实际情况;翻译家们得到高度尊重,对翻译的一种高度热情也已经在英格兰蔓延。几乎没有重要作品不被立即翻译为英语的。但也有人抱怨这种翻译,从各方面进行反对。乔治·佩蒂讽刺说,那些无法

355

---

① 参见 *Bibliography of Elizabethan Translations from the Italian*,M. A. Scott,Proc. Mod. Lang. Assoc. ,1895—1898。

见到原著中谬误者,却因为无知而在译本中辨别出了"谬误";佩蒂还认为,只要不是用外语写出来的,就一无是处。[①] 翻译家之中也产生了自我辩护者。托马斯·霍比就认为,精通英语翻译者在学识上毫不逊色于阅读拉丁文和希腊文原本的读者。[②] 另一名作者则引用乔尔丹诺·布鲁诺"所有学科的子孙后代都应归于译本"的说法,[③]以劝说塞缪尔·丹尼尔:虽然"打开另一人的店门""贩卖意大利人的货物"就好像是"一名哲学上的破产者","除了借鉴和挪用而外无法支付任何漂亮的想象",但丹尼尔不必为此感到羞愧。作为西德尼和斯宾塞朋友的卢多维克·布里斯科特,翻译了吉拉尔迪·辛提欧的《论世俗生活》(*Discourse of Civil Life*),并在这一译本的前言中提到:他非常嫉妒意大利人,因为后者通过用他们自己的语言解释柏拉图和亚里士多德而普及了道德哲学,他希望英格兰人能够以此为榜样。布里斯科特希望斯宾塞能承担这样的任务,但是当时斯宾塞已经在专心创作《仙后》了。

意大利史诗体作者群体在英格兰也十分知名。约翰·弗洛里奥亦征引过阿里奥斯托的作品。[④] 但是,对于作为宫廷谋士和谐士的约翰·哈灵顿爵士(Sir John Harington)而言,他承担了将《疯狂奥兰多》译为英语诗歌的任务,最后问世的成果即是流传至今的少数著名译本之一。迈克尔·德雷顿的《男爵战争》(*Barons' Wars*)借鉴了阿里奥斯托的诗体,因为后者"最为完美,比例也极为均衡"。博亚尔多(Boiardo)的部分作品也在那时译为英语。[⑤] 托夸尔托·塔索的作品在一开始就畅销于英格兰,亚伯拉罕·弗朗斯最早在1579年就开始翻译前者的诗行了。[⑥]

---

① Guazzo's *Civil Conversations*,前言。

② "Epistle to the Reader," *Courtier*, p. 9.

③ *The Worthy Tract of Paulus Jovius*, by Samuel Daniel, 1585.

④ *First Fruits*, ch. 25,1578.

⑤ *Orlando Innamorato*;前三卷由 Robert Tofte 在1598年翻译。

⑥ *Arcadian Rhetorike*. 参见 Koeppel, *Anglia*, XI, XII, XIII。

图 10　约翰·哈灵顿爵士。托马斯·考克森作。

357　　　　理查·卡鲁（Richard Carew）在对《耶路撒冷的解放》
（*Jerusalem Delivered*）前 5 篇的翻译中，尝试按诗行对译。在这一
译本中有许多极为华丽的段落，①尽管它们的翻译准确性很低。由
爱德华·费尔法克斯（Edward Fairfax）译的版本更为著名，大约在
数年后也出版了。② 他的译本几乎带着原创光环，在充分利用卡鲁
译本的基础上大大超越了它。

Ⅵ

　　　　古希腊罗马时代对英格兰文学的影响很大程度上来自意大
利。托洛美（Tolomei）很早之前就在意大利尝试复兴的古典诗歌
韵律，西德尼和斯宾塞也试过，并得到了杜兰特（Drant）和加布里
埃尔·哈维的支持。不过，是罗杰·阿斯克姆首次提倡了在英语
诗歌中运用元音长短。我们可以从加布里埃尔·哈维的书信集③
中见到把上述诗韵学引入英语诗歌的运动或试验的发展程度。④
西德尼、斯宾塞、戴尔（Dyer）和格雷维尔组成了一个名叫阿勒奥
珀格（*Areopagus*）的学会，虽然其成立基础是不久之前巴依夫
（Baïf）在巴黎所建的学会，但英格兰人模仿的可能是洛伦佐时代
358 的"佛罗伦萨学会"，后者也有相同的名字。⑤ 所有这类学术型社
团的最初榜样都来自意大利，不过"学会"的概念在英格兰却早已
存在。早至 1549 年，威廉·托马斯（William Thomas）认为佛罗伦
萨的"学会"是他在全意大利见到的最有意思的事物之一。此后，
艾德蒙·博尔顿倡议过建立英格兰人自己的学会，理查·卡鲁则

---

① *Godfrey of Bulloigne*，译者为 Richard Carew，1594。
② *Godfrey of Bulloigne*，译者为 Edward Fairfax，1600。
③ *Three proper and voittie familiar letters*；*Two other very commendable letters*，in
　Haslewood，*Arte of English Poesy*.
④ Spingarn，*Literary Criticism in the Renaissance*，p. 299 及以下各处。
⑤ 比较：Pulci，*Morgante Maggiore*，XXV，117。

对于他所在国家并不存在这样一种机构而感到遗憾。① 英格兰本土学会的概念甚至在弥尔顿（Milton）的思想中也能见到。②

对伊丽莎白时代文学批评和文学理论的主要影响来自意大利，例如将亚里士多德诗学介绍到英格兰，就可追溯至意大利的文学批评家。正如怀亚特和萨里引入意大利歌词那样，菲利普·西德尼爵士引入了意大利的文学批评。他的《为诗辩护》（*Defense of Poesy*）被称为"意大利文艺复兴文学批评的缩影"，此书征引的文献中即明确包括明特尔诺（Minturno）和斯卡利杰的作品；③多尔切（Dolce）、特里希诺（Trissino）和丹尼艾尔（Danielle）也在西德尼的素材清单之中。曾在意大利宫廷中生活过的普登汉姆则以谨慎的口吻告知读者，他关于诗歌和诗人的概念是以斯卡利杰的概念为直接基础的。④ 已被意大利化的哈灵顿，为《疯狂奥兰多》抵挡了针对它的攻击，第一次用英语阐述了关于史诗的亚里士多德诗学理论，这种诗学理论当时正是在意大利复兴的。⑤ 意大利的诗学批评也将对伊丽莎白时代的文学产生影响。关于时间和空间的戏剧性联结的理论，最早于 1570 年由洛多维科·卡斯特尔维特罗（Lodovico Castelvetro）建立，西德尼在其《为诗辩护》中复制了这一理论，⑥随后由丹尼尔和富尔克·格雷维尔在古典主义戏剧中运用。塞涅卡式悲剧也在某种程度上通过意大利的中介⑦影响了英格兰人在古典主义悲剧中的试验；例如加斯科因的《伊俄卡斯忒》（*Jocasta*）译本，不仅来自于欧里庇得斯的希腊语原本，而且还参考了多尔切的

359

① Richard Carew 致 Cotton 书信（1605），转引自 Ellis, *Original Letters of Eminent Literary Men*, Camden Society, p. 99。
② *Prose Works*, St. John 编，1848，II, pp. 477，480。
③ Spingarn，前引书，p. 268 及以下各处。
④ Spingarn，前引书，p. 264。
⑤ 同前引，p. 293。曾在巴黎讲授过诗学的雅各波·卡斯特尔维特罗（Jacopo Castelvetro）于 1585 年在伦敦出版了题为 *Julius Caesar Stella's Epic on Columbus* 的书，并题献给沃尔特·拉雷以吹捧后者的功勋。
⑥ 同前引，p. 290。
⑦ 参见 Cunliffe, *The Influence of Seneca on the Elizabethan Drama*, London, 1893。

意大利语译本。

但是，对英格兰诗歌的古典化或模仿古典的试验却遭遇了某种挫折；霍尔主教讽刺了这一运动，[①] 丹尼尔的《为韵律辩护》（*Defense of Rhyme*）发出了致命一击。[②] 这只是在其他方面对意大利的类似反应的一部分。随着文艺复兴运动在欧洲的成长，意大利单词和表达方式曾被引入其他语言，而如今这一运动却遭到了反对；法国亨利·艾斯蒂安在其名著《关于意大利化法语的对话录》（*Dialogues du Françoys Italianizé*）即是一例。

每个民族都应该以自己的语言为荣耀，而不是借用古典时代或意大利的素材——这种感受确实正逐渐显露出来。这场运动似乎指向的是针对意大利的一种反应，但实际上它是由本波（Bembo）[③]和纯粹主义派（Purists）开创的类似运动在英格兰的对应物。但是在英格兰，这一问题在某种程度上还是有所不同的。当时的英语不仅带着"学究气"（inkhorn）术语的负担，而且各种欧洲大陆语言——尤其是意大利语——构成了英语自己的词汇库。这一趋势此前是从怀亚特开端的，他就属于到处借鉴单词的那种类型。[④] 托马斯·威尔逊（Thomas Wilson）曾以抱怨的口吻提到，那些从外国旅行归来的人，"使用外国语言装点他们的谈话；……有的人如此努力追求具有异国情调的英语，以至于他们完全忘记了母语；……还有的人在谈话中穿插意大利化的英语并运用着意大利语的措辞"。[⑤] 类似地，"E. K."在他为《牧羊人日历》（*Shepheard's Calendar*）[⑥]撰写的辩护性

---

① *Satires*，I，6.

② Spingarn，p. 298.

③ 哈维对本波的著作是熟悉的。他在剑桥大学开的第一批讲座就是基于本波的观点。参见 Morley，*English Writers*，1892，IX，17 及以下各处。

④ 比较：Sonnet XV，"*Avising* the bright beams,"其中 *avising* 一词来自于意大利语的 *awisare*。

⑤ *Art of Rhetoric*，f. 82 b.

⑥ 《牧羊人日历》是艾德蒙·斯宾塞第一部主要诗作，出版于1579年。它的知名之处还在于，它首版时即包括了署名为"E. K."的大量评论文字。有学者认为"E. K."就是斯宾塞的化名。——译注

评论中提到,英语成了"所有语言的大杂烩",并认为有些人想要用
"其他语言的碎布条"补上英语这件衣服上的破洞。还有英格兰人
认为,他们的语言是"贫瘠"而"野蛮"的。[1] 另一方面,约翰·凯珀
斯曾提及创造新词的必要性,并认为这一任务最好交由那些"熟悉
外国作家"的人来完成。[2] 罗伯特·格林的语言则混杂着意大利语
单词和表达形式。托马斯·纳什则是这一语言趋势的最好范例。
他曾提及,有人反对他并认为"我的作品中有大量粗糙的复合词,
并常常创造一些意大利化的动词,这些动词都带'ize'的后缀,例如
'mummianize''tympanize''tyrannize'等"。他之所以用这些单词,
是因为英语与其他语言相比,包含了更多单音节词,他将这些单音
节词比作店主钱箱中的小面额硬币。他认为要把这些小面额硬币
"四个换一个,诸如此类,依据的则是希腊语、法语、西班牙语和意
大利语"。[3] 然而,加布里埃尔·哈维批评纳什由于在"托斯卡纳学
派"(Tuscanism)方面故弄玄虚,而几乎放弃了英语的天然音素。其
他人也写类似文章反对英语中的外来威胁。约翰·切克爵士则提
出,英语应该以"干净而纯洁"的方式写出来,不能借鉴其他语言。[4]
理查德·马卡斯特和阿斯克姆也都提倡在排除外来表达的前提下
使用英语。甚至曾经借鉴意大利语的乔治·加斯科因,也因为自
己能够保留一些古代英语单词而感到自豪,"而不是借用其他语言
的充满学究气的措辞和形容词"。[5]

Ⅶ

意大利在 16 世纪对英格兰小说的影响一方面来自薄伽丘,另
一方面来自萨那扎罗。曾亲自旅居过意大利的罗伯特·格林的以

---

① Guazzo,前言。
② *The Courtiers Academy*,导言。
③ Nash, Ⅳ, 6 及以下各处。
④ Castiglione,前引书,p. 12。
⑤ *Works*,前言。

爱情、阴谋和冒险主题的故事尤其反映出薄伽丘的影响。其小说的场景设置在意大利,故事则有很大一部分取自意大利的素材;比如他的《佩里米底斯与菲罗墨拉》(*Perimides and Philomela*)对薄伽丘的模仿是如此之深,以至于可以称它是一部译作。[1] 格林希望读者见到他对亚平宁半岛的文学和思想熟悉到极致。他曾描述道,英格兰人携带着在国外获得的恶习返回英格兰;他也承认自己并不例外。[2] 虽然他的作品在风格上的渊源仍然存在争议,但是他的爱情主题小说《玛米利亚》(*Mamillia*)、《阿尔巴斯托》(*Arbasto*)、《阿尔西达》(*Alcida*)和《潘多斯托》(*Pandosto*)则是一种指向其文学灵感的意大利渊源的线索。

作为小说家的格林,其后继者是尼古拉斯·布雷顿(Nicholas Breton)和伊曼纽尔·福特(Emanuel Ford),他们也是薄伽丘的模仿者。如果说薄伽丘提供了各类阴谋主题故事的模板,那么萨那扎罗的田园小说——意大利文艺复兴运动所复活的古希腊晚期文学中阿卡迪亚式故事——在英格兰也同样流行。萨那扎罗关于牧羊男与牧羊女的理想爱情主题故事,设置在一种想象的诗意风景中,这种风景构成了故事的场景,但它几乎没有人情味,而且情节也极少。此类元素被葡萄牙文学家乔治·德·蒙特马约(Jorge de Montemayor)所模仿,并加入了源自真实生活的传统阿卡迪亚风格的事件。西德尼在其《阿卡迪亚》(*Arcadia*)中结合了浪漫主义冒险故事的某些元素以及田园式的质朴特点,从而将两种范式结合在一起。他介绍英格兰的那些歌词,也模仿的是萨那扎罗,后者在散文中点缀诗歌。西德尼作品中的描写还体现了其他与意大利的相似性;例如其《菲罗克莉》(*Philoclea*)中的某一段描写,就来自于他在威尼斯见到的提香与委罗内塞的画作。[3]

罗伯特·格林的《米那丰》(*Menaphon*)与《潘多斯托》在风格上

---

[1] M. A. Scott, *Proc. Mod. Lang. Assoc.*, 1895, p. 250.

[2] R. Greene, VI, 24; X, 6,73; XI, 217,等等。

[3] Jusserand, *English Novel in the Time of Shakespeare*, p. 244.

均属阿卡迪亚,吸纳了意大利田园小说的精神;托马斯·洛奇则在其《阿美利加的玛格丽特》(*Margaret of America*)中模仿了意大利的歌词作者,在其《罗莎琳德》(*Rosalind*)中照抄了萨那扎罗的作品,后来莎士比亚从《罗莎琳德》那里提炼了准田园风戏剧的情节。

　　但是,在田园小说于英格兰流行之前,已经有大量的意大利小说和传奇故事作品被译作了英语。由托马斯·艾略特爵士翻译的《提图斯与吉西普斯》(*Titus and Gisippus*)也许是 16 世纪英格兰最早的薄伽丘英译本。下文是一批此类译本的清单。威廉·佩因特(William Painter)的《快乐之宫》(*Palace of Pleasure*)于 1566 年问世,杰弗里·芬顿的《悲剧论集》(*Tragical Discourses*)于次年出版,之后出版的则有来自 T. 福特斯克(T. Fortescue)、①乔治·佩蒂、②罗伯特·史密斯(Robert Smythe)、③乔治·特布维尔④等人的译本,这些译本使英格兰人熟悉了一个完全不同的文学类型。他们现在已经可以读到赛尔·乔瓦尼(Ser Giovanni)、斯特拉帕罗拉(Straparola)、邦戴罗(Bandello)以及薄伽丘流派的小说了。⑤ 部分小说直接译自意大利语,还有一部分小说如邦戴罗的作品则从法语本转译。这些小说是如此流行,以至于当时一些英格兰小说为了能够畅销,而称自己是译自意大利语的,甚至其中还会放一些外语单词以误导读者。⑥ 类似地,乔治·加斯科因声称其仿照意大利小说体的作品《唐·费迪南多·杰罗尼米》(*Don Ferdinando Geronimi*)乃是译自"巴泰罗"(Bartello)创作的某一个故事。

　　据称,妇女们"在她们自己的房间中阅读邦戴罗或阿里奥斯托

364

---

① 　T. Fortescue, *Forest or Collection of Histories*,1571.

② 　George Pettie, *Pettie's Palace of Pettie his Pleasure*,1576.

③ 　Robert Smythe, *Strange and Tragical Histories*,1577.

④ 　*Tragical Tales translated by Turbervile*,1587.

⑤ 　参见 L. Fraenkel, *Zeitschrift für Vergleichende Litteratur*,III, IV。

⑥ 　*The pitiful History of two loving Italians*, *Gaulfrido and Bernardo* .... John Drout 译,1570.

的作品"，①阿斯克姆则说过此类图书"在伦敦的所有商店都能买
到"。它们的流行性及超越当时道德规范的倾向，不可避免地导致
了另一些反应。斯蒂芬·葛森提到，魔鬼带来了"许多败坏道德的
意大利书籍，它们还被译成了英语，用外国趣味毒害了我们国家的
传统行为举止"。② 阿斯克姆的反对言论也广为人知，因此我们这
里需要重申一次。1599 年，许多这样的图书被下令焚毁，用托马
斯·沃顿的话来说，"就像对堂吉诃德系列书籍的净化一样"，书商
的店铺（Stationer's Hall）"也经历了一次大净化"。

意大利小说（*novelle*）英译本还将在更大范围的民众中唤起对
意大利的进一步兴趣。比如说《杰克·威尔顿》（*Jack Wilton*）尽管
具有西班牙式的文学形式，但其中的冒险故事就来自意大利的题
材和发生在那里的事件。意大利就像是为伊丽莎白时期的戏剧家
提供的舞台布景。意大利更为丰富的生活，以及其中必然包含的
冒险和流血冲突故事，给予了剧作家自由思考发挥的空间。在伊
丽莎白和詹姆斯统治时期，意大利的犯罪事件注定要为接近半数
的悲剧提供题材。③ 而且，在那个剽窃并不被认为是非法的时代，
剧作家们能够轻而易举地从意大利小说中借鉴情节设计。但意大
利戏剧本身几乎没有在英格兰产生直接影响。托马斯·霍比和亨
利·切克（Henry Cheke）都译过一部题为《自由意志》（*Free Wyl*）的
道德剧，博内特主教则将奥基诺的《悲剧》（*Tragedy*）译成了英语。
另一部著名的道德剧《良心的冲突》（*Conflict of Conscience*）中有一
位英雄式角色弗朗西斯·斯派拉（Francis Spira），他是意大利律师，
在情节中纯粹出于世俗的理由放弃了自己的新教信仰。此类戏剧
在英格兰的流行更应归因于它们蕴含的宗教教导，而非内在的文
学特质。意大利对英格兰戏剧的影响主要通过对意大利小说的英
译，尽管默剧和剧中剧的源头都可追溯至意大利。但是意大利的

---

① Paulus Jovius，丹尼尔译，"N. W."作译序。

② *Plays confuted in Five Actions*.

③ Vernon Lee，*Euphorion*，p. 70.

范例对于英格兰道德剧向喜剧的转变有很大的助推作用。① 问世于 1566 年的乔治·加斯科因的《猜想》(Supposes)译自阿里奥斯托的同名作品"Suppositi"，也是第一部英格兰散文式喜剧，并开始了对话的文雅化进程。

值得注意的是，一个署名作者为"德鲁西亚诺"(Drusiano)的意大利剧团于 1577 年在伦敦进行了演出，②托马斯·基德(Thomas Kyd)在其《西班牙悲剧》(Spanish Tragedy)中让角色"希尔罗尼莫"(Hieronimo)对前者的即兴式对话进行了评论：

> 意大利悲剧家是如此智慧，
> 长达一小时的心理活动
> 他们能用动作完全表演出来。

意大利语单词和表达形式在伊丽莎白时代的舞台上是很常见的。加斯科因在一部假面剧中引入了这类语词。③ 甚至莎士比亚也偶尔使用它们；此外约翰·马斯顿与约翰·福特(John Ford)引入了意大利语句子。④

367

伊丽莎白时代戏剧家除了从意大利小说(novelle)中学习借鉴，还从当时许多宫廷手册的英译本中获得了对意大利风俗习惯的进一步认识。他们在这些宫廷手册中发现了一个比当时英格兰更为文明和更有教养的社会。此类图书使他们了解到一个新世界和一种新生活的存在可能。同时在意大利人那里非常流行的对话体，也是此类图书的常用体裁，并向英格兰戏剧家提供了如何进行文雅谈话的范本。

问世于 1568 年的《坦克雷德与吉斯蒙达》(Tancred and

---

① Ward，English Dramatic Literature，I，145.
② J. P. Collier，History of English Dramatic Poetry，III，398.
③ Gascoigne 编，W. C. Hazlitt，I，86 及以下各处。
④ 参见：I Antonio and Mellida，II，i，212，III，i，275。'Tis Pity She's a Whore，IV，iii 多处可见。

Gismunda),是第一部英格兰戏剧,现在我们知道,其情节是基于一个意大利的故事。不久之后,所有伊丽莎白时代戏剧家都从意大利小说进行借鉴。在同时开展的其他文学运动中,更为博学的、像萨克维尔和加斯科因这样的诗人,则在阅读塞涅卡及其意大利模仿者的作品之后,也开始创作英格兰戏剧。[①] 因此,意大利对英格兰戏剧的影响有两个方面。一方面,它给英格兰生活带入了古典悲剧展现的形式,并把经过意大利人解释的亚里士多德文学理论教给了英格兰人。这种有意识的古典影响,最开始是通过翻译的渠道,之后则与伊丽莎白时代的戏剧结合在了一起。尽管如此,仍然有少数例外的平庸作品,比如富尔克·格雷维尔的戏剧作品就仅仅呈现了一种文学猎奇心。另一方面,意大利的浪漫主义通过传递关于理想化美德(*virtù*)的特有观念,也对伊丽莎白时代戏剧产生了影响。意大利的无意识影响因此成了英格兰戏剧家生命气息的来源,后者在意大利有关激情和犯罪的故事中找到了题材。

368

　　意大利影响的许多迹象在当时的戏剧中是很明显的。葛森曾提到,"下流的意大利喜剧"进入了伦敦的各家剧场。[②] 有一出名为《疯狂奥兰多》(*Orlando Furioso*)的戏剧一度上演,另一出名为《马基雅维利》(*Machiavelli*)的戏剧则在玫瑰剧院(Rose Theatre)上演。但必须承认的是,当时剧作家引用了不少所谓的"马基雅维利语录",使"马基雅维利"这个名字(只是名字而已)在伊丽莎白时期思潮中如此流行,其灵感似乎来自冈蒂耶(Gentillet)的有关争议言论。[③] 尽管如此,我们几乎可以肯定的是,马基雅维利关于美德(*virtù*)的信条与那时候的思潮是相符的。它为马洛笔下的人物注入了生命,也可以说是马洛将马基雅维利的精神引入了英格兰戏剧。这些角色都渴望通过自己的意志力——无论采用什么手段——获得无穷无尽的财富、知识或权力。帖木儿(Tamburlaine)

[①]　Ward, I, 117,144.

[②]　*Plays confuted in five actions*.

[③]　Meyer,前引书,p. 43 及以下各处。

这个人物代表的是活力与力量，并与迈锡提斯（Mycetes）的软弱形成对比。浮士德（Faustus）则做好了牺牲自己灵魂以获得被禁止知晓的知识的准备。巴拉巴斯（Barabas）是怨恨与复仇的典型人物，莫蒂默（Mortimer）代表的是达到极致的个人野心。因此马洛的所有戏剧都由同一目的所驱动——在追求私人化的目标中，意志力发挥决定作用，结局或戏剧高潮由此产生。[①] 马基雅维利本人也被搬到舞台上，是一位代表一切恶行的角色。[②]

369

莎士比亚关于意大利的知识，正如他自己的一生那样，处于一种似是而非的状态。一方面，他所知道的关于意大利城市的大量信息似乎只能通过个人观察才能获得。另一方面，他所犯的某些错误是如此低级以至于我们不能相信他本人曾经到过那儿。例如，他的人物凡伦丁（Valentine）经由海路从维罗纳前往米兰，他的另一位人物普洛斯彼罗（Prospero）在米兰的城门处[③]登上了一艘船。[④]

他有关意大利题材的戏剧有 3 种类型。如在《奥赛罗》（Othello）与《威尼斯商人》（Merchant of Venice）中，他展现出对意大利的无可争辩的了解。第二类包括《罗密欧与朱丽叶》（Romeo and Juliet）和《驯悍记》（Taming of the Shrew），其中我们可以看到关于意大利的一些知识，尽管这些知识可能只是来自传闻或其他书籍。最后一类则是像《暴风雨》（The Tempest）和《冬天的故事》（Winter's Tale）这样的剧作，这些作品中只有故事发生地点和人名是意大利的。[⑤] 因此，只有第一类作品很难解释清楚；即便承认他从旅行者的故事中或类似于威廉·托马斯《意大利史》等书籍中获取信息，我们仍然没有足够的理由来解释他对威尼斯和帕多瓦的偏好。佛罗伦萨或罗马并没有以同样方式吸引到他。他对于意大

370

---

① Courthope，II，405.

② *Jew of Malta*，开场白。

③ 米兰和维罗纳均不靠海。——译注

④ *Two Gentlemen of Verona*，I，I，71；*The Tempest*，I，n，129—144.

⑤ 参见 Elze，*Shak. Jahrbuch*，XIII，XIV，XV.

利北方的兴趣，①某种程度上可以说明他对邦戴罗以及某些意大利小说家（*novellieri*）的喜爱；但这并非所有原因。并且上述理由也不能解释：他嘲笑那些国外旅行归来的英格兰人不满本国的生活环境②——尽管有人认为这种观点证明他从来没出过国。他虽然一度喜爱过十四行诗，在多年之后却亲自取笑这种体裁。

如果莎士比亚到过意大利，那么他并不是一位普通的旅行者。他的准确几乎只限于威尼斯和帕多瓦；其他地方的信息都是他的道听途说。他也没有提到过翻越阿尔卑斯山的漫长旅程。就算他真的在那里上过船，那他的身份可能是受伦敦某商行雇佣的海员、会计或职员，在英格兰和意大利两地之间参与当时不足为奇的贸易性直航。在某位伦敦商人的文件中找到他的名字，似乎已不太可能；以此种身份对意大利进行访问，完全可以解释他对意大利的一知半解以及所犯的一些低级错误。这还可以解释他对"威尼提亚"（Venetia）③的喜爱以及他早期生活中的种种谜团。

莎士比亚的旅行尽管伴随着不确定性而且也缺乏直接的证据，但是如果我们考察一下他所读过的书，就能发现一些更为确定的依据。他有十四部戏剧的素材可以在意大利小说中找到。他不仅仅熟悉意大利小说，甚至正如我们所预料的，如《威尼斯商人》的故事素材当时并无英语版，但他仍然阅读了大量那时在英格兰出版的与意大利主题有关的书。《皆大欢喜》中的人物试金石（Touchstone）关于一则谎言的不同形式，以及人物奥兰多（Orlando）与查尔斯（Charles）的摔跤比赛可能借鉴的是萨维奥洛（Saviolo）的《习剑》（*Practise*）。类似地，像《爱的徒劳》中的诗行：

威尼斯，威尼斯，

---

① 威尼斯、帕多瓦、米兰、维罗纳均在意大利北部。佛罗伦萨和罗马在意大利中部。——译注
② 参见本书第四章，原页码 p. 164。
③ "威尼提亚"（Venetia）是对"威尼斯"（Venice）带有古典风格的称呼。——译注

未曾见面不相知，①

这如果不是直接取自约翰·弗洛里奥的《第二度的果实》（Second Fruits）——莎士比亚可能见过该书的手稿——也可能是从詹姆斯·桑福德（James Sanford）的意大利格言集中获知。但是，莎士比亚毫无疑问是认识弗洛里奥的，因为前者曾受到南安普顿伯爵的庇护。②

虽然莎士比亚读过这些书，而且他对意大利和意大利人有一定了解，他甚至了解布鲁诺哲学③并且曾提及马基雅维利思想④，但他个人天赋如此之高，以至于外在影响无法对他产生过深的影响。他的精神与斯宾塞的精神类似，仍然维持着英格兰特质，没有受到模仿外国的风气的侵染。同时，他在自己剧作中加入的意大利氛围，有助于戏剧美学的呈现，他所参考的意大利小说素材则放飞了他的想象空间。

372

意大利对英格兰文学的影响因此有两个方面。首先，它在诗歌方面提供了艺术形式的美学价值所在，并引入了新的诗歌范本；其次，可以说，它提供了一些原始素材，伊丽莎白时期的剧作家将它们与自己的灵感结合在一起构建主题。同时，它为小说和史诗提供了范本，为文学批评提供了标准。前两个影响是浪漫主义的；意大利人文主义者们的影响，从另一个方面来说则是古典主义的。尽管这一影响在文学批评方面至关重要，但它未能在诗歌和戏剧方面结出硕果；将它介绍到英格兰的尝试并不连贯，因而也没有产出。但是，浪漫主义方面的影响并没有束缚英格兰诗歌的原创性；彼特拉克和阿里奥斯托的典范为它注入了新的生机；薄伽丘及其追随者的小说则唤起了伊丽莎白时期戏剧家的想象力。

---

① *Love's Labour's Lost*，IV，II，100.
② S. Lee，前引书，p. 85。
③ 参见：R. öonig，*Shak. Jahrbuch*，XI；R. Beyersdorff，*Shak. Jahrbuch*，XXVI。
④ *III Henry VI*，III，II，182；*Titus Andronicus*，V，I，125；*Merry Wives of Windsor*，III，I，102，etc.

附 录

附录 A

在罗马的英格兰天主教徒

使意大利最早开始熟悉英格兰的、也可能是最为持续、最有粘合作用的"连接",是往返于英格兰和罗马之间的连续不断的朝圣者人流。这些朝圣活动的开端,比诺曼征服事件早很多年,并贯穿了整个中世纪。14 世纪,一位叫做约翰·谢泼德(John Shepherd)的伦敦商人在罗马为英格兰朝圣者和旅行者建了一所医院。更早的是在 727 年,伊那王(King Ina)把一个接济撒克逊朝圣者的机构建在了远至罗马台伯河的地方。早年的此类记录十分少见。但是,从 16 世纪初关于部分朝圣者的一份注册性档案中我们可以了解一些情况。① 那时,被注册的前往意大利的英格兰访客被分为两类,一类是要自己掏钱住宿的贵族(*nobiles*),另一类是免费寄宿的穷人(*pauperes*)。这些访客的名字和身份在每一类中都有注明;如"约翰·沃恩,教士""约翰·威廉斯,骑士""托马斯·哈尔西,博洛尼亚学生"之类,呈现了住宿者的一般属性。他们中的大多数都被注明是"学者"或"教士";不过也有其他身份的人住宿在那里,甚至包括亨利七世派遣到梵蒂冈的大使爱德华·斯科特(Edward Scot)和约翰·阿伦(John Alen)——前者因热病在当地医院中去世。在 1505 年一年之中,有 55 人被登记为贵族。穷人中则包括了一名偶

① *Liber Primus Instrumentorum*, English College, Rome.

然出现的牛津大学学生、一些海员、十几名威尔士人,以及来自诺福克和萨福克的一个教士朝圣队伍。在单独一年中总共超过 200 名朝圣者到了那个地方。朝圣者中也有女性,例如"伦敦的朱莉安娜·拉特"(Juliana Lutt of London)、"诺维奇寡妇伊丽莎白·威尔斯"(Elizabeth Welles, a widow, of Norwich)之类的名字。这种在当时总是存在的与罗马之间的不间断交流在英格兰人中传播了关于意大利的某种程度的知识;第一批在意大利的旅行记述自然就是由上述朝圣者写的。

虽然说匆匆描绘英格兰宗教改革的发展或许超出了本书的研究范围,但同时我们就必须提到英格兰与意大利之间"连接"的某种效果。随着新教的成长,越来越多虔诚的英格兰天主教徒开始在意大利避难。在 16 世纪上半叶,这并非十分明显的情况,当时有人一度怀有罗马教廷可能恢复势力的强烈愿望,但随着玛丽女王的去世这种愿望随之消失,因此到意大利避难的活动就开始显得重要,大量英格兰人在台伯河岸边和意大利的其他地方寻找新的家园。同时它的开端也可以在我们当前所研究的时代中找到。有必要非常简略地提一下这一时代的若干英格兰天主教徒,他们主要出于宗教的虔信而居住在意大利。他们可以说是形成了一个核心,围绕它的是能够对它起作用的意大利的影响。虽然他们没有失去英格兰人的特征,但他们中有许多表现出他们的环境所造成的某种程度的"效果"。约翰·克拉克就是这样的一个例子;他从牛津大学毕业后,在意大利旅行并在那里居住了许多年,撰述了关于神学的若干本书,其中有用意大利语写的;他公开表示自己对希腊和罗马知识的偏爱。乔治·百合,语法学家之子,是又一位住在罗马的、以博学而著称的人士,他受到了红衣主教波尔(Cardinal Pole)的庇护。再举一人即埃利斯·海伍德(Ellis Heywood),其兄弟是诗人,他自己则从牛津大学万灵学院毕业后前往意大利旅行,红衣主教波尔为他提供了住处并任命他为自己的文秘官之一;之后他成了耶稣会士。他还用非常棒的意大利文创作了两篇对话体作品，①假称是托马斯·莫尔爵士与当时某些学者有关美德和爱的讨论，而美德与爱是文艺复兴时期的两大讨论主题。对话地点选在了莫尔在伦敦近郊的别墅花园中，这与意大利流行把谈话地点放在露天场所的风尚相一致。但是除此以外，这本书几乎没有呈现出真正的英格兰特质，而像是某位意大利人写的作品。

乔治·百合与埃利斯·海伍德都在那位伟大的领袖式人物——红衣主教波尔身边。在英格兰逐渐疏远罗马的时期，波尔代表的是英格兰天主教教士群体中的最高级典型，他是最有能力在意大利维护英格兰尊严的一位。他本人则构成了两个国家之间的"链条"。作为皇室成员，他先是在牛津大学跟随托马斯·林纳克和威廉·拉蒂莫学习，之后从该校莫德林学院（Magdalen）毕业。1521 年他被国王派往帕多瓦继续深造，并取了贺拉迪斯·贺拉斯（*Helladis Hellas*）的名字；在那里他与当时的几位大学者——如列奥尼库斯（Leonicus）和朗哥里乌斯（Longolius）——成了朋友，还通过他们认识了皮埃特罗·本波（Pietro Bembo）。他还在那里遇见过西班牙人文主义者拉普塞特（Lupset，在比维斯建议下在那里学习），还结识了两位终身的朋友——卢多维科·普留利（Ludovico Priuli，一位威尼斯年轻贵族）和加斯帕·康塔里尼（后来成了红衣主教）两位挚友。在帕多瓦，波尔在款待朋友上非常大方，并且由于自己的皇室血统而受到了当地统治阶层的很多注意。他对学术的兴趣贯穿一生；上述朗哥里乌斯在波尔的帕多瓦寓所去世之前，把自己的藏书留给了他。当波尔在 10 年后回到帕多瓦时，为了更好地学习希腊语和拉丁语，请拉扎罗·布奥纳米奇（Lazzaro Buonamici，一位著名的古典研究者）住到了自己寓所中。虽然波尔对人文主义和学术都充满兴趣，但是他一点也不热衷学界的名誉，这方面他与他的意大利朋友不同。他为之坚定地奉献一生的唯一目标，乃是在英格兰恢复罗马教廷的最高地位；虽然最后这并未实现，但他仍然是那个时代十分显眼的一位统帅式人物以及教士学

376

---

① *Il Moro d'Heliseo Hevodo Inglese*，Florence，1556.

377　者中的最高成就者。在旅居意大利而不受当地不道德因素影响的方面，他作出了个人表率（因为他私生活上一些所谓的丑闻已被确证为不实）。他本人则拒绝承认亨利八世的离婚为合法，尽管后者承诺了极高奖励；他在任何情况下对于自己认为正确的东西都保持了坚定的立场，尽管当玛丽即位女王时他看到了胜利的微光，他的去世则幸运地使自己避免意识到：他一生的事业最后却付诸东流。然而，他的影响力作为意大利与英格兰之间最强大的联系之一，却是十分可观的。不管是对意大利还是对英格兰，他都表现出了对方国家的美德。当英格兰人在他身上见到了罗马的权威与壮丽的同时，他向意大利人展现了英格兰的虔诚与朴实。

　　对那些对于意大利和英格兰互相熟悉彼此这方面有贡献的教士群体而言，列出一个清单可能意义不大。就像以往那样，不少意大利人来到了英格兰；维罗纳主教吉贝蒂（Giberti）自诩为英格兰的特殊保护者；吉努奇担任了伍斯特和索尔兹伯里的主教；红衣主教坎佩齐奥第一次被派往英格兰时，所负使命是敦促亨利八世与其他基督教国家的君主联合起来，以共同发动对土耳其人的战役，他

378　后来作为裁判官再次来到英格兰，审理亨利诉阿拉贡的凯瑟琳（Catherine of Aragon）的离婚案。另一方面，像爱德华·卡恩爵士（Sir Edward Carne）之类的人士也居住在意大利，他是亨利八世派往罗马的离婚案辩护人（excusator），本来在教廷传唤之下亨利应亲自到场。卡恩最后在意大利去世；教皇表面上是把卡恩当作人质，禁止他离开，但又请他管理罗马的英格兰医院。现在我们已经知道，卡恩在意大利的滞留完全出于他本人意愿，教皇禁止其出境仅仅是担心卡恩在英格兰的财产被查抄。

　　从我们上文提及的少数史实中可见，两个国家间思想"互相改变"（interchange）的可能性非常之大。但"互相改变"（interchange）这个词或许并不恰当。并不能说英格兰的思想和文化对意大利几乎没有什么影响。意大利人只是震惊于英格兰国王竟然大胆到敢于挣脱教皇制——当时欧洲最为普遍的政教体制。当玛丽登上英格兰王位的消息传到意大利时，意大利对英格兰的浓厚兴趣更为

明显,人们纷纷猜测英格兰将回到天主教的怀抱。当时意大利到处都有庆祝活动,佛罗伦萨人还隆重举办了一场弥撒,弥撒后开展了游行活动和焰火表演,欢庆英格兰再次归顺教皇。[①]

379

伊丽莎白女王统治英格兰时期,教皇制被新教徒们视为主要敌人和对手。确实,当时的每一种影响力、每一个行动、每一次尝试,目的都是为了拿回一度被罗马天主教廷夺走的东西。正是在罗马,英格兰天主教徒找到了一个新的家园和避难所,他们因此感到安全,不会受到侮辱和伤害。在英格兰的天主教徒和在意大利的英格兰天主教徒之间有着持续不断的交流,他们互相往来,开展一系列的活动,双方所建立的一系列联系日益深入;随着使英格兰再次回到天主教的希望日益黯淡,很多英格兰人放弃了他们的出生地,并在收留他们的国度内度过了自己的余生。

在这段时期,英格兰天主教徒中最知名的是红衣主教艾伦(Cardinal Allen),他于 1575 年被格列高利十三世(Gregory the Thirteenth)召至罗马,后者计划在那里为英格兰人建一所学校,因此需要听取艾伦的建议。数年后,原英格兰医院及其所有收入都归属到了这所学校下面。由于英格兰学生与威尔士学生之间的内部争吵与互相猜忌,该学校于 1579 年被耶稣会的英格兰管理部(the English province)接管,[②]并受到了一名红衣主教的保护。学校也有自己的校长,但他并不一定是英格兰人。一年以后,它确定了第一个稳定的捐赠来源,也得到了来自一封教皇"使徒敕书"(apostolic brief)授予的特许权。[③]

380

每一名学生进入该校时都被要求发誓。他需要发誓时刻准备着听从教皇谕令或其他合法上级的命令、担任教会职务并前往英

---

① Settimanni, *Diario Fiorentino*, II, Pt. I, 737, Archives Florence.

② H. Foley, *Records of the English Province of the Society of Jesus*, VI, 541. 参见:Cardinal Sega, *Relazione del Collegia Inglese*, 1596, Fondo Ottoboni, 2473 ff., 185—226, Vatican Library, Rome(Foley 在本书提及的著作中也引用了该史料)。

③ Foley, VI, 70.

格兰帮助（亦即改宗）那里的灵魂。向新生发放的询问表格很有意思。[1] 比如说要询问新生有关他的亲属、特别是这些亲属的宗教信仰情况；关于他自己的学习研究情况，亦即关于他在身体和心灵上的健康状况。他会被问到，他以前是不是异端或者教会分裂分子；他是如何成为一名天主教徒的；由于成为天主教徒，他遇到了什么事情，是否遭遇劫难；最后，是什么原因促使他想把一生奉献给教会职务的。

1579 年至 1603 年，也就是该学校创建直至伊丽莎白女王去世，超过 350 名英格兰人在该校学习并被获准进入天主教会任职。该学校每年都会向英格兰派遣传教士去"帮助正在凋谢的灵魂"。这些传教士离开罗马之前，先要亲吻教皇的脚，后者则向他们提供旅行所需费用。在保留至今的档案中，每一位传教士的名字后面都简要注明了他的结局；有的只是遭到了监禁；但更常见的是成为殉教者（*facfus est martyr*），还有那些被处以绞刑、肢解、开膛破肚的记录，表明了这些传教士在领受任务时自己将要面临的各种风险。[2] 但是，对于信仰坚定的英格兰新教徒而言，这所设在罗马的学校看来就是令人厌恶的教皇的阴谋中心，安东尼·芒迪（Anthony Munday）在其《英格兰人的罗马生活》（*English Roman Life*）中就描述了那里被他称作"叛逆的"行动和计划。

这所学校被派回英格兰的毕业生们尽自己最大努力开展改宗行动，并煽动针对伊丽莎白女王的不满情绪；对他们的记述，应该在当今的政治史和宗教史研究中占据重要位置。另一方面，诸如帕森斯（Parsons）、坎皮恩（Campion）、索斯韦尔（Southwell）这样的天主教活跃成员，他们的生平和殉教事迹值得一读。[3] 帕森斯或许是他们中最有能力的一位。他曾经在牛津大学贝列尔学院

---

[1] 参见 Stevenson, *Roman Transcripts*, English College Series, Vol. 9, Record Office, London。

[2] 参见 Cardinal Sega 前引抄本。

[3] 参见 E. L. Taunton, *Jesuits in England*. London, 1901。

(Balliol)任职，也曾在帕多瓦学医，之后加入了耶稣会。他与坎皮恩一起开展了耶稣会对英格兰的首次传教，也确实使不少人重新信仰天主教。当坎皮恩受到长时间折磨并被处决后，帕森斯本人逃过追捕并前往欧洲大陆，与西班牙国王菲利普（Philip of Spain）共同谋划进攻英格兰。他一生的唯一目标就是在英格兰恢复天主教地位，而不惜外国征服的代价；他断定苏格兰国王詹姆斯六世将继承英格兰王位，因此希望通过使詹姆斯六世改信天主教而达到他的目标。他写道，"我将献出我的鲜血和生命，见证他改信并成为英格兰国王"。[1]

在伊丽莎白女王漫长的统治期间，英格兰成为许多天主教徒开展阴谋活动的场所；这些阴谋大部分是在意大利策划的。英格兰阴谋者中排位最靠前的就是鲁贝托·里多尔菲，尽管他卷入了几乎所有的阴谋事件，但没有一件针对他的指控可以被完全证实。他的整个生涯可以说是非凡的；他被一位银行家抚养长大，之后前往伦敦并在那里的社交和商业圈中取得了很有影响的地位。此外，他还帮助过各种天主教阴谋的实施，但自己却逃脱了所有惩罚。一封写给教皇的信可以很好地说明他所扮演的角色。[2] 里多尔菲曾是庇护五世的秘密代理人，因为那时梵蒂冈无法派遣教廷人员前往英格兰；他本人则与所有渴望服务于罗马教廷的、信仰天主教的贵族建立了联系。为了阻止伊丽莎白女王帮助法国和佛兰德斯的新教徒，诺森伯兰公爵和其他贵族在边境地区的郡内发动了一场暴动，以期对女王产生一定制约；但是这一阴谋未能成功，其带头人或被监禁，或被处决。但是里多尔菲成功逃离，他乞求教皇补偿他的开销和财产（因已被全部查抄）。

这一时期的年代记作品充满了对天主教所开展阴谋的叙述。但是意大利教士和英格兰耶稣会士的阴谋，随着西班牙无敌舰队的毁灭而过早地结束了，尽管他们的努力没有停止，但这一问题在

382

383

---

① 写于 1602 年 12 月的书信，*Arch. Med.*，4185，Florence。
② *Arch. Med.*，4185.

此后再也没有产生争议。

除了在罗马的英格兰学校中的学生以外，16 世纪末之前，还有许多其他英格兰人居住在意大利。红衣主教塞加（Cardinal Sega）于 1596 年曾向教皇提交报告，汇报上述英格兰学校的状况，他在报告中将该学校不安定的原因归结于住在校外的英格兰人，因此建议禁止在校学生和所有外来人员之间的联络。意大利常有很多英格兰天主教徒。安东尼·芒迪曾提及，红衣主教博罗梅奥（Cardinal Borromeo）在米兰的告解神甫是一个名叫罗伯特·格里芬（Robert Griffin）的威尔士人，正是此人把芒迪派遣到一名同在米兰的英格兰牧师哈里斯（Harris）的住处。另一位知名的英格兰天主教徒是圣阿萨夫主教托马斯·戈德维尔（Thomas Goldwell, Bishop of St. Asaph），他青年时代在帕多瓦学习，成为红衣主教波尔的朋友之一。不过许多这样的天主教徒都表现得十分忠诚于英格兰，例如理查德·谢利爵士（Sir Richard Shelley），尽管在意大利被人称为康其里奥爵士（*Signor Conchilio*），但还是从威尼斯打探并报告了关于西班牙无敌舰队的有价值情报。几乎没有必要再列举更多的人名了；因为要说明意大利和英格兰之间"链条"的紧密和持久程度，上述事例已经足够。

384

偶尔，在意大利的英格兰人所扮演的角色也有反转，一名怀着改宗热情的英格兰新教徒也可能渗透进入意大利。例如过于狂热并因此殉教的理查德·阿特金斯就带着使教皇改宗的目的前往罗马。他在做了若干反对罗马教廷的出格之事、冒犯到这片土地的主人之后被人控告，在经受酷刑折磨后遭到处决。张伯伦（Chamberlain）在其书信集中[①]就提到有些英格兰人"在罗马的宗教裁判所内热烈鼓掌"。更常见的是意大利这个地方有可能使新教徒改信天主教。例如托比·马修爵士（Sir Tobie Matthew）就被称为"当时最为意大利化的英格兰人"。当马修第一次对他父母说出想要亲眼目睹之前耳熟能详的意大利的古迹和风景的愿望时，他

---

① Chamberlain's Letters，1600 年 3 月 5 日。

那倾向于清教的父母对此予以拒绝；但这并没有阻碍他前往意大利。他在佛罗伦萨见到了住在那儿的几位英格兰天主教徒，包括乔治·彼得爵士（Sir George Petre）、罗伯特·坎菲尔德（Robert Canfield）、一位名叫"帕特里奇"（Partridge）的人以及他的侄甥辈亨利·韦斯顿爵士（Sir Henry Western）。之后，他移居锡耶纳与意大利人住在一起，"只是为了学习他们的语言"。他在罗马见了帕森斯，受到红衣主教皮内利（Cardinal Pinelli）的接见，同时改信了天主教。若干年后，他担任了天主教圣职；他还将弗朗西斯·培根的著作译为意大利文。托比·马修爵士值得我们注意，因为他的情况说明了英格兰新教徒不信任意大利的原因之一。意大利的影响使他成了天主教徒，甚至是圣职人员；他的品味和习惯都被意大利化了：在英格兰新教徒眼中，他失去了自己的"英格兰男子气概"。

385

附录 B

记叙意大利的 16 世纪英格兰史料[1]

　　1506 年,《理查·吉尔福特的朝圣之路》(*The Pilgrimage of Richard Guylforde to the Holy Land*)

　　1517 年,《理查·托金顿爵士德朝圣日记》(*Sir Richard Torkington's Diary of His Pilgrimage*)

　　1547—1549 年,《托马斯·霍比爵士的事业与生活》(*The Travaile and Life of Sir Thomas Hoby*),大不列颠博物馆馆藏抄本 Egert. 2148 号

　　1549 年,威廉·托马斯撰《意大利史》(*The History of Italy*, by William Thomas)

　　1562 年,彼得·谢克利撰《罗马导览》(*La Guida Romana*,by Peter Shakerly)

　　1563 年,理查·史密斯撰《昂顿的意大利之旅》(*Unton's Journey to Italy*,by Richard Smith),大不列颠博物馆馆藏抄本 Sloane 1813 号

　　1573 年,《西德尼致休伯特·朗盖特书信集》(*Sidney's Letters to Hubert Languet*)

---

[1]　此类零散记叙,也可以参考 Nash 的 *Jack Wilton* 等书中提到的相关内容;格林等剧作家的作品并未包括在该清单内。

1575 年,哲罗姆·特尔勒撰《旅行者:那不勒斯记》(Jerome Turler — *The Traveller*:*Description of Naples*)

1582 年,安东尼·芒迪撰《英格兰人的罗马生活》(Anthony Munday — *English Roman Life*)

1584—1600 年,《意大利记》(*Description of Italy*),大不列颠博物馆馆藏 Harleian 杂集第十二卷

1585 年,约翰·弗洛里奥译《一位意大利绅士的罗马来信》(J[ohn] F[lorio], translator — *A Letter written from Rome*,*by an Italian Gentleman*)

1588 年,《爱德华·韦伯的旅行:罗马记行》(*Edward Webbe's Travels* — *Account of Rome*)

1592 年,《意大利记》(*Description of Italy*),大不列颠博物馆馆藏抄本 Lansdowne 775 号

1593 年,芬斯·莫里森撰《意大利记行》(Fynes Moryson — *Account of His Visit to Italy*)

1596 年,罗伯特·达灵顿撰《托斯卡纳考察报告》(Robert Dallington — *Survey of Tuscany*),1605 年出版

1599 年,加斯帕·康塔里尼撰、刘易斯·琉可纳译《威尼斯政府》(G. Contarini — *Government of Venice* — translated by L. Lewkenor)

1599 年,埃德温·桑迪撰《欧洲之镜》(Edwin Sandys — *Europæ Speculum*),1605 年出版

1600 年,马里安努斯撰《罗马地貌》(J. B. Marlianus — *Topography of Rome*)

1600 年,塞缪尔·琉可纳撰《意大利大学记》(Samuel Lewkenor — *Description of Italian Universities*)

附录 C

记叙英格兰的 16 世纪意大利史料①

约 1500 年,《英格兰诸岛记》(*A Relation of the Islands of England*)

1516 年,《一名米兰人的英格兰旅记》(*Travels of a Milanese in England*)大不列颠博物馆馆藏抄本 Addit. 24180 号

1515—1519 年,塞巴斯蒂亚诺·朱斯蒂尼亚尼撰《在亨利八世宫中的四年》(Sebastiano Giustiniani — *Four Years at the Court of Henry the Eighth*)

1517 年,弗朗西斯科·切利卡蒂致伊斯特家族的伊莎贝拉书信集(Letters to Isabella d'Este,by Francesco Chiericati)

1531 年,洛多维科·法里耶的旅记(Relazione di Lodovico Falier)

1551 年,达尼埃勒·巴尔巴罗的旅记(Relazione di Daniele Barbaro)

1552 年,彼得鲁乔·乌巴尔蒂尼撰《英格兰记》(*Relazione*

---

① 此处仅列出最为重要的记叙性史料。此外也可参见:《威尼斯国家文件之大事记》(*Calendars of State Papers*,*Venetian*)、乔尔丹诺·布鲁诺(Giordano Bruno)的《灰烬晚宴》(*Cena dei Ceneri*)、卡尔丹(Cardan)的《日记》(*Diary*)、保罗·乔维奥(Paulo Giovio)的《不列颠及苏格兰记》(*Descriptio Britanniæ*,*Scotiæ*)、博莱若(Bolero)的《地理》(*Geography*)等等。

d'Inghilterra，Petruccio Ubaldini) 大不列颠博物馆馆藏抄本 Addit. 10169 号

1554 年，吉亚科莫·索兰佐的旅记 (Relazione del Giacomo Soranzo)

1554—1558 年，匿名作者《关于玛丽女王时代的报告》(*Relazione di Anonimo del tempo della Regina Maria*)

1555 年，朱利奥·拉维格里奥关于英格兰的记述，锡耶纳公共图书馆藏 K. X. 29 号

1557 年，乔瓦尼·米歇尔的旅记 (Relazione di Giovanni Michele)

约 1580 年，米兰人乔瓦尼·索维克的旅记 (Relazione del Giovanni Sovico Milanees)，佛罗伦萨美第奇家族档案馆藏 4185 号　389

1573—1588 年，《关于英格兰记》(*Relazione di Inghilterra*)，作者被归于尼科洛·米利诺 (Nicolo Millino)，斯内德 (Sneyd) 征引时，该史料位于霍卡姆 (Holkham) 的莱斯特伯爵图书馆中；后由卡姆登学会 (Camden Soc.) 于 1847 年出版

参考书目^①

Ⅰ. 史料：抄本

391

FLORENCE.

Archivio di Firenze.

Atti Publici，1498．Miscellaneous letters from Henry the Seventh，etc.

Atti Publici，1502．Miscellaneous letters.

Carteggio Mediceo Avanti il Principato，filza 94.

Carteggio Mediceo Avanti il Principato，filza 99.

Carteggio Universale Mediceo，371，372.

Carteggio Mediceo，N. 5.

Guardaroba Medicea，T. 34．Miscellaneous.

Guardaroba Medicea，293．Miscellaneous.

Archivio Mediceo. Firenze，No. 4183.

Lettere della Regina d'Inghilterra e del Re dall' anno 1524

---

① 该参考书目仅列举了本研究过程中所用到的主要抄本和图书。关于英格兰和意大利两国文人圈之间的联系，还有更多书目，相关清单可参见 Betz 的 *La Literature Comparte*。进一步的参考书目也可参考 *Dictionary of National Biography* 一书，此书很有价值。

fino 1621.

Archivio Mediceo, No. 4185.

Varie Scritture, contenuti, notizie el Awisi d'Inghilterra dall' anno 1526 a 1625.

Archivio di Firenze.

Minute del 1545, filza N. 6.

Carte Strozziane, 1448—1588. Scritture che si riferiscono all' Inghilterra del 1488 al 1588.

Filza Strozziana, 294.

Settimanni.

Diario Fiorentino. Archivio Mediceo, Firenze.

Biblioteca Magliabecchiana.

392

Duodo, Pietro.

Relazione d'Inghilterra e Scozia. Scritto da un Segretario dell' Illmo Sig^{e} Pietro Duodo, stato ambasciatore per la Signoria di Venezia appresso al Re Giacomo, 1606. Magliabecchiana. Ce. XXIV, Cod. 49.

Biblioteca Capponi. Magliabecchiana Cassetta 10^{a} No. XVII.

LONDON. Brit. Mus. Addit. Mss., 24180.

Travels of a Milanese Merchant in 1516.

Brit. Mus. Addit. Mss., 4121, f. 265; addit. Mss., 4122, ff. 43,111,139.

[Cited by Harris Nicolas in his Edition of Davison's Poetical Rhapsody.]

Brit. Mus. Cot. Mss.

Nero, B. VI, f. 1; Nero, B. VII, *passim*; Titus, B. II, f. 210; B. VII, f. 155; Vitellius, B. XIV, ff. 173,241,285.

Brit. Mus. Mss., 4827.

New Year's gifts of Queen Elizabeth.

Brit. Mus. Harl. Ms., 284.

Fragment of some noblemen's letters from Italy, 1603.

Brit. Mus. Harl. Ms. , 1878.

Brit. Mus. Mss. , 2481.

Household Book of Henry VIII.

Brit. Mus. Egert. Mss. , 2148.

Hoby, Sir Thomas. The Travails and Life of Sir Thomas Hoby; ff. 186—202, A Description of the State of Italy.

Brit. Mus. Lansd. Mss. , 775, ff. 105—128.

A Description of the Estate of Italy in the year 1592.

Brit. Mus. Addit. Mss. , 10169.

Michele, Giovanni. Relazione d'Inghilterra, 1557.

[Contained also in Alberi, Ambasciatori Veneti.]

Brit. Mus. Addit. Mss. , 10169.

Ubaldini, Petruccio. Relazione d'Inghilterra, circa 1555.

Brit. Mus. Sloane Mss. , 1813.

Unton, Sir Edward. Union's journey to Italy, written by Richard Smith, gentleman, some time servant to Sr Edward Unton [1563].

393　Public Record Office.

Acontio, J. Study of History. (Dom. Series, Vol. XXXIV, August, 1564.)

Foreign Papers: Italy. Bundles 1—2.

Roman Transcripts by J. Stevenson. (English College Series, 9 vols.)

Venetian Bundle, No. I.

MUNICH. Koniglichen Bibliothek Mss. , Latin, 222.

Letters of Pier Candido Decembrio and Duke Humphrey of Gloucester.

OXFORD. Bodleian Library. Ms. 587.

Free, John. Letters.

All Souls' Library. Ms. CLV.

ROME. Vatican Library.

> Relazione del Collegio Inglese，1596. Fondo Ottoboni，2473，
> ff. 185—226.

> ［Cited by H. Foley in Records of English Jesuits.］

English College.

> Liber Primus Instrumentorum.

> ［Cited by H. Foley in Records of English Jesuits.］

SIENA. Libreria Communale K. X. 29.

> Raviglio，Giulio. Ritratti d'Inghilterra，1555.

Ⅱ. 史料：印刷版

ACONTIO，JACOPO. The true order and method of writing and reading Histories according to the precepts of Francisco Patrizio and Accontio Tridentino. ... By Thomas Blundeville. London，1574.

> Una Essortazione al Timor di Dio con Alcune rime Italiane novamente messe in luce. Londra circa 1580.

AGNELLO，G. Esposizione di Giovanbattista Agnello Venetiano sopra un libro intitolato Apocalypsis spiritus secreti. Londra，1566.

ALBERT，E. Relazioni dello Impero Brittanico nel Secolo XVI Scritto da Veneti Ambasciatori e pubblicate dal Prof. Eugenio Alberi. Firenze，1852. ［Containing the relations of Daniele Barbaro，Giovanni Michele，Lodovico Falier，Giacomo Soranzo，and an anonymous relation.］

ALBERTI，L. B. Hecatonphila，The Art of Love or Love discovered in an hundred several kinds. London，1598.

ANGLERIUS，PIETRO MARTIRE. The Decades of the New

394

World or West India. Translated by Richard Eden. London, 1555.

The History of Travel in the West and East Indies. Gathered in part by Richard Eden, and augmented by Richard Willes. London, 1577.

ARETINO, PIETRO. Epistole. 6 vols. Paris, 1609.

ARIOSTO, L. Orlando Furioso. In English Heroical Verse by John Harington. 1591.

ASCHAM, ROGER. The Scholemaster. 1570. Edited by E. Arber. London, 1897.

BALE, JOHN. Summarium Scriptorum Illustrium. Bâle, 1557.

BANDELLO, M. Certain Tragical Discourses of Bandello. Translated by Geoffrey Fenton. 2 vols. London, 1898.

BARBARO, J., and CONTARINI, A. Travels to Tana and Persia. Translated by Win. Thomas. Hakluyt Society, London, 1873.

BARCLAY, ALEXANDER. The Ship of Fools. London, 1570.

BARKER, WILLIAM. Epitaphia et Inscriptiones Lugubres a Gulielmo Berchero cum in Italia causa, peregrinaretur collecta. London, 1566.

BARTOLUS. Tractatus de Insignis et Armis. Altdorf, 1727.

BECKYNTON, THOMAS. Correspondence. 2 vols. Rolls Series. 1872.

BIZARI, PIETRO. Historia. Lyons, 1568.

BOCCACCIO, GIOVANNI. The Tragedies ... of all such Princes as fell from their Estates through the Mutability of Fortune ... Translated by John Lydgate. 1558. [First Edition, 1494.]

BOIARDO, M. Orlando Innamorato. The first three Books ... done into English Historical Verse by R[obert] T[ofte], London, 1598.

BOTERO, G. The Traveller's Breviat. Translated by Robert

Johnson. London, 1601.

BOURNE, WILLIAM. A book called the Treasure for travellers. London, 1578.

BRUNO, GIORDANO. Spaccio De La Bestia Trionfanto ... al   395
eccellente Cavalliero Sig. Philippo Sidneo. London, 1584,

Giordano Bruno Nolano, De GP Heroici Furori al Molto illustre el eccellente Cavalliero Signer Philippo Sidneo. London (?), 1585.

Le Opere Italiane di Giordano Bruno. Edited by A. Wagner. 2 vols. Leipsic, 1830.

BRYSKETT, LODOWICK. A Discourse of Civil Life Containing the Ethike part of Morall Philosophie. London, 1606.

BUCHANAN, G. Opera Omnia. 2 vols. Leyden, 1725.

CAIUS, JOHN. De Antiquitate Cantabrigiensis Academiæ. London, 1574.

CARDANO, GIROLAMO. Cardanus Comfort translated into English ... by T. Bedingfield. 1573.

Vita. Milan, 1821.

CASA, GIOVANNI DELLA. Galateo of Master John Delia Casa, archbishop of Benevento ... Translated by Robert Peterson. 1576.

CASTIGLIONE, B. Lettere del Conte Baldessar Castiglione. Edited by P. A. Serassi. 2 vols. Padua, 1769—1771.

The Courtier. Translated by Sir Thomas Hoby. Edited by W. Raleigh. London, 1900.

CATANEO, GIROLAMO. Most Briefe Tables to know readily how many ranks of footmen armed with corselets, as unarmed, go to the making of a just battle. Translated by H [enry ?] G [rantham ?]. London, 1574.

CHAMBERLAIN, JOHN. Letters. Edited by S. Williams. Camden Society, 1861.

CHEKE, HENRY. A Certain Tragedy written first in Italian by F. N. B. entitled Free Will and translated into English by Henry Cheeke. N. D.

CLARKE, W. Polimanteia. 1595.

CLERK, JOHN. Opusculum Plane Divinum de Mortuorum resurrectione et extreme juditio, in quatuor linguis, ... Latyne, Englyshe, Italian, French. London, 1545.

CONESTAGGIO, G. The History of the Uniting of the Kingdom of Portugal to the Crown of Castile ... Translated by Edward Blount. London, 1600.

396 CONSTABLE, H. Diana. Edited by W. C. Hazlitt. London, 1859.

CONTARINI, G. The Commonwealth and Government of Venice, written by the Cardinal Caspar Contarini ... Translated by Lewis Lewkenor. London, 1599.

COPLEY, Sir THOMAS. Correspondence. Roxburghe Club, 1897.

CORTE, CLAUDIO. The Art of Riding ... in the Italian toong by Maister Claudio Corte ... Translated by Thomas Bed ingfield. London, 1584.

DALLINGTON, Sir ROBERT. A Survey of the Great Duke's State of Tuscany in the year of our Lord 1596. London, 1605.

A Method for Travel shewed by taking the view of France as it stood in the year of our Lord 1598. London (1606?).

DANIEL, S. Works. Ed. A. Grosart. 5 vols. London, 1885.

DAVISON, FRANCIS. The Poetical Rhapsody. Edited by N. Harris Nicolas. London, 1826.

DOWLAND, JOHN. The First Book of Songs or Airs. London, 1597.

DRAYTON, M. Poems. London, 1613.

DROUT，JOHN. The pitiful History of two loving Italians: Gaulfrido and Bernardo ... Translated out of Italian into English metre by John Drout. London，1570.

ELLIS，Sir HENRY. Letters of Eminent Literary Men. Camden Society，1843.

ELYOT，Sir THOMAS. The Governour. Edited by H. H. S. Croft. 2 vols. London，1880.

Epistolæ Academicæ Oxonienses. Edited by Rev. Henry Anstey. 2 vols. Oxford，1898.

EPULARIO. Epulario or the Italian Banquet. London，1598.

ERASMUS，D. Epistolæ. Edited by Le Clerc. 2 vols. Leyden，1706.

FEDERICI，M. CESARE. The Voyage and Travel of M. Caesar Frederick，Merchant of Venice，into the East India，the Indies，and beyond the Indies. Translated by T〔homas〕H〔ickock〕. London，1588.

FENTON，G. Golden Epistles ... gathered as well out of the remainder of Guevara's works as other authors，Latin，French，and Italian. London，1595.

FLORIO，JOHN. First Fruits. London，1578.

Florio's Second Fruites ... of divers but delightsome tastes to the tongues of Italians and Englishmen. To which is annexed his Gardine of Recreation yielding six thousand Italian proverbs. London，1591.

Giardino di Ricreatione nel quale crescono fronde，fiori e frutti ... Sotto nome di sei milla Proverbii e piacevoli riboboli Italiani，colti e Scelti da Giovanni Florio. Londra，1591.

A Worlde of Wordes or most copious and exact Dictionary in Italian and English，collected by John Florio. London，1598.

FRAUNCE，ABRAHAM. The Arcadian Rhetorike. Or the Precepts

397

of Rhetoric made plain by example, Greek, Latin, English, Italian, French, Spanish, and Homer, Virgil, Tasso, etc. *circa* 1579.

FULWOOD, WILLIAM. The Enemy of Idleness. Teaching a perfect platform how to indite Epistles and Letters of all sorts, as well by answer as otherwise: no less profitable than pleasant. London, 1568.

GASCOIGNE, GEORGE. A Hundred Sundry Flowers, bound up in one Small Posy ... Gathered in the fine outlandish Gardens of Euripides, Ovid, Petrarch, Ariosto ... London, 1565.

The Whole Works of George Gascoigne, Esquire. London, 1587.

GELLI, GIOVANNI BATTISTA. Circes of John Baptista Gello, Florentine. Translated out of Italian into English by Henry Iden. 1557.

The Fearful Fancies of the Florentine Cooper ... Translated by W. Barker. London, 1568.

GENTILE, ALBERICO. Regales Disputationes tres de Potestate Regis Absolutis. (1606?)

England's Monarch, or a Conviction and Refutation by the Common Law of those false principles and insinuating flatteries of Albericus. London, 1644.

GENTILLET, I. A Discourse ... against Nicholas Machiavell. Translated from the French by Simon Patericke. London, 1602.

GIOVIO, PAOLO. Descriptio Britanniæ, Scotiæ. Ex Libro Pauli Jovii. N. D.

The worthy tract of Paulus Jovius, Containing a Discourse of rare inventions both military and amorous called Imprese. Translated by Samuel Daniel. 1585.

GIUSTINIAN, S. Four Years at the Court of Henry VIII. Edited by Rawdon Brown. 2 vols. London, 1854.

398

GOOGE, BARNABE. Eglogs, Epitaphes and Sonettes. Edited by E. Arber. London, 1871.

GOSSON, STEPHEN. Plays Confuted in Five Actions. London. School of Abuse. Shakespeare Society, London, 1841.

GRATAROLUS. The Castel of Memorie. Translated by William Fulwood. London, 1563.

GREENE, ROBERT. Works. Edited by A. Grosart. 15 vols. 1881—1886.

GRISONE. A new booke containing the art of riding and breaking great horses ... Translated by Thomas Blundeville. N. D.

The Art of Riding ... out of Xenophon and Gryson verie expert and excellent horsemen. [Translated by John Astley.] London, 1584.

GUARINI, BATTISTA. Il Pastor Fido Tragicomedia Pastorale di Battista Guarini ... a Spese di Jacopo Castelvetri. Londra, 1591.

II Pastor Fido or the faithful Shepherd. Translated by Edward Dymock. London, 1602.

GUAZZO, S. The Civil Conversation of M. Stephen Guazzo ... the first three books translated out of French by George Pettie, the fourth out of the original Italian by Earth. Young. London, 1586.

GUICCIARDINI, F. The History of Guicciardin, containing the Wars of Italy ... by Geoffrey Fenton. London, 1579.

GUICCIARDINI, L. The Description of the Low Countries. Translated by Th. Danett. London, 1593.

GUYLFORDE, Sir R. The Pylgrymage of Sir Richard Guylforde to the Holy Land, 1506. Edited by Sir H. Ellis. Camden Society, 1851.

HALL, JOSEPH. Quo Vadis? A Just Censure of Travel London,

399

1617.

Virgedemiarum. Satires. Edinburgh, 1824.

HARRISON, W. A Description of England in Shakespeare's Youth, 1577—1587. Edited by J. Furnivall. 2 vols. New Shakespeare Society, 1877.

HARVEY, GABRIEL. Works. Edited by A. Grosart. 3 vols. 1884.

Letter-Book. Edited by E. J. L. Scott. Camden Society, 1884.

HOLLYBAND, CLAUDIUS. The Italian School-Maister, Contayning Rules for the perfect pronouncing of th' Italian tongue, with familiar Speeches, and certain Phrases taken out of the best Italian authors, and a fine Tuscan historic called Arnalt and Lucenda. London, 1575 and 1597.

HOLLYBAND, CLAUDIUS. Campo di Fior, or else the Flourie Field of Foure Languages of M. Claudius Desainliens alias Holiband. London, 1583.

HUME, M. A. S. Chronicle of Henry VIII. Edited by M. A. S. Hume. London, 1889.

HUMPHREY, LAWRENCE. The Nobles, or of Nobility. London, 1563.

Institution of a Gentleman. 1555.

Italians, Subtlety of. A Discovery of the Great Subtlety and wonderful wisdom of the Italians whereby they bear sway over the most part of Christendom ... By F. G. B. A. London, 1591.

LELAND, JOHN. Næniæ in Mortem Thomæ Viati. London, 1542.

De Scriptoribus Britannicis. Oxford, 1709.

Collectanea. 3 vols. Oxford, 1715.

LENTULO, SCIPIO. An Italian Grammar written in Latin by Scipio Lentulo, a Neapolitan, and turned in English by H〔enry〕

G〔rantham〕. London，1575.

LESLIE, JOHN. A Treatise touching the Right，Title and Interest as well of the most excellent Princess，Mary Queen of Scotland，as of the most noble King James. 〔1584.〕

LEWKENOR, SAMUEL. A Discourse ... of all those cities wherein do flourish at this day privileged Universities. 1600.

LIPSIUS, JUSTUS. A Direction for Travailers ... enlarged for the behoof of the right honorable Lord the young Earl of Bedford，being now ready to travel. London，1592.

LOMAZZO，G. P. A Tracte Containing the Artes of Curious Painting，Carving，and Building. Englished by R〔ichard〕H〔aydocke〕. 1598.

LUPTON, THOMAS. Civil and Uncivil Life. London，1579.

MACHIAVELLI, N. The Art of War written in Italian by Nicholas Machiavel，and set forth in English by Peter Withorne. 1573.

The Florentine History written in the Italian Tongue by Nicholo Macchiavelli ... and translated into English by T〔homas〕B〔edingfield〕. London，1595.

MANTUANUS. The eclogues of the poet B. Mantuan. Translated by George Turbervile. London，1567.

MARLIANUS, J. B. A Summary ... touching the Topography of Rome in Ancient Time. 〔Appendix to Philemon Holland's translation of Livy.〕London，1600.

MARSTON, JOHN. Works. Edited by A. H. Bullen. 3 vols. London，1887.

MERBURY, CHARLES. A Briefe Discourse of Royall Monarchic as of the Best Common Weale ... Whereunto is added by the same gent.，A Collection of Italian Proverbs，in benefit of such as are studious of that language. London，1581.

MERES, FRANCIS. Palladis Tamia；Wits' Treasury. 1598.

400

MINADOI, J. T. The History of the Wars between the Turks and the Persians. Translated by Abraham Hartwell. London, 1595.

MORA, D. Il Cavaliere in Risposto del Gentilhuomo del Sig^r Mutio Justinopolitano, nella precedenza Del Armi et delle Lettere. Wilna, 1589.

MORLEY, THOMAS. Alto di Tomaso Morlei. Il Primo Libro Delle Ballette a Cinque Voci. Londra, 1595.

MULCASTER, RICHARD. Positions. 1581. Edited by R, H. Quick. London, 1888.

The First Part of the Elementary. 1582.

MUNDAY, ANTHONY. The English Roman Life. London, circa 1581.

MUZIO, G. Il Gentilhuomo. Venice, 1571.

NANNINI, REMIGIO. Civil Considerations upon Many and Sundry Histories ... containing rules and precepts for Princes, Commonwealths, ... Translated in English by W. T. from the French translation by Gabriel Chappuys. London, 1601.

NASH, THOMAS. Works. Edited by A. Grosart. 6 vols. London, 1883—1885.

OCHINO, B. Sermons of the right famous and excellent clerk Master Bernardine Ochine ... Translated by Richard Argentyne. Ipswich, 1548.

The Tragedy ... Reprinted from Bishop Ponet's translation out of Ochino's Latin Mss. in 1549. Edited by C. E. Plumptre. London, 1899.

Fourteen Sermons of Bernardine Ochyne concerning the predestination and election of God. Translated by A〔nne〕 C〔ooke〕. (1550?)

Certain Godly and very profitable Sermons of Faith, Hope, and Charity, First set forth by Master Bernardine Ochine ...

401

Translated by William Phiston. London, 1580.

PALEARIO, AONIO. Of the Benefit that true Christians Receive by the Death of Jesus Christ Translated by Edward Courtenay, Earl of Devonshire. 1548.

PALINGENIUS, MARCELLUS [MANZOLLI, GIOV. BATT.] The First Six Books of the Most Christian Poet, Marcellus Palingenius, called the Zodiac of Life. Translated by Barnaby Googe. London, 1561.

PALMER, THOMAS. An Essay of the Means how to make our Travels into foreign Countries the more profitable and honorable. London, 1606.

PATRIZI, FRANCESCO. A Moral Method of Civil Policy. Translated by Richard Robinson. London, 1576.

PEACHAM, HENRY. The Compleat Gentleman. 1622.

PHILBERT OF VIENNE. The Philosopher of the Court ... Englished by George North, Gentleman. London, 1575.

POGGIO [BRACCIOLINI], Epistolæ. Edited by Tonelli. 3 vols. 402 Florence, 1832—1861.

Epistolæ. Spicilegium Romanum X. Rome, 1844.

POLITIANUS, A. The History of Herodian ... Translated out of Greek into Latin by Angelas Politianus and out of Latin into English by Nicholas Smyth. 1550(?)

PONET, JOHN. A Short Treatise of politic power and of the true obedience which subjects owe to kings. 1556.

PUTTENHAM, RICHARD. Arte of English Poesie. Edited by E. Arber. London, 1895.

ROME. A Letter written from Rome by an Italian Gentleman ... wherein is declared the State of Rome ... Translated by J[ohn] F[lorio]. London, 1585.

ROMEI, ANNIBALE. The Courtier's Academie. Comprehending

seven severall dayes discourses : wherein be discussed seven noble and important arguments. Translated into English by J〔ohn〕 K〔epers〕. London, 1598.

ROWLAND, DAVID. A comfortable aid for Schollers full of variety of sentences, gathered out of an Italian authour by David Rouland. London, 1578.

SANDYS, EDWIN. A Relation of the State of Religion and with what Hopes and Policies it hath been framed, and is maintained in the several states of these western parts of the world. 〔Known as *Speculum Europæ*.〕 London, 1605.

SANDYS, GEORGE. A Relation of a Journey begun An. Dom. 1610. London, 1615.

SANSOVINO, F. The Quintessence of Wit, being a current comfort of conceits, maxims, and politic devices, selected and gathered together by Francisco Sansovino. 〔Translated by Robert Hitchcock.〕 London, 1590.

SAVIOLO, V. Vincentio Saviolo his Practise. In two Bookes. The first intreating of the use of the Rapier and Dagger. The second, of Honor and honorable quarrels. London, 1595.

SEGAR, WILLIAM. The Booke of Honor and Armes. London, 1590.

Honor Military and Civil. London, 1602.

SHAKESPEARE, W. The Poems of Shakespeare. Edited by George Wyndham. London, 1898.

SIDNEY, Sir PHILIP. Poems. Edited by A. Grosart. 2 vols. 1873.

Apologie for Poetrie. London, 1895.

The Correspondence of Sir Philip Sidney and Hubert Languet. Edited by S. A. Pears. London, 1845.

SILVER, GEORGE. Paradoxes of Defence. 1599.

403

SKELTON, J. Poetical Works. Edited by A. Dyce. 2 vols. London, 1843.

SMITH, Sir THOMAS. De Republica Anglorum. The Manner of Government or Policy of the Realm of England. London, 1583.

SNEYD, C. A. A Relation of the Island of England about the year 1500. Translated from the Italian by C. A. Sneyd. Camden Society, 1847.

SORANZO, LAZARO. The Ottoman of Lazaro Soranzo. Translated by Abraham Hartwell. London, 1603.

STAPLETON, T. Tres Thomæ. Ed. Duaci (Douai).

STELLA, JULIUS CÆSAR. Julii Cæsaris Stellæ Nob. Rom. Columbeidos Libri Priores Duo. Londini, 1585. [Dedicated by Jacopo Castelvetro to Sir Walter Raleigh.]

SURREY, HENRY HOWARD, Earl of. Poems. London, 1866.

SYLVIUS, ÆNEAS [PICCOLOMINI]. Opera. Ed. Basel. N. D.

TARTAGLIA, N. Three Books of Colloquies concerning the Art of Shooting in great and small pieces of Artillery ... Written by Nicholas Tartaglia and dedicated to Henry VIII. Translated by Cyprian Lucar. London, 1588.

TASSO, TORQUATO. Godfrey of Bulloigne ... five Cantos translated by R[ichard] C[arew]. London, 1594.

Godfrey of Bulloigne, or the Recovery of Jerusalem. Done into English Heroical Verse by Edward Fairfax, Gent. London, 1600.

THOMAS, W. The Works of William Thomas, Clerk of the Privy Council in the year 1549. Edited by A. d'Aubant. London, 1774.

The Historie of Italie. A boke excedyng profitable to be redde: Because it intreateth of the estate of many anddivers commonweales, how thei have ben, and now be governed.

1549.

404   Principal Rules of the Italian Grammar with a Dictionarie for the better understanding of Boccace, Petrarcha, and Dante. London, 1550.

The Pilgrim. A Dialogue on the Life and Actions of King Henry the Eighth. By William Thomas, Clerk of the Council to Edward the Sixth. Edited by J. A. Froude. London, 1561.

TOFTE, ROBERT. Laura, The Toys of a Traveler, by R〔obert〕 T〔ofte〕. London, 1597.

TORKINGTON, Sir RICHARD. The Oldest Diary of English Travel. Edited by W. J. Loftie. London.

Tottels Miscellany. 1557. Edited by E. Arber. London, 1895.

TURBERVILE, GEORGE. The Book of Falconry or Hawking ... collected out of the best authors as well Italians and Frenchmen. By George Turbervile. London, 1575.

Tragical Tales translated by Turbervile In time of his troubles out of sundry Italians ... London, 1587.

TURLER, JEROME. The Traveler of Jerome Turler. London, 1575.

UBALDINI, PETRUCCIO. La Vita Di Carlo Magno Imperadore. Londra, 1581.

Le Vite Delle Donne Illustri Del Regno d'Inghilterra e de Regno di Scotia. Scritte da Petruccio Ubaldini. Londra, 1591.

VERMIGLI, PETER MARTYR. A brief Treatise concerning the use and abuse of Dancing. Translated by I. K. N. D.

The Common Places of the most famous and renowned Divine Doctor Peter Martyr ... Translated by Anthony Martin. 1583 〔date on title-page, 1574〕.

VESPASIANO DA BISTICCI. Vite di Uomini Illustri del Secolo XV. Edited by A. Mai and A. Bartoli. Firenze, 1859.

VIGO. Vigo's Chirurgery. Translated by Earth. Traheron. 1543.

VILLANI, G. Cronica. Florence, 1823.

WATSON, THOMAS. The first set of Italian Madrigals Englished. London, 1590.

Poems. Edited by E. Arber. Westminster, 1895.

WHETSTONE, GEORGE. An Heptameron of Civil Discourses. London, 1582.

WILSON, THOMAS. The Art of Rhetoric. 1553.

The Three Orations of Demosthenes. London, 1570.

WYATT, Sir THOMAS. Works. Edited by J. Yeowell. London, 1894.

YONGE, NICHOLAS. Musica Transalpina ... with the first and second part of *La Verginella* made by Master Byrd upon two stanzas of *Ariosto* and brought to speak English with the rest. London, 1588.

Musica Transalpina ... translated out of sundry Italian authors. London, 1597.

Zepheria. Reprinted from the original edition of 1594. Spenser Society, 1869.

Ⅲ. 研究著述

ALDEN, R. M. The Rise of Formal Satire in England. Philadelphia, 1899.

ANDRICH, J. A. De Natione Anglica et Scota Juristarum Universitatis Patavinæ. Patavii, MDCCCXCII.

Rotulus et Matricula D. D. Juristarum et Artistarum Gymnasii Patavini a MDXCII ... Curantibus D^re Blasio Brugi p. o. prof. et J. Aloysis Andrich iur. stud. in Patav. Ath. Patavii, MDCCCXCII.

BASCHET, ARMAND. La Diplomatic Vénitienne. Paris, 1862.

405

BETZ, L. P. La Littérature Comparée. Strasburg, 1900.

BEYERSDORFF, R. Shakespeare und Bruno. (Shakespeare Jahrbuch, XXVI.)

BOND, E. A. Italian Merchants in England. (Archaeologia, Vol. XXVIII.)

BREWER, J. S. The Reign of Henry VIII. Edited by J. Gairdner. 2 vols. London, 1884.

BURGON, J. W. The Life and Times of Sir Thomas Gresham. 2 vols. 1839.

BURNET, G. The History of the Reformation. Edited by N. Pocock. 7 vols. Oxford, 1865.

406   Calendar of Entries in the Papal Registers relating to Great Britain and Ireland. Edited by W. H. Bliss. Rolls Series. 2 vols. London, 1893.

Calendar of Letters and Papers, foreign and domestic. Henry VIII, Vols. I—IV, edited by J. S. Brewer; Vols. V—XV, edited by James Gairdner. London, 1880—1896.

Calendar of State Papers, foreign. Edward VI and Mary. 2 vols. Edited by W. Turnbull. London, 1861.

Calendar of State Papers, foreign. Elizabeth. Vols. I—VII, edited by J. Stevenson; Vols. VIII—XI, edited by A. J. Crosby. London, 1863—1880.

Calendar of State Papers, Venetian. Vols. I—VII, edited by Rawdon Brown; Vol. VII, edited by Cavendish Bentinck; Vols. VIII—X, edited by Horatio F. Brown. London, 1864—1900.

CAMPBELL, W. Materials for a History of Henry VII. Rolls Series. 2 vols. London, 1873.

COCKLE, M. J. D. A Bibliography of Military Books up to 1642. London, 1900.

Collectanea. Second Series. Oxford, 1890.

COLLIER, T. P. English Dramatic Poetry. 3 vols. London, 1831.

COURTHOPE, W. J. History of English Poetry. 2 vols. London, 1895—1897.

COXE, HENRY. Catalogus Codicum Mss. qui in Collegiis Aulisque Oxoniensibus hodie Adservantur — Henricus Coxe, 2 vols. Oxford, 1852.

CREIGHTON, M. The Early Renaissance in England. Cambridge, 1895.

DAVIDSOHN, ROBERT. Geschichte von Florenz. Berlin, 1896.

DAVIES, T. S. History of Southampton. Southampton, 1883.

DENNISTOUN, T. Memoirs of the Dukes of Urbino. 3 vols. London, 1851.

Delle Eccelenze . . . della nazione Fiorentina. Florence, 1780.

EHRENBERG, RICHARD. Hamburg und England im Zeitalter der Königin Elizabeth. Jena, 1896.

ELZE, TH. Italienische Skizzen zu Shakespeare. (Shakespeare Jahrbuch, XIII—XV.)

FAIRHOLT, F. W. Costume in England. London, 1846.

FLAMINI, F. Studi di Storia Letteraria Italiana e Straniera. Leghorn, 1893.

FLEAY, F. G. History of the Stage. London, 1890.

FOLEY, HENRY. Records of the English Province of the Society of Jesus. 6 vols. London, 1880.

FRANKEL, L. Romanische insbesonclere Italienische Wechselbeziehungen zur Englischen Litteratur. (Kritischer Jahresbericht über die Fortschritte der Romanischen Philologie, 1900.)

FROUDE, J. History of England. 12 vols. New York, 1865—1870.

GAIRDNER, J. Memorials of King Henry VII. Rolls Series. London, 1858.

Letters and Papers of Richard III and Henry VII. Edited by James

407

Gairdner. London, 1861—1863.

GASQUET, F. A. The Old English Bible. London, 1897.
Eve of the Reformation. New York, 1900.

COTCH, J. ALFRED. Architecture of the Renaissance in England. 2 vols. London, 1891—1894.

GREEN, Mrs. J. R. Town Life in the Fifteenth Century. 2 vols. London, 1895.

HALLAM, HENRY. Literature of Europe. 3 vols. London, 1873.

HASLEWOOD, J. Ancient Critical Essays upon English Poets and Poesy. 2 vols. London, 1811—1815.

HAWKINS, E., and FRANKS, A. Medallic Illustrations of British History. 2 vols. London, 1885.

HEYD, W. Geschichte des Levant Handels. Stuttgart, 1889.

Historical Manuscripts Commission. Calendar of the Manuscripts of the Marquis of Salisbury preserved at Hatfield House. 6 vols. London, 1883.

JEBB, R. C. Erasmus. Cambridge, 1890.

JOHNSON, J. NOBLE. The Life of Thomas Linacre. London, 1835.

JORTIN, J. The Life of Erasmus. 3 vols. London, 1808.

JUSSERAND, J. J. English Novel in the Time of Shakespeare. London, 1890.

KOEPPEL, E. Varia. (Anglia, XI—XIII. Romanische Forschungen V, Englische Studien, 1891, etc.)

LAW, ERNEST. The History of Hampton Court Palace. 3 vols. London, 1885.

LEE, SIDNEY. William Shakspeare. London, 1899.

LEK, VERNON. Euphorion. London, 1899.

LEGRAND, E. Bibliographie Hellénique. 2 vols. Paris, 1885.

MAXWELL-LYTE, Sir H. C. A History of the University of

408

Oxford. London, 1886.

MAITTAIRE, M. Annales Typographici. The Hague, 1719.

MEYER, E. Machiavelli and the Elizabethan Drama. Berlin, 1897.

MULLINGER, J. B. The University of Cambridge. 2 vols. Cambridge, 1873—1884.

Munimenta Academica. Edited by Rev. H. Anstey. Rolls Series. 2 vols. London, 1868.

OLIPHANT, THOMAS. A Short Account of Madrigals. London, 1836.

PATETTA, F. I Caorsini Senesi in Inghilterra nel Secolo XIII. (Bollettino Senese di Storia Patria Anno IV, 1897.)

PIERI, M. Le Pétrarquisme au XVIᵉ Siècle. Pétrarque et Ronsard. Marseilles, 1895.

PLANCHE, J. R. History of British Costume. London, 1834.

PREZZINER. Storia del Pubblico Studio e Delle Società Scientifiche e Letterarie di Firenze. 2 vols. Florence, 1810.

RASHDALL, H. The Universities of Europe in the Middle Ages. 3 vols. Oxford, 1895.

RYMER, T. Fœdera. 20 vols. Edited by Sir T. D. Hardy. London, 1869—1885.

SCOTT, M. A. Elizabethan Translations from the Italian. (Proceedings of the Modern Language Association. Baltimore, 1895—1899.)

SEEBOHM, F. Oxford Reformers. London. 1887.

SPINGARN, J. E. Literary Criticism in the Renaissance. New York, 1899.

STEPHEN, LESLIE, and LEE, SIDNEY. Dictionary of National Biography. 66 vols. London, 1885—1901.

STRYPE, JOHN. The Life of the Learned Sir John Cheke. Oxford, 1821.

409

Memorials ... of Thomas Cranmer. Oxford, 1812.

Life of Sir Thomas Smith. Oxford, 1820.

SYMONDS, J. A. Shakespeare's Predecessors in the English Drama. London, 1889.

UNDERBILL, J. G. Spanish Literature in the England of the Tudors. New York, 1899.

VASARI, G. Le Vite. Edited by G. Milanesi. 8 vols. Florence, 1878—1882.

VOIGT, GEORG. Die Wiederbelebung des classischen Alterthums. 2 vols. Berlin, 1893.

VIRGIL, POLYDORE. Polydori Vergilii Urbinatis Anglicæ Historiæ. Ghent, 1557.

WALPOLE, HORACE. Anecdotes of Painting. Edited by Wornum. London, 1888.

WARD, ADOLPHUS W. History of English Dramatic Literature. 2 vols. London, 1875.

WARTON, THOMAS. History of English Poetry. 4 vols. London, 1824.

WYATT, M. DIGBY. On the Foreign Artists employed in England during the 16th Century. London, 1868.

ZDEKAUER, L. Lo Studio di Siena nel Rinascimento. Milan, 1894.

ZIMMERMAN, A. Die Universitäten England's im 16. Jahrhundert. Stimmen aus Maria Laach. PVeiburg in Breisgau, 1889.

ZOUCH, TH. Life of Sidney. York, 1808.

索 引①

---

① 本索引标注的均为原书页码。译者对部分人物的全名作了修订。——译注

译后记

    "文艺复兴"(Renaissance)作为一种文化现象,约于 14 世纪发端于意大利。它既是对古希腊、古罗马知识的再发现和再学习,也是人文主义思想对社会生活各领域的渗透。在此过程中,意大利知识阶层的认识论得以更新,他们便是我们所称的"人文主义者"。在人文主义的导引下,传统知识呈现出不同的面貌,知识的领域也得以大大扩充。欧洲范围内,阿尔卑斯山脉南北两侧的人文主义者双向文化互动异常热烈,不论是北方人文主义者前往意大利所学到的,还是意大利人文主义者给北方所带去的,在同时代观察家眼中都是"新的"知识。当欧洲各地都出现上述文化现象之时,我们后来的历史学者才试图限定一个"文艺复兴时期",去归纳一场"文艺复兴运动"。虽然这一"时期"或"运动"很难给出严格的起始点,但综观 14 世纪至 17 世纪留下的史料,它们确实与其他时段有明显差异,自身亦有鲜明个性。因此,"文艺复兴"是文化史意义上的一种现象、一段时期或一场运动。

    不管从哪个角度看,位于欧洲西北部的大不列颠,历史上或许从未因为一道海峡而与大陆隔绝。亨利八世至伊丽莎白一世统治时期(16 世纪初至 17 世纪初),作为文化现象的文艺复兴在英格兰十分显著,其中又以意大利的影响最为突出,相关研究自 19 世纪 40 年代起便已逐步问世。如爱德华·E. 邦德 1840 年关于意大利商人向英格兰国王放贷的研究[1],T. 埃尔策 1878 年关于意大利人

---

[1]   Edward A. Bond, "Extracts from the Liberate Rolls, relative to Loans supplied by Italian Merchants to the Kings of England...", *Archaeologia*, 28(2), 1840.

记述莎士比亚的研究①,玛丽·奥古斯塔·斯科特 1895 年至 1899
年关于伊丽莎白时期英格兰人翻译意大利语作品的研究②,M. 克
赖顿 1895 年关于早期文艺复兴对英格兰影响的研究③,以及 J. 阿
尔弗雷德·科奇 1901 年关于文艺复兴对英格兰建筑的影响研究④
等。从引文数据可知,上述成果中,除了玛丽·奥古斯塔·斯科特
的研究以外,其他作品后期影响都不算很大。

呈现在读者面前的这部著作《英格兰的意大利文艺复兴》,便是
在这一学术背景下问世的(1902 年在英国伦敦首次出版)。这是一
部出自一位 25 岁且尚未取得哲学博士学位的年轻人之手、修改自哥
伦比亚大学硕士学位论文的专题研究。作者刘易斯·爱因斯坦⑤于
1877 年 3 月 15 日出生在美国纽约的一个犹太富商家庭。他的父母
亲各自所在家族掌控着几家纺织企业以及纽约和新泽西地区的若干
家报社,与纽约政商精英关系密切——其中就包括后来分别担任美
国总统和国务卿的西奥多·罗斯福(Theodore Roosevelt)和伊莱
休·鲁特(Elihu Root)。⑥ 这样的家庭背景既为刘易斯打下了优秀
的教育基础,也使他能够后顾无忧地在攻读硕士学位期间便早早
开展专深的人文研究,同时为他铺平了"学者型外交官"的未来从
政之路。实际上,与《英格兰的意大利文艺复兴》同年出版的还有
他的另一部研究意大利文艺复兴时期诗人的成果:《路易吉·浦尔

---

① T. Elze, "Italienische Skizzen zu Shakespeare", *Shakespeare Jahrbuch*, XIII - XV, Druck von Metzger & Wittig, 1878.

② Mary Augusta Scott, "Elizabethan Translations from the Italian", *Proceedings of the Modern Language Association. Baltimore*, 1895 - 1899.

③ M. Creighton, *The Early Renaissance in England*, Cambridge: The University Press, 1895.

④ J. Alfred Gotch, *Early Renaissance Architecture in England...*, B. T. Batsford, 1901.

⑤ 全名刘易斯·大卫·爱因斯坦(Lewis David Einstein),习惯上省去中间名,称"刘易斯·爱因斯坦"。

⑥ Lawrence E. Gelfand, "Lewis Einstein: American Diplomatist", in Lewis Einstein, *A Diplomat Looks Back*, New Haven: Yale University Press, 1968, p. xv.

契与〈更大的莫甘特〉》①，这足可证明其语言基础和学术天赋。

刘易斯·爱因斯坦于1898年从美国哥伦比亚大学毕业，1899年获得硕士学位，1902年便出版两部文艺复兴研究专著，似乎是一颗冉冉升起的学术新星。然而1903年他却被委任为美国驻君士坦丁堡公使馆三秘，从此进入外交生涯直至退休。这种陡然的职业转折，据刘易斯自传的编者劳伦斯·E.盖尔芬德分析，虽然"他的任职资格至少按当时的标准看，几乎不可能不给他的考官留下几乎是完美无瑕的印象"，"但是在1903年，智力并不是从事外交工作的关键前提"②。原来，刘易斯的父亲大卫·爱因斯坦③膝下有两女两子；排行第一和第四的两位女儿佛罗伦斯（Florence）和艾米（Amy）先后嫁给英国考古学家查尔斯·华尔斯坦爵士（Sir Charles Waldstein）和美国教育家乔尔·埃利亚斯·斯宾甘（Joel Elias Spingam）；排行第三的儿子埃德加（Edgar）默默无闻；这种情况下，其家族或为维持在纽约政商精英层中的地位，有意"安排"刘易斯不再攻读博士学位而开始从政④。对此种推测的另一个佐证是，1913年刘易斯为娶一位年纪比他大、有两次婚姻经历的英国寡妇海伦·莱利（Helen Railli），不惜与父亲决裂，并将其125万美元的财产继承权全部让给了大姐佛罗伦斯。此事曾被《纽约时报》头版

---

① Lewis Einstein, *Luigi Pulci and the Morgante Maggiore*, Berlin：Felber, 1902. 在爱因斯坦所有作品中，仅有此著影响较小，未见后期再版或重印。

② Lawrence E. Gelfand, "Lewis Einstein：American Diplomatist", in Lewis Einstein, *A Diplomat Looks Back*, p. xv. 该自传系刘易斯·爱因斯坦去世后次年出版，主要内容是其外交工作经历及其对数十年来国际政治局势的看法，几乎没有涉及对自身学术经历的总结，但另一方面可视为有关20世纪前半叶美国外交政策的一手素材。

③ 全名大卫·刘易斯·爱因斯坦（David Lewis Einstein），习惯称大卫·爱因斯坦，以示与其子刘易斯·大卫·爱因斯坦之别。

④ 四位兄弟姐妹的年龄排序参见：https://www. geni. com/people/Lewis-David-Einstein/6000000010132127324，2015-2-1［2019-5-20］. 下文《纽约时报》的报道可以侧面证明女儿佛罗伦斯排行第一；其余人的排行由于不影响笔者观点，故暂未自其他渠道核实。

披露①。或许这可视为刘易斯对家人中止自己学术道路的一种逆反，因此，他从事外交工作的前几年内并未放弃学术理想。除了撰写有关美国外交政策的专题报告之外，他对文艺复兴仍保持着浓厚的学术兴趣。例如，他对英国作家莫里斯·巴林翻译的《列奥纳多·达·芬奇的艺术思想和生平》进行了编校②；他为此书撰写导论时，将自己的写作地点标注为"美国驻英国伦敦大使馆"③，这似乎在向读者表示：自己身为外交官，却仍然可以开展这类需要坐"冷板凳"的人文研究。

1908年，刘易斯·爱因斯坦晋升为美国驻君士坦丁堡公使馆一秘。1911年，年仅34岁的他被委任为美国驻哥斯达黎加大使，但由于其妻子海伦无法适应高海拔，仅仅一个月后便返回美国。此间，他向美国当局呈送了一份预测世界大战即将爆发的研究报告④。一战爆发后的1915年，拥有着多年土耳其外交工作经验的他再次来到君士坦丁堡，或许带着战时情报搜集的任务，因为他的能力或可从其1917年出版的《君士坦丁堡内部：一名外交官在"达达尼尔远征"期间的日记：1915年4月至9月》⑤中得到证明。

一战结束后，刘易斯于1921年（44岁）升任大使，派驻捷克斯洛

---

① "LADY WALDSTEIN CLAIMS MYM1,250,000；Names Herself Heir to Fund Trustees Say Was for Her Brother if He Left Wife. REVEAL SECRET AGREEMENT And Allege That Lewis Einstein, Who Married Helen Railli, Surrendered Rights to His Sister", *The New York Times*, December 2, 1913, p. 1.

② *Thoughts on Art and Life by Leonardo da Vinci*, trans. Maurice Baring, ed. Lewis Einstein, Boston：Merrymount Press, 1906.

③ Lewis Einstein, "Introduction", in *Thoughts on Art and Life by Leonardo da Vinci*, p. xxv.

④ 该报告于1918年公开出版，西奥多·罗斯福亲自作序。Lewis Einstein, *A Prophecy of the War* 1913‑1914, foreword by Theodore Roosevelt, New York：Columbia University Press, 1918.

⑤ Lewis Einstein, *Inside Constantinople*：*A Diplomatist's Diary During the Dardanelles Expedition*, *April‑September*, 1915, London：Murray, 1917. "达达尼尔远征"（Dardanelles Expedition）是一战期间多国军队以土耳其为战场的一场战役。

伐克的布拉格直至 1930 年(53 岁)。刘易斯在此任上恢复了人文研究著作的出版,即 1921 年问世的《都铎时代的理想》以及 1925 年问世的《布拉格的意大利花园》①。他在《都铎时代的理想》导言的文首便表明自己未改初心,但现实所迫,无法完成青年时代的宏伟计划:

> 笔者早期曾著《英格兰的意大利文艺复兴》,它其实是"16世纪英格兰理想史"研究计划的一部分,是某种程度的导论。但由于笔者多数时间在遥远国度从事外交工作,写作计划被迫搁置;而且,大战的阴影也很难让人集中注意力从事这类研究。就像那些心中拥有宏大蓝图的建筑师一样,最后他能建造的只是大厦的一翼,因此笔者不得不缩小自己的视野、减少写作素材,只有他自己才更清楚拙著的不完整和不完美。②

于是我们在其自传的附录中③略有遗憾地见到,虽然作为 1921年成立的美国著名智库"外交关系协会"(Council on Foreign Relations)会员的刘易斯笔耕不辍,但绝大多数作品都是国际政治评论和研究,其 1933 年问世的《分裂的忠诚:美国独立战争期间在英格兰的美国人》④成了他最后一部历史学专著。1967 年 12 月 4日,刘易斯·爱因斯坦在巴黎去世,享年 90 岁。

关于《英格兰的意大利文艺复兴》一书本身,其之所以以"研究集"(Studies)为副标题,是因为全书各章均可独立成文,并未严格遵循一套论述逻辑,但其总体框架或可理解为"英格兰人与意大利人的文化互动"。刘易斯·爱因斯坦在导言中即提示读者,所有章

---

① Lewis Einstein, *Tudor Ideals*, New York: Hacourt and Company, 1921; Lewis Einstein, *Italian Gardens in Prague*, London: Eyre and Spottiswoode, 1925.

② Lewis Einstein, *Tudor Ideals*, p. v.

③ "A Bibliography of Lewis Einstein's Published Writings", Lewis Einstein, *A Diplomat Looks Back*, pp. 251 - 256.

④ Lewis Einstein, *Divided Loyalties: Americans in England During the War of Independence*, Boston and New York: Houghton Mifflin, 1933.

节之所以分为上下两篇，是因为上篇主要论述受到意大利影响的英格兰人以及部分英格兰人对意大利影响的抵制，而下篇主要论述身处英格兰的意大利人。正如本文开头所述，此书之前水平较高的相近成果可能仅有玛丽·奥古斯塔·斯科特的《伊丽莎白时期译自意大利语的作品》；刘易斯在导言中还认为，在意大利对英格兰的文学影响方面，没有必要开展重复研究；他的任务在于综合——这在我们看来就是对"意大利对英格兰文化影响"这一主题的首次全景式展示。

《英格兰的意大利文艺复兴》在出版同年（1902年）便得到了一定关注。当时集中了英国名流的"雅典娜俱乐部"（The Athenaeum）某成员在该俱乐部的会刊上发表了一篇匿名书评①，肯定此书是"值得称赞、付出了作者辛勤劳动的成果"，认为刘易斯·爱因斯坦"非常集中而接近地研究了他的题目，阅读了大量同时代英语文学作品"——但仅此而已。仿佛刘易斯作为一名青年学者，天然应该接受学界前辈的提点。我们发现，这篇书评用大量篇幅论述了书评人对"文艺复兴"及其研究的宏观理解，这也许是要表示刘易斯在总体上没有偏离主流意见；同时却毫不客气地指出：首先，刘易斯未能对玛丽·奥古斯塔·斯科特那部"非常有参考价值且非常详尽的"《伊丽莎白时期译自意大利语的作品》予以足够重视（此处可佐证玛丽著作当时的学术地位）；其次，以个别细节失误为例批评刘易斯对其所研究的意大利人不够熟悉。实际上，"雅典娜俱乐部"的会刊出版频率很高，文章数量多而简，它刊出的书评更类似于一种"出版广告"；如果说《英格兰的意大利文艺复兴》就此湮没无闻，也情有可原②。但有意思的是，"雅典娜俱乐部"的书评发表

---

①　"The Italian Renaissance in England. By Lewis Einstein"（Book Review），*The Athenaeum Journal of Literature*，*Science*，*the Fine Arts*，*Music and the Drama*，vol. January to June 1902，London：Athenaeum Press，pp. 810 – 811.

②　事实上，这篇书评未能收入各类学术期刊的数据库；通过下文玛丽·奥古斯塔·斯科特书评的提示，笔者才会去浏览"雅典娜俱乐部"会刊1902年上半年合订本的索引而找到它。

后的次年（1903 年），也就是《英格兰的意大利文艺复兴》出版的次年，被俱乐部点名"表扬"的玛丽亲自站到了前台，在专业学术期刊《英吉利与日耳曼语文学期刊》发了一篇几乎失去了学者风度的书评①，以教训晚辈的口吻对《英格兰的意大利文艺复兴》进行了全盘否定。

　　玛丽·奥古斯塔·斯科特于 1851 年生于美国俄亥俄州，1894 年在耶鲁大学获得哲学博士学位（获得耶鲁大学博士学位的前 7 位女性之一②），撰写这篇书评时已经开始担任史密斯学院的英语文学教授。年龄上，玛丽是刘易斯的长辈，学历上，玛丽则是刘易斯的老师③。玛丽在书评中首先表扬自己的代表性成果《伊丽莎白时期译自意大利语的作品》整理了丰富的 16 世纪作品清单；《英格兰的意大利文艺复兴》的参考文献显然与这份清单高度重合，而"爱因斯坦先生"竟然没有能够对她的工作致以应有的敬意，这是"最无法令人满意的"。其次，玛丽认为刘易斯在涉及 16 世纪英语时，出现了大量的拼写错误，"是一种杂糅的英语，既不是伊丽莎白时代英语也不是现代英语"。第三，玛丽认为刘易斯有若干标题是"拼凑出来的"，暗指刘易斯连抄自己的书都不会抄。最后，玛丽认为刘易斯观点夸张或随意，这表明刘易斯"对文学史基本事实的无知"。所有上述批评的具体例证，玛丽均注明了页码，仿佛是在为刘易斯做校对，偏离了学术批评应有的平等语气，失去了学术前辈惯有的大度，足以掐灭一名青年学者对自己前途的希望——果真如此，我们的故事也许就到此为止。

　　事实是，就在同年（1903）11 月，刘易斯·爱因斯坦便完成了一

①　Mary Augusta Scott，"The Italian Renaissance in England. Studies by Lewis Einstein"（Book Review），*The Journal of English and Germanic Philology*，Vol. 5，No. 1（1903），pp. 95 - 101.

②　Sarah Stein，"First female Ph. D. s memorialized"，https：//yaledailynews. com/blog/2016/04/06/first-female-ph-d-s-memorialized/，2016 - 4 - 6 [2019 - 5 - 11].

③　但正如下文所示，玛丽称刘易斯为"爱因斯坦先生"，刘易斯称玛丽为"斯科特小姐"。

篇篇幅仅为玛丽书评三分之一的回应,尽管这份回应迟至 1905 年下半年才得以在同一本期刊上以"来信"的形式发表①,但其中表露出了令人钦佩的学术自信:既然前辈不客气,那么晚辈也不必谦虚。刘易斯指出,"斯科特小姐"无需拔高自己成果的地位,因为同样的史料素材清单在当时还有两名学者进行了梳理;除了一份在英国主要图书馆找不到的文献以外,刘易斯承诺他亲自查阅过参考书目中的所有作品。刘易斯反问道,两名学者若研究同一问题,那他们如何避免去参考同一批文献呢? 刘易斯还指出,在 16 世纪英语的发展阶段,当时大部分作者连自己的名字都会拼成六七种形式,这足以回应"拼写错误"的指责;恰恰应该警惕的是,由于拘泥于"正确的拼写"而丧失了研究的思想性。至于"拼凑的标题",刘易斯辩解道,16 世纪部分著作标题过于冗长,全部写出来影响阅读,仅取前几个词则影响理解,因此他以著作主要内容为基础重制了标题;但自己根本不会去"挑战或模仿"玛丽的著作。最后,刘易斯承认玛丽的确指出了一些印刷错误,承诺将在新版中予以修订。

可见,刘易斯·爱因斯坦与前辈玛丽·奥古斯塔·斯科特开展了一个回合的激烈"较量"后,刘易斯成功地捍卫了自己的研究成果。玛丽的批评过于琐碎,但它们可以通过对细节的校订轻易勘正,所以《英格兰的意大利文艺复兴》作为一项综合性研究的学术意义并未因玛丽过分严厉的措辞而受到任何撼动。据谷歌学术的不完全统计,本书问世至今共得到 193 次引用②,且近几年的引用仍然不低,属于 20 世纪初相关主题研究中关注度较高的著作。本书在 20 世纪 50 年代之前几乎无人能够挑战,在近年仍然有很大的参考价值。如当代英国历史学家爱德华·钱尼(1951 年生)于

---

① Lewis Einstein, "Einstein's Italian Renaissance in England"(Correspondence), The *Journal of English and Germanic Philology*, Vol. 5, No. 3 (1905), pp. 427 - 429.

② 数据日期:2019 年 5 月 20 日。需要注意的是,谷歌学术(https://scholar.google. com)对 20 世纪初的文章收录不全,其统计数据仅作参考。

2008 年为其前辈约翰·里格比·海尔(1923 年生)于 1954 年完成的《英格兰与意大利文艺复兴:对意大利历史和艺术兴趣的增长》第四版撰写导言时说:"在这方面,海尔此书的最为相关(也许几乎是唯一相关)的前期研究,是由一名独立学者在半个多世纪前出版的,它就是刘易斯·爱因斯坦的《英格兰的意大利文艺复兴》。刘易斯·爱因斯坦是一位具有绅士身份的学者,至今仍为其相关主题提供了非常有用的叙述。毫无疑问,爱因斯坦的书名对海尔为自己的书命名提供了灵感。"①

通过对谷歌学术引文索引的梳理,我们发现,刘易斯·爱因斯坦的《英格兰的意大利文艺复兴》主要启发后来的国外学者从文学史、社会史和经济史三个方面考察 16 至 17 世纪英格兰与意大利之间的互动情况。这之中最为突出的研究主题则包括英意翻译史研究、英格兰"大游学"②研究、在英意大利人研究(乔尔丹诺·布鲁诺是热点人物)等等。国内学者中,于文杰和刘贵华在阐述汉弗莱公爵在向英格兰引入意大利文艺复兴文化过程中的重要地位时③,均征引了本书第一章。付有强在其关于英国"大游学"文化的研究中征引本书,认为英格兰人文主义的进展主要是通过牛津学人的意大利之旅实现的(本书第一章),又认为英格兰人意大利之旅的意义在于其获得的知识能更好地为本国君主出谋划策④(本书第四章)。付有强在对卡斯提里奥尼《廷臣论》的研究中也征引本书第

---

① Edward Chaney, "Introduction", John Rigby Hale, *England and the Italian Renaissance: the Growth of Interest in Its History and Art* (the Fourth Edition), John Wiley & Sons, 2008, p. xvii.

② "大游学"英语为 The Grand Tour,又译为"大旅行"。

③ 于文杰:《不列颠前近代摄取古典文明的路径与特征》,《英国研究》(第 4 辑),南京大学出版社 2012 年,第 155 页;刘贵华:《西方学者关于汉弗莱公爵研究的源流与现状》,《人文论谭》(第 7 辑),武汉出版社 2015 年,第 376 页。爱德华·钱尼也认为,《英格兰的意大利文艺复兴》第一章"学者"主要聚焦的就是汉弗莱公爵在学者圈的核心位置,见 Edward Chaney, "Introduction", p. xvii.

④ 付有强:《英国人的"大旅行"研究》,中国社会科学出版社 2015 年,第 52 页、第 168-170 页。

二章,介绍廷臣在英格兰王室中地位形成的背景①。笔者拙著《文艺复兴时期英国的博学好古研究与民族史书写》介绍亨利八世"皇家古物官"约翰·利兰的段落②,可与本书第二章关于约翰·利兰参与"大游学"的段落互为补充。

《英格兰的意大利文艺复兴》是笔者在四川大学历史文化学院攻读博士期间,由徐波、刘耀春两位教授推荐翻译的。2010 年 7 月我踏上非高校工作岗位后,两位教授再次督促我抽空译书,刘耀春师更亲自为我联系出版方。如今回看所有文档的修改时间,只见第一章初译稿完成时间为 2011 年 2 月,全书定稿时间为 2017 年 5 月,其中多数章节为回到高校任职后才加班完稿,不禁自惭。每当我惴惴不安地发送每一章的初译稿给刘耀春师时,他总是以亲切的口吻肯定我的"坚持",并与我谈论其他一些更轻松的话题。跨度如此之大的译稿,尽管在二校时进行了大幅修订,但如今呈现给大家的这个版本质量究竟如何,我自己心中有数。读者们尽可到"豆瓣网"本书的条目上任意批判,我一概虚心接受。

关心这部译稿的,还有我的爱人贾黎。每当我几乎放弃时,是她的鼓励让我重拾勇气。在译稿第五章进行时,我的女儿也降生了,是她让我重新审视了职业与家庭的关系。

上海师范大学陈恒教授、上海三联书店黄韬总编、殷亚平老师为本书的出版和完善帮助极大,在此致以诚挚感谢!

朱晶进

2019 年 5 月于四川成都

---

① 付有强:《欧洲礼仪和文明传统的基石——〈朝臣之书〉评介》,《西华师范大学学报(哲学社会科学版)》2014 年第 5 期,第 50 页。

② 朱晶进:《文艺复兴时期英国的博学好古研究与民族史书写》,中国社会科学出版社 2018 年,第 63 - 66 页。

上海三联人文经典书库

已出书目

（上、下）［美］亨利·富兰克弗特　著　郭子林　李　岩
　　李凤伟　译

15.《大学的兴起》［美］查尔斯·哈斯金斯　著　梅义征　译

16.《阅读纸草，书写历史》［美］罗杰·巴格诺尔　著　宋立宏
　　郑　阳　译

17.《秘史》［东罗马］普罗柯比　著　吴舒屏　吕丽蓉　译

18.《论神性》［古罗马］西塞罗　著　石敏敏　译

19.《护教篇》［古罗马］德尔图良　著　涂世华　译

20.《宇宙与创造主：创造神学引论》［英］大卫·弗格森　著
　　刘光耀　译

21.《世界主义与民族国家》［德］弗里德里希·梅尼克　著　孟
　　钟捷　译

22.《古代世界的终结》［法］菲迪南·罗特　著　王春侠　曹明
　　玉　译

23.《近代欧洲的生活与劳作（从 15—18 世纪）》［法］G.勒纳尔
　　G.乌勒西　著　杨　军　译

24.《十二世纪文艺复兴》［美］查尔斯·哈斯金斯　著　张　澜
　　刘　疆　译

25.《五十年伤痕：美国的冷战历史观与世界》（上、下）［美］德瑞
　　克·李波厄特　著　郭学堂　潘忠岐　孙小林　译

26.《欧洲文明的曙光》［英］戈登·柴尔德　著　陈　淳　陈洪
　　波　译

27.《考古学导论》［英］戈登·柴尔德　著　安志敏　安家
　　瑗　译

28.《历史发生了什么》［英］戈登·柴尔德　著　李宁利　译

29.《人类创造了自身》［英］戈登·柴尔德　著　安家瑗　余敬
　　东　译

30.《历史的重建：考古材料的阐释》［英］戈登·柴尔德　著
　　方　辉　方堃杨　译

31.《中国与大战：寻求新的国家认同与国际化》［美］徐国琦
　　著　马建标　译

32.《罗马帝国主义》［美］腾尼·弗兰克　著　宫秀华　译

33.《追寻人类的过去》 ［美］路易斯·宾福德 著 陈胜前 译

34.《古代哲学史》 ［德］文德尔班 著 詹文杰 译

35.《自由精神哲学》 ［俄］尼古拉·别尔嘉耶夫 著 石衡潭 译

36.《波斯帝国史》 ［美］A.T.奥姆斯特德 著 李铁匠等 译

37.《战争的技艺》 ［意］尼科洛·马基雅维里 著 崔树义 译 冯克利 校

38.《民族主义：走向现代的五条道路》 ［美］里亚·格林菲尔德 著 王春华等 译 刘北成 校

39.《性格与文化：论东方与西方》 ［美］欧文·白璧德 著 孙宜学 译

40.《骑士制度》 ［英］埃德加·普雷斯蒂奇 编 林中泽 等译

41.《光荣属于希腊》 ［英］J.C.斯托巴特 著 史国荣 译

42.《伟大属于罗马》 ［英］J.C.斯托巴特 著 王三义 译

43.《图像学研究》 ［美］欧文·潘诺夫斯基 著 戚印平 范景中 译

44.《霍布斯与共和主义自由》 ［英］昆廷·斯金纳 著 管可秾 译

45.《爱之道与爱之力：道德转变的类型、因素与技术》 ［美］皮蒂里姆·A.索罗金 著 陈雪飞 译

46.《法国革命的思想起源》 ［法］达尼埃尔·莫尔内 著 黄艳红 译

47.《穆罕默德和查理曼》 ［比］亨利·皮朗 著 王晋新 译

48.《16世纪的不信教问题：拉伯雷的宗教》 ［法］吕西安·费弗尔 著 赖国栋 译

49.《大地与人类演进：地理学视野下的史学引论》 ［法］吕西安·费弗尔 著 高福进 等译 ［即出］

50.《法国文艺复兴时期的生活》 ［法］吕西安·费弗尔 著 施诚 译

51.《希腊化文明与犹太人》 ［以］维克多·切利科夫 著 石敏敏 译

52.《古代东方的艺术与建筑》 ［美］亨利·富兰克弗特 著 郝

海迪　袁指挥　译

53.《欧洲的宗教与虔诚:1215—1515》　〔英〕罗伯特·诺布尔·
　　斯旺森　著　龙秀清　张日元　译

54.《中世纪的思维:思想情感发展史》　〔美〕亨利·奥斯本·泰
　　勒　著　赵立行　周光发　译

55.《论成为人:神学人类学专论》　〔美〕雷·S.安德森　著　叶
　　汀　译

56.《自律的发明:近代道德哲学史》　〔美〕J.B.施尼温德　著
　　张志平　译

57.《城市人:环境及其影响》　〔美〕爱德华·克鲁帕特　著　陆
　　伟芳　译

58.《历史与信仰:个人的探询》　〔英〕科林·布朗　著　查常平
　　译

59.《以色列的先知及其历史地位》　〔英〕威廉·史密斯　著　孙
　　增霖　译

60.《欧洲民族思想变迁:一部文化史》　〔荷〕叶普·列尔森普
　　著　周明圣　骆海辉　译

61.《有限性的悲剧:狄尔泰的生命释义学》　〔荷〕约斯·德·穆
　　尔　著　吕和应　译

62.《希腊史》〔古希腊〕色诺芬　著　徐松岩　译注

63.《罗马经济史》〔美〕腾尼·弗兰克　著　王桂玲　杨金龙
　　译

64.《修辞学与文学讲义》〔英〕亚当·斯密　著　朱卫红　译

65.《从宗教到哲学:西方思想起源研究》〔英〕康福德　著　曾
　　琼　王　涛　译

66.《中世纪的人们》〔英〕艾琳·帕瓦　著　苏圣捷　译

67.《世界戏剧史》〔美〕G.布罗凯特　J.希尔蒂　著　周靖波
　　译

68.《20世纪文化百科词典》〔俄〕瓦季姆·鲁德涅夫　著　杨明
　　天　陈瑞静　译

69.《英语文学与圣经传统大词典》〔美〕戴维·莱尔·杰弗里
　　(谢大卫)主编　刘光耀　章智源等　译

70. 《刘松龄——旧耶稣会在京最后一位伟大的天文学家》 ［美］斯坦尼斯拉夫·叶茨尼克 著 周萍萍 译

71. 《地理学》 ［古希腊］斯特拉博 著 李铁匠 译

72. 《马丁·路德的时运》 ［法］吕西安·费弗尔 著 王永环 肖华峰 译

73. 《希腊化文明》 ［英］威廉·塔恩 著 陈恒 倪华强 李月 译

74. 《优西比乌：生平、作品及声誉》 ［美］麦克吉佛特 著 林中泽 龚伟英 译

75. 《马可·波罗与世界的发现》 ［英］约翰·拉纳 著 姬庆红 译

76. 《犹太人与现代资本主义》 ［德］维尔纳·桑巴特 著 艾仁贵 译

77. 《早期基督教与希腊教化》 ［德］瓦纳尔·耶格尔 著 吴晓群 译

78. 《希腊艺术史》 ［美］F. B. 塔贝尔 著 殷亚平 译

79. 《比较文明研究的理论方法与个案》 ［日］伊东俊太郎 梅棹忠夫 江上波夫 著 周颂伦 李小白 吴玲 译

80. 《古典学术史：从公元前6世纪到中古末期》 ［英］约翰·埃德温·桑兹 著 赫海迪 译

81. 《本笃会规评注》 ［奥］米歇尔·普契卡 评注 杜海龙 译

82. 《伯里克利：伟人考验下的雅典民主》 ［法］ 樊尚·阿祖莱 著 方颂华 译

83. 《旧世界的相遇：近代之前的跨文化联系与交流》 ［美］ 杰里·H. 本特利 著 李大伟 陈冠堃 译 施诚 校

84. 《词与物：人文科学的考古学》修订译本 ［法］米歇尔·福柯 著 莫伟民 译

85. 《古希腊历史学家》 ［英］约翰·伯里 著 张继华 译

86. 《自我与历史的戏剧》 ［美］莱因霍尔德·尼布尔 著 方永 译

87. 《马基雅维里与文艺复兴》 ［意］费代里科·沙博 著 陈玉聃 译

88.《追寻事实：历史解释的艺术》 ［美］詹姆士 W.戴维森 著 ［美］马克 H. 利特尔著 刘子奎 译

89.《法西斯主义大众心理学》 ［奥］威尔海姆·赖希 著 张峰 译

90.《视觉艺术的历史语法》 ［奥］阿洛瓦·里格尔 著 刘景联 译

91.《基督教伦理学导论》 ［德］弗里德里希·施莱尔马赫 著 刘平 译

92.《九章集》［古罗马］普罗提诺 著 应明 崔峰 译

93.《文艺复兴时期的历史意识》 ［英］彼得·伯克 著 杨贤宗 高细媛 译

94.《启蒙与绝望：一部社会理论史》 ［英］杰弗里·霍松 著 潘建雷 王旭辉 向辉 译

95.《曼多马著作集：芬兰学派马丁·路德新诠释》 ［芬兰］曼多马 著 黄保罗 译

96.《拜占庭的成就：公元 330～1453 年之历史回顾》 ［英］罗伯特·拜伦 著 周书垚 译

97.《自然史》［古罗马］普林尼 著 李铁匠 译

98.《欧洲文艺复兴的人文主义和文化》 ［美］查尔斯·G.纳尔特 著 黄毅翔 译

99.《阿莱科休斯传》 ［古罗马］安娜·科穆宁娜 著 李秀玲 译

100.《论人、风俗、舆论和时代的特征》 ［英］夏夫兹博里 著 董志刚 译

101.《中世纪和文艺复兴研究》 ［美］T.E.蒙森 著 陈志坚 等译

102.《历史认识的时空》 ［日］佐藤正幸 著 郭海良 译

欢迎广大读者垂询，垂询电话：021—22895540

图书在版编目(CIP)数据

英格兰的意大利文艺复兴/[美]刘易斯·爱因斯坦著;朱晶进译. —上海:上海三联书店,2019.9
(上海三联人文经典书库)
ISBN 978-7-5426-6636-9

Ⅰ.①英… Ⅱ.①刘…②朱… Ⅲ.①文艺复兴-文化史-研究-意大利 Ⅳ.①K546.32

中国版本图书馆 CIP 数据核字(2019)第 042017 号

英格兰的意大利文艺复兴

著　　者 / [美]刘易斯·爱因斯坦
译　　者 / 朱晶进
责任编辑 / 殷亚平
装帧设计 / 徐　徐
监　　制 / 姚　军
责任校对 / 王凌霄

出版发行 / 上海三联书店
　　　　　(200030)中国上海市漕溪北路 331 号 A 座 6 楼
邮购电话 / 021－22895540
印　　刷 / 上海展强印刷有限公司

版　　次 / 2019 年 9 月第 1 版
印　　次 / 2019 年 9 月第 1 次印刷
开　　本 / 640×960　1/16
字　　数 / 320 千字
印　　张 / 23
书　　号 / ISBN 978-7-5426-6636-9/K·521
定　　价 / 88.00 元

敬启读者,如发现本书有印装质量问题,请与印刷厂联系 021-66366565